ŒUVRES COMPLÊTES

DE

LA FONTAINE

Paris. — Imprimé par Cн. Jouaust, 338, rue S.-Honoré.

ŒUVRES

COMPLÈTES

DE

LA FONTAINE

Publiées d'après les textes originaux

ACCOMPAGNÉES DE NOTES ET SUIVIES D'UN LEXIQUE

par

CH. MARTY-LAVEAUX

TOME IV

THÉATRE

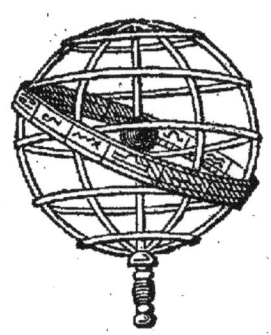

A PARIS

Chez PAGNERRE, Libraire

MDCCCLX

THÉATRE

L'EUNUQUE

COMÉDIE — 1654

ADVERTISSEMENT AU LECTEUR

C e n'est icy qu'une mediocre copie d'un ex-
cellent Original. Peu de personnes igno-
rent de combien d'agréemens est remply
l'Eunuque latin. Le sujet en est simple,
comme le prescrivent nos Maistres ; il n'est
point embarassé d'incidens confus ; il n'est point chargé
d'ornemens inutiles et détachez ; tous les ressorts y re-
muent la machine, et tous les moyens y acheminent à la
fin. Quant au nœu, c'est un des plus beaux et des moins
communs de l'antiquité. Cependant il se fait avec une
facilité merveilleuse, et n'a pas une seule de ces con-
traintes que nous voyons ailleurs. La bien-seance et la
mediocrité, que Plaute ignoroit, s'y rencontrent par tout.
Le Parasite n'y est point goulu par delà la vray-sem-
blance, le Soldat n'y est point fanfaron jusqu'à la folie ;
les expressions y sont pures, les pensées delicates, et,
pour comble de loüange, la nature y instruit tous les

personnages, et ne manque jamais de leur suggerer ce qu'ils ont à faire et à dire. Je n'aurois jamais fait d'examiner toutes les beautez de l'Eunuque; les moins clairvoyans s'en sont apperceûs aussi bien que moy; chacun sçait que l'ancienne Rome faisoit souvent ses delices de cét Ouvrage, qu'il recevoit les applaudissemens des honnestes gens et du peuple, et qu'il passoit alors pour une des plus belles productions de cette Venus Afriquaine, dont tous les gens d'esprit sont amoureux. Aussi Terence s'est-il servy des modeles les plus parfaits que la Grece ait jamais formez : il avoüé estre redevable à Ménandre de son sujet, et des caracteres du Parasite et du fanfaron. Je ne le dis point pour rendre cette Comedie plus recommandable; au contraire, je n'oserois nommer deux si grands Personnages sans crainte de passer pour profane et pour temeraire d'avoir osé travailler apres eux et manier indiscrettement ce qui a passé par leurs mains. A la verité, c'est une faute que j'ay commencée, mais quelques uns de mes amis me l'ont fait achever : sans eux elle auroit esté secrette, et le public n'en auroit rien sceu. Je ne pretens pas non plus empescher la censure de mon Ouvrage, ny que ces noms illustres de Terence et de Menandre luy tiennent lieu d'un assez puissant bouclier contre toutes sortes d'atteintes. Nous vivons dans un siecle et dans un païs où l'authorité n'est point respectée : d'ailleurs l'Estat des belles lettres est entierement populaire, chacun y a droit de suffrage, et le moindre particulier n'y reconnoist pas de plus souverain juge que soy. Je n'ay donc fait cet Advertissement que par une espece de reconnoissance; Terence m'a fourny le sujet, les principaux ornemens et les plus beaux traits de cette Comedie : pour les vers et pour la conduite, on y trouveroit beaucoup plus de defauts, sans les corrections de quelques personnes dont le merite est universellement honoré. Je tairay leurs noms par

respect, bien que ce soit avec quelque sorte de repugnance ;
au moins m'est-il permis de declarer que je leur dois la
meilleure et la plus saine partie de ce que je ne dois pas
à Terence. Quant au reste, peut-estre le Lecteur en ju-
gera-t-il favorablement : quoy qu'il en soit, j'espereray
tousjours davantage de sa bonté que de celle de mes
Ouvrages.

PERSONNAGES

CHERÉE, Amant de Pamphile.

PARMENON, esclave, et confident de Phœdrie.

PAMPHILE, Maistresse de Cherée.

PHŒDRIE, Amant de Thaïs.

THAIS, Maistresse de Phœdrie.

THRASON, Capitan, et rival de Phœdrie.

GNATON, Parasite, et confident de Thrason.

DAMIS, Pere de Phœdrie et de Cherée.

CHREMES, frere de Pamphile.

PYTHIE, femme de Chambre de Thaïs.

DORIS, servante de Thaïs.

DORUS, Eunuque.

SIMALION, DONAX, SYRISCE, SANGA, Soldats de Thrason.

L'EUNUQUE

COMÉDIE (¹)

—

ACTE PREMIER

SCENE PREMIERE

PHŒDRIE, PARMENON.

PARMENON.

Hé bien ! on vous a dit qu'elle estoit empes-
   chée ;
Est-ce là le sujet dont vostre ame est tou-
   chée ?
Peu de chose en amour alarme nos esprits,
Mais il n'est pas besoin d'excuser ce mespris ;
Vous n'escoutez que trop un discours qui vous flate.

PHŒDRIE.

Quoy ! je pourrois encor brûler pour cette Ingrate

---

1. Cette comédie n'a pas été représentée. Le texte que
nous donnons ici est celui de l'édition originale in-4°, publiée par Augustin Courbé, et achevée d'imprimer le 17 août
1654.

Qui, pour prix de mes vœux, pour fruit de mes travaux,
Me ferme son logis, et l'ouvre à mes rivaux !
Non, non, j'ay trop de cœur pour souffrir cette injure ;
Que Thaïs à son tour me presse et me conjure,
Se serve des appas d'un œil tousjours vainqueur,
M'ouvre, non-seulement son logis, mais son cœur,
J'aymerois mieux mourir qu'y rentrer de ma vie ;
D'assez d'autres beautez Athenes est remplie :
De ce pas à Thaïs va le faire sçavoir,
Et luy dy de ma part.

PARMENON.
Adieu, jusqu'au revoir.

PHŒDRIE.
Non, non, dy-luy plustost adieu pour cent années.

PARMENON.
Peut-estre pour cent ans prenez-vous cent journées,
Peut-estre pour cent jours prenez-vous cent momens,
Car c'est souvent ainsi que content les Amans.

PHŒDRIE.
Je sçauray desormais conter d'une autre sorte.

PARMENON.
Pour s'esteindre si-tost vostre flamme est trop forte.

PHŒDRIE.
Un si juste dépit peut l'esteindre en un jour.

PARMENON.
Plus ce dépit est grand, plus il marque d'amour.
Croyez-moy, j'ay de l'âge et quelque experience ;
Vous l'irez tantost voir, remply d'impatience ;
L'amour l'emportera sur cét affront receu ;
Et ce puissant dépit, que vous avez conceu,
S'effacera d'abord par la moindre des larmes
Que d'un œil quasi sec, mais d'un œil plein de charmes,
En pressant sa paupiere, elle fera sortir,

Sçavante en l'art des pleurs, comme en l'art de mentir.
Et n'accusez que vous si Thaïs en abuse,
Qui, dés le premier mot de pardon et d'excuse,
Luy direz bonnement l'estat de vostre cœur ;
Que bien-tost du dépit l'amour s'est fait vainqueur,
Que vous en seriez mort s'il avoit falu feindre.
Quoy ! deux jours sans vous voir ? Ah ! c'est trop se contraindre,
Je n'en puis plus, Thaïs : vous estes mon desir,
Mon seul objet, mon tout ; loing de vous, quel plaisir ?
Cela dit, c'en est fait, vostre perte est certaine ;
Cette femme aussi-tost, fine, adroite et hautaine,
Sçaura mettre à profit vostre peu de vertu,
Et triompher de vous, vous voyant abbatu.
Vous n'en pourrez tirer que des promesses vaines,
Point de soulagement ni de fin dans vos peines,
Rien que discours trompeurs, rien que feux inconstans.
C'est pourquoy songez-y tandis qu'il en est temps :
Car, estant rembarqué, pretendre qu'elle agisse
Plus selon la raison que selon son caprice,
C'est fort mal reconnoistre et son sexe et l'amour ;
Ce ne sont que procés, que querelles d'un jour,
Que tréves d'un moment, ou quelque paix fourrée,
Injure aussi-tost faite, aussi-tost reparée,
Soupçons sans fondement, enfin rien d'asseüré.
Il vaut mieux n'aymer plus, tout bien consideré.

PHŒDRIE.

L'amour a ses plaisirs aussi bien que ses peines.

PARMENON.

Appellez-vous ainsi des faveurs incertaines ?
Et si prés de l'affront qui vous vient d'arriver,
Faites-vous cas d'un bien qu'on ne peut conserver ?

PHŒDRIE.

Si Thaïs dans sa flâme eust eu de la constance,
J'eusse estimé ce bien plus encor qu'on ne pense ;
Et, bornant mes desirs dans sa possession,
J'aurois jusqu'à l'Hymen porté ma passion.

PARMENON.

Vous, espouser Thaïs! Une femme inconnuë,
Sans amis, sans parens, de tous biens despourveuë,
Vefve, et contre le gré de ceux de qui la voix
Dans cette occasion doit regler vostre choix!
Ce discours, sans mentir, me surprend et m'estonne.
Je n'ay pas entrepris de blasmer sa personne :
Elle est sage, et l'accueil qu'en ont tous ses Amans
N'aboutit (je le crois) qu'à de vains complimens.
Mais.....

PHŒDRIE.

Il suffit, le reste est de peu d'importance.
Thaïs, quoy qu' estrangere, est de noble naissance;
Qu'importe qu'un espoux ait regné sur son cœur?
Sa beauté, tousjours mesme, est encore en (1) sa fleur.
Quant aux biens, ce soucy n'entre point dans mon ame,
Et je ne pretens pas me vendre à quelque femme
Qui, m'ayant acheté pour me donner la loy,
Se croiroit en pouvoir de disposer de moy.
En l'estat où les Dieux ont mis nostre famille,
Je dois estimer l'or bien moins qu'un œil qui brille;
Aussi le seul devoir a contraint mon desir,
Sans que je laisse aux miens le pouvoir de choisir.
Sans doute à l'espouser j'eusse engagé mon ame :
Ne cachons point icy la moitié de sa flâme ;
C'est à tort que des miens j'allegue le pouvoir,
Et je cede au dépit bien plus qu'à mon devoir.

PARMENON.

Vous cedez à l'amour plus qu'à vostre colere,
Ce courroux implacable en soupirs degenere,
Vous faisiez tantost peur, et vous faites pitié.
Vostre cœur, sans mentir, est de bonne amitié,
Ce qu'il a sceu cherir, rarement il l'abhorre :
Il adoroit ses fers, il les respecte encore ;
Ces fers à leur captif n'ont rien qu'à se montrer,

1. *Œuvres diverses* de 1729 : *dans.*

Qui n'en sort qu'à regret est tout prest d'y rentrer.

PHŒDRIE.

Tay-toy, j'entends du bruit; quelqu'un sort de chez elle.

PARMENON.

Que vous faites bon guet !

PHŒDRIE.

        Si c'estoit ma cruelle ?

PARMENON.

Déja vostre, bons Dieux !

PHŒDRIE.

        Ah !

PARMENON.

        Retenez vos pleurs.

PHŒDRIE.

Je sçay qu'elle est perfide, et je l'ayme, et je meurs,
Et je me sens mourir, et n'y vois nul remede,
Et craindrois d'en trouver, tant l'amour me possede.

PARMENON.

L'aveu me semble franc, libre, net, ingenu.

PHŒDRIE.

Tu vois en peu de mots mes sentimens à nu.

PARMENON.

Si je les voyois seul, encor seriez-vous sage ;
Mais cette femme en voit autant ou davantage,
Et connoist vostre mal; non pas pour vous guerir.

PHŒDRIE.

Je ne vois rien d'aisé comme d'en discourir ;
Mais si tu ressentois une semblable peine,
Peut-estre verrois-tu ta prudence estre vaine.

PARMENON.

Au moins, s'il faut souffrir, endurez doucement,

L'amour est de soy-mesme assez plein de tourment,
Sans que l'impatience augmente encor le vostre.
Au chagrin de ce mal n'en adjoustez point d'autre :
Aymez tousjours Thaïs, et vous aymez aussi.

PHŒDRIE.

Le conseil en est bon, mais,....

PARMENON.

Quoy mais ?

PHŒDRIE,

La voicy.

PARMENON.

Sa presence met donc vos projets en fumée ?

PHŒDRIE.

Pour ne te point mentir, mon ame en est charmée.

SCENE II.

PHŒDRIE, THAIS, PARMENON.

THAÏS.

h, Phœdrie! Hé! bons Dieux! Quoy, vous
voir en ce lieu !
Vraiment vous avez tort : que n'entrez-
vous ?

PHŒDRIE.

Adieu.

THAÏS.

Adieu ! le mot est bon, et vaut que l'on en rie.

PHŒDRIE.

Quoy, Thaïs, à l'affront joindre la raillerie !
C'est trop.

THAÏS.

De quel affront entendez-vous parler ?

PHŒDRIE.

Voyez, qu'il lui sied bien de le dissimuler !

THAÏS.

Pour le moins dites-moy d'où vient vostre colere !

PHŒDRIE.

Me gardiez-vous, ingrate, un refus pour salaire ?
Apres tant de bien-faits, apres tant de travaux,
M'exclure, et recevoir je ne sçay quels rivaux !

THAÏS.

Je ne puis autrement, et j'estois empeschée.

PHŒDRIE.

Encor si comme moy vous en estiez touchée,
Ou bien si comme vous je pouvois m'en mocquer !

THAIS.

Vous estes delicat, et facile à picquer.
Escoutez mes raisons d'un esprit plus tranquille ;
Pour quelque autre dessein l'excuse estoit utile,
Et vous l'approuverez vous-mesme asseurement.

PARMENON.

Elle aura par amour renvoyé nostre amant,
Et par haine sans doute admis l'autre en sa place.

THAÏS.

Parmenon pourroit-il me faire assez de grace
Pour n'interrompre point un discours commencé ?

PARMENON.

Oüy, mais rien que de vray ne vous sera passé.

THAÏS.

Pour vous mieux desbroüiller le nœud de cette affaire,
Je prendray de plus haut le recit qu'il faut faire.
Quoy qu'on ignore icy le nom de mes parens,
Ils ont en divers lieux tenu les premiers rangs,
Samos fut leur patrie, et Rhodes leur demeure.

PARMENON.

Tout cela peut passer, je n'en dis rien pour l'heure,
Il faut voir à quel point vous voulez arriver.

THAÏS.

Là, tandis que leurs soins estoient de m'élever,
On leur fit un present d'une fille inconnuë
Qui dans Rhodes estoit pour esclave tenuë.
Bien qu'elle fust fort jeune, et n'eût lors que quinze ans,
Elle nous dit son nom, celuy de ses parens,
Qu'on l'appelloit Pamphile, et qu'elle estoit d'Attique,
Que ses parens avoient encor un fils unique,
Qu'il se nommoit Chromer, que c'estoit leur espoir;
C'est tout ce que l'on pût à cet âge en sçavoir.
Chacun jugeoit assez qu'elle estoit de naissance;
Son entretien naïf et remply d'innocence,
Mille charmes divers, sa beauté, sa douceur,
Me la firent cherir à l'egal d'une sœur.
Dés qu'elle fut chez nous, on eut soin de l'instruire;
Pour moy, comme j'estois d'un âge à me conduire,
A peine on eut appris qu'on me vouloit pourvoir,
Qu'un jeune homme d'Attique, estant venu nous voir,
Me recherche, m'obtient, m'amene en cette ville,
Où, lors que je croyois nostre Hymen plus tranquil
Il mourut, et laissant tout mon bien engagé,
De mille soins fascheux mon cœur se voit chargé.
Ils accrurent le dueil de ce court Hymenée;
Et comme on voit aux maux une suite enchaînée,
Le sort, pour m'accabler de cent coups differens,
Causa presque aussi-tost la mort de mes parens;
Un mal contagieux les eut privé de vie
Avant que de ce mal je pusse estre avertie.
Leur bien jusques alors assez mal ménagé,
D'un oncle que j'avois ne fut point negligé;
Avec nos creanciers il en fait le partage,
Et sceut de mon absence avoir cet avantage.
Je l'appris sans dessein de l'aller contester :
L'ordre que dans ces lieux je devois apporter

(Bien moins que le regret d'une mort si funeste)
Fit qu'en perdant les miens, j'abandonnay le reste.
J'en observay le deuil qu'exigeoit mon devoir :
Tout un an se passa sans qu'aucun pût me voir ;
Enfin, nostre Soldat vint m'offrir son service ;
Loin de me consoler ce m'estoit un supplice.
Vous sçavez qu'on ne peut le souffrir sans ennuy ;
Je l'ay pourtant souffert, esperant quelque appuy.

PARMENON.

Vous tirez de mon Maistre encor plus d'assistance.

THAÏS.

Je l'avouë et voudrois qu'une autre recompense
Esgalast les bien-faits dont il me sçait combler.

PARMENON.

Helas! le pauvre Amant commence à se troubler.

PHŒDRIE.

Te tairas-tu ? Thaïs, achevez je vous prie.

THAÏS.

Au bout de quelque temps Thrason fut en Carie ;
Et vous sçavez qu'à peine il estoit délogé,
Qu'on vous vit à m'aymer aussi-tost engagé :
Vous me vintes offrir et credit et fortune,
J'en estimay deslors la faveur peù commune ;
Et vous n'ignorez pas combien, depuis ce jour,
J'ay tesmoigné de zele à gagner vostre amour.

PHŒDRIE.

Je croy que Parmenon n'a garde de se taire.

PARMENON.

En pouriez-vous douter ? Mais où tend ce mistere ?

PHŒDRIE.

Tu le sçauras trop tost pour ton (1) contentement.

THAÏS.

Escoutez-moy, de grace, encor un seul moment !

1. L'édition originale porte, mais à tort : *mon.*

Thrason, nostre soldat, battu par la tempeste,
Au port des Rhodiens jette l'ancre et s'arreste,
Va voir nostre famille, y trouve encor le deuil,
Mes parens depuis peu renfermez au cercueil,
Mon oncle ayant mes biens, cette fille adoptive
Preste d'estre venduë, et traittée en captive.
Il l'achete aussi-tost pour me la redonner;
Puis fait voile en Carie, et, sans y sejourner,
Revient en ce païs, où quelque Parasite
Luy dit qu'en son absence on me rendoit visite;
Que, s'il avoit dessein de me donner ma sœur,
Le present meritoit quelque insigne faveur.

PHŒDRIE.

Ne vaudra-t-il pas mieux qu'on luy laisse Pamphile?

THAÏS.

Je me resous à suivre un conseil plus utile.
Vous sçavez qu'en ce lieu je n'ay point de parens,
Qu'il me peut chaque jour naistre cent differens;
Et bien que vous preniez contre tous ma défence,
Souvent un contre tous peut manquer de puissance :
Souffrez donc que je cherche un appuy loin des miens.
Je n'en sçaurois trouver qu'en la rendant aux siens.
Je ne puis l'obtenir sans quelque complaisance :
Il faut donc vous priver deux jours de ma presence,
La peine en est legere, et ce temps achevé,
Le reste vous sera tout entier conservé.
Gagne cela sur toy, de grace, je t'en prie.
Tu ne me respons rien, dy moy, mon cher Phœdrie?

PHŒDRIE.

Que pourrois-je respondre (ingrate) à ces propos?
Voyez, voyez Thrason; je vous laisse en repos;
Faites luy la faveur qu'un autre a meritée :
C'est où tend cette histoire assez bien inventée.
Une fille Inconnuë est prise en certains lieux;
On nous en fait present, elle charme nos yeux;
Thrason vient à m'aymer, vous me rendez visite;

Il me quitte, il apprend nos feux d'un Parasite :
Les miens perdent le jour, mon oncle prend mes biens,
Vend la fille à Thrason, je la veux rendre aux siens;
Et cent autres raisons l'une à l'autre enchaînées,
Puis en fin, de me voir privez-vous deux journées.
C'estoit donc là le but où devoit aboutir
La fable que chez vous vous venez de bastir ?
Sans perdre tant de temps, sans prendre tant de peine,
Que ne me disiez-vous : J'ayme le Capitaine ?
N'opposez point vos feux à cet ardent desir.
Vous aurez plustost fait d'endurer qu'à loisir
Je contente l'ardeur que pour luy j'ay conceuë.
Dites, si vous voulez, que la vostre est deceuë,
Prenez-en pour tesmoins les hommes et les Dieux :
Pourveu qu'incessamment il soit devant mes yeux,
Il m'importe fort peu de passer pour parjure.

THAÏS.

Je vous ayme, et pour vous je souffre cette injure.

PHŒDRIE.

Vous m'aymez ! c'est en quoy mon esprit est confus;
L'amour peut-il souffrir de semblables refus ?

THAÏS.

Je ne vous répons point, de peur de vous déplaire,
Il faut que ma raison cede à vostre colere.
Je ne veux point de temps, non pas mesme un seul jour;
Je renonce à ma sœur plustost qu'à vostre amour.

PHŒDRIE.

Plustost qu'à mon amour ! Ah ! si du fond de l'ame
Ce mot estoit sorty...

THAÏS.

Doutez-vous de ma flâme ?

PHŒDRIE.

J'auray lieu d'en douter si, ce terme finy,
Tout autre Amant que moy de chez-vous n'est bany.

THAÏS.

Quel terme?

PHŒDRIE.

De deux jours.

THAÏS.

Ou trois.

PHŒDRIE.

Cet où me tüé.

THAÏS.

Ostons-le donc.

PARMENON.

Enfin sa constance abbatuë
Cede aux charmes d'un mot : je l'avois bien preveu.

PHŒDRIE.

A ce que vous sçavez aujourd'huy j'ay pourveu.
Vostre sœur peut avoir un Eunuque aupres d'elle ;
J'en viens d'acheter un qui me semble fidelle,
Et tantost Parmenon viendra pour vous l'offrir.
Souffrez vostre Soldat, puis qu'il faut le souffrir ;
Mais ne le souffrez point sans beaucoup de contrainte :
Donnez-luy seulement l'apparence et la feinte ;
Pendant vos complimens, songez à vostre foy ;
De corps aupres de luy, de cœur aupres de moy,
Revez incessamment, chez-vous soyez absente.

THAÏS.

Vous ne demandez rien que Thaïs n'y consente ;
Et ce point ne sçauroit vous estre refusé.

PHŒDRIE.

Adieu.

THAÏS.

Comment ! si-tost ?

PARMENON.

Que son esprit rusé
Pour attraper nostre homme a d'art et de soupplesse !

THAÏS.

Vous voyez mon amour en voyant ma foiblesse ;
Je ne vous puis quitter que les larmes aux yeux :
Soyez tousjours, Phœdrie, en la garde des Dieux.

SCENE III.

PHŒDRIE, PARMENON.

PARMENON.

Est-il dans l'Univers innocence pareille ?
Qui la condamneroit en luy prestant l'o-
reille ?
Que Thaïs a sujet de se plaindre de moy !
C'est un chef-d'œuvre exquis de constance et de foy.

PHŒDRIE.

N'as-tu pas veu ses yeux laisser tomber des larmes ?
Pour guerir mon soupçon qu'ils emploioient de charmes !

PARMENON.

En matiere de femme, on ne croit point aux pleurs ;
Un serpent (je le gage) est caché sous ces fleurs.

PHŒDRIE.

Non, non, pour ce coup-cy je dois estre sans crainte :
Ce qu'en obtient Thrason marque trop de contrainte ;
Peut-estre le voit-elle afin de l'espouser ;
En ce cas, c'est moy-seul que je dois accuser.
Que n'ay-je decouvert le fond de ma pensée !
Dans un plus haut dessein je l'eusse interessée,
Elle auroit bien tost sceu m'asseurer de sa foy,
Bannir tous ses amans, ne vivre que pour moy,
Puis que sans cet espoir tu vois qu'on me prefere.
Les deux jours expirez, je propose l'affaire ;
Il faut ouvrir son cœur, et ne point tant gauchir.

PARMENON.

Que diront vos parens ?

PHŒDRIE.

On poura les flechir :
Du moins nous attendrons que la Parque cruelle
M'ait par un coup fatal rendu libre comme elle.
Éloignent les destins ce coup qu'il faudra voir,
Et fassent que d'ailleurs depende mon espoir !
D'une ou d'autre façon, je suivray cette envie,
Dont tu vois que depend tout le cours de ma vie.
Censure mon projet, ravale sa beauté,
Dy ce que tu voudras, le sort en est jetté.
Montre luy cependant l'Eunuque, sans remise ;
Et de peur qu'à l'abord Thaïs ne le méprise,
Soingne avant que l'offrir qu'il soit mieux ajusté,
Et que par ton discours son prix soit augmenté :
Dy qu'on l'a fait venir des confins de l'Asie,
Qu'on l'a pris d'une race entre toutes choisie,
Qu'il chante, et sçait joüer de divers instrumens.
Accompagne le don de quelques complimens :
Jure que pour Maistresse il merite une Reyne,
Que Thaïs l'est aussi (regnant en Souveraine
Sur tous mes sentimens) et mille autres propos.

PARMENON.

Tenez le tout pour fait, et dormez en repos.

PHŒDRIE.

S'il se peut ; mais aux champs aussi bien qu'à la ville
Je sens que mon esprit est tousjours peu tranquille ;
Il me faut toutesfois éprouver aujourd'huy
Ce qu'ils auront d'appas à flatter mon ennuy.

PARMENON.

A vostre prompt retour nous en sçaurons l'issuë.

PHŒDRIE.

Peut-estre verras-tu ta croyance deceuë.
Seulement pren le soin...

PARMENON.

Allez, je vous entends.

SCENE IV.

PARMENON, *seul.*

Ah! combien l'amour change un homme en
    peu de temps!
Devant que le hazard eust offert à sa veuë
Les fatales beautez dont Thaïs est pourveuë,
Cet Amant n'avoit rien qui ne fust accomply;
De loüables desirs son cœur estoit remply;
Il ne prenoit de soin que pour la republique,
Et mesme le ménage, où trop tard on s'applique,
De ses plus jeunes ans n'estoit point negligé.
Aujourd'huy qu'une femme à ses loix l'a rangé,
Ce n'est qu'oisiveté, que crainte, que foiblesse;
Le nombre des amis, la grandeur, la noblesse,
Et tant d'autres degrez, pour un jour parvenir
Au rang que ses ayeuls (1) ont jadis sceu tenir,
Sont des noms odieux dont cette ame abatuë
A tousjours craint de voir sa flâme combatuë;
Et quelque bon dessein qu'en fin il ait formé,
Il ne sçauroit quitter ce logis trop aymé.
Ne s'en revient-il pas me changer de langage?

SCENE V.

PHŒDRIE, PARMENON.

PARMENON.

Sans mentir, c'est à vous d'entreprendre un
    voyage,
Quoy! desja de retour! Vous sçavez vous
    haster.

PHŒDRIE.

Pour te dire le vray, j'ay peine à la quitter.

1. *Œuvres diverses* de 1729 : *ayeux.*

PARMENON.

Du lieu d'où vous venez dites-nous quelque chose,
Les champs auroientils fait une metamorphose ?
Et depuis le long temps que vous estes party,
Ce violent desir s'est-il point amorty?

PHŒDRIE.

Pourquoy s'embarasser d'un voyage inutile ?
Si Thrason dés l'abord fait present de Pamphile,
Thaïs ayant sa sœur peut luy manquer de foy.

PARMENON.

Mais s'il retient aussi Pamphile aupres de soy,
Connoissant de Thaïs les faveurs incertaines ?

PHŒDRIE.

Ne puis-je pas toujours attendre dans Athenes ?

PARMENON.

Deux jours sans vous montrer ?

PHŒDRIE.

　　　　　　　　Quatre, s'il est besoin.

PARMENON.

Du bon-heur d'un rival vous seriez le tesmoin ?

PHŒDRIE.

A te dire le vray, ce seul penser me tuë,
Et vois(1) bien qu'il vaut mieux m'éloigner de leur veuë.
Adieu.

PARMENON.

　　　Combien de fois voulez-vous revenir ?

PHŒDRIE, *revenant.*

J'obmettois, en effet, qu'il te faut souvenir
De m'envoyer quelqu'un, si Thaïs me rappelle,
Mais que le messager soit discret et fidelle,
Et surtout diligent, c'est le principal point ;
Pour toy, pren garde à tout, et ne t'épargne point.

1. *Œuvres diverses* de 1729 : *Je vois.*

PARMENON.

Je n'ay que trop d'employ, n'ayez peur que je chome.

PHŒDRIE, *revenant.*

A propos, pren le soin de bien stiller nostre homme.

PARMENON.

Quel homme?

PHŒDRIE.

Nostre Eunuque.

PARMENON.

A servir d'espion?

PHŒDRIE.

Il le faut employer dans cette occasion.

PARMENON, *voyant Phœdrie s'en aller.*

Que de desseins en l'air son ardeur se propose!

PHŒDRIE, *retournant, et donnant une bource*
à Parmenon.

Je sçavois bien qu'encor j'oubliois quelque chose :
Aux valets de Thaïs, tien, fay quelque present;
C'est de tous les secrets le meilleur à present.

PARMENON.

Est-ce là le dépit conceu pour cette injure?
N'avez-vous fait serment que pour estre parjure?

PHŒDRIE.

Voudrois-tu que jamais on ne pût m'appaiser.

PARMENON.

Vostre bon naturel ne se peut trop priser :
Qui pardonne aisement merite qu'on le louë.

PHŒDRIE.

Vrayment je suis d'avis qu'un Esclave me jouë
Qu'il tranche du railleur, qu'il fasse l'entendu.

PARMENON.

Quoy, vous voulez qu'encor tout cecy soit perdu ?

PHŒDRIE.

Garde bien au retour de m'en rendre une obole.

PARMENON.

Vous serez obey, Monsieur, sur ma parole.

PHŒDRIE.

Je l'entens d'autre sorte, et veux qu'on donne à tous.

PARMENON.

Nous pouvons leur donner, et retenir pour nous.

PHŒDRIE.

Adieu, que du Soldat sur tous(1) il te souvienne.

PARMENON.

Fuyons viste d'icy, de peur qu'il ne revienne.

1. *Œuvres diverses* de 1729 : *sur-tout*.

ACTE II

SCENE I.

GNATON.

Que le pouvoir est grand du bel art de flat-
ter !
Qu'on voit d'honnestes gens par cet art
subsister !
Qu'il s'offre peu d'emplois que le sien ne surpasse !
Et qu'entre l'homme et l'homme il sçait mettre d'espace !
Un de mes compagnons, qu'autresfois on a veu
Des dons de la fortune abondamment pourveu ;
Qui, tenant table ouverte, et toujours des plus braves,
Vouloit estre servi par un monde d'esclaves,
Devenu maintenant moins superbe et moins fier,
S'estimeroit heureux d'estre mon estafier.
N'aguere, en m'arrestant, il m'a traitté de maistre ;
Le long temps et l'habit me l'ont fait méconnoistre,
Autant qu'il estoit propre, aujourd'huy negligé,
Je l'ay trouvé d'abord tout triste et tout changé.
Est-ce vous ? (ay-je dit), aussi-tost il me conte
Les malheurs qui causoient son chagrin et sa honte ;
Qu'ayant esté d'humeur à ne se plaindre rien,
Ses dents avoient duré plus long-temps que son bien,
Et qu'un jeûne forcé le rendoit ainsi blesme.
Pauvre homme ! n'as-tu point de resource en toy-mesme

(Ay-je respondu lors), et ton cœur abatu
Manque-t-il au besoin d'adresse et de vertu ?
Compare à ce tein frais ta peau noire et flestrie ;
J'ay tout, et je n'ay rien que par mon industrie.
A moins que d'en avoir pour gagner un repas,
Les morceaux tout rotis ne te chercheront pas.
En fin veux-tu disner n'ayant plus de marmite,
Imite mon exemple, et fay toy Parasite ;
Tu ne sçaurois choisir un plus noble mestier.
Gardez-en (m'a-t-il dit) le profit tout entier ;
On ne m'a jamais veu ny flatteur, ny parjure :
Je ne sçaurois souffrir ny de coup, ny d'injure ;
Et, lors que j'ay d'un bras senty la pesanteur,
Je n'en suis point ingrat envers mon bien-faicteur.
D'ailleurs faire l'Agent, et d'amour s'entremettre,
Couler dans une main le present et la lettre,
Preparer les logis, faire le compliment,
Quand Monsieur est entré, sortir adroitement,
Avoir soin que tousjours la porte soit fermée,
Et manger, comme on dit, son pain à la fumée,
C'est ce que je ne puis ny ne veux pratiquer.
Adieu. Moy de sourire, et luy de s'en piquer.
Il s'en trouve (ay-je dit) qu'à bien moins on oblige,
Et c'est là le vieux jeu qu'à present je corrige.
On voit parmy le monde un tas de sottes gens
Qui briguent des flatteurs les discours obligeans :
Ceux-là me duisent fort, je fuis ceux qui sont chiches,
Et cherche les plus sots, quand ils sont les plus riches.
Je les repais de vent que je mets à haut pris ;
Prens garde à ce qui peut allecher leurs esprits ;
Sçais tousjours applaudir, jamais ne contredire ;
Estre de tous avis, en rien ne les dédire ;
Du blanc donner au noir la couleur et le nom ;
Dire sur mesme point tantost oüy, tantost non.
Ce sont icy leçons de la plus fine estoffe.
Je commente cet art, et j'y suis philosophe :
Le livre que j'en fais aura, sans contredit,
Plus que ceux de Platon, de vogue et de credit.

Nous nous sommes quittez, remettant la dispute.
J'ay quelque ordre important qu'il faut que j'execute,
De la part d'un Soldat que je sers à present :
Je vais trouver Thaïs, et luy faire un present ;
Il est tel que mon ame en est presque tentée :
C'est une jeune Esclave à Rhodes achetée ;
L'âge en est de seize ans, l'embonpoint d'un peu plus,
La taille en marque vingt, et pour moy, je conclus
Qu'elle soit (et pour cause) en vertu d'Hymenée,
Aux desirs d'un espoux bien-tost abandonnée,
Ou je crains fort d'en voir quelque autre possesseur.
Ce grand abord de gens au logis de sa sœur,
Le scrupule des noms d'ingrate et de cruelle,
De ces cœurs innocens la pitié criminelle,
Cent autres ennemis d'un honneur mal gardé,
Marquent le sien perdu, du moins fort hazardé.
Mais entr' eux le desbat ; n'estant point ma parente,
La suite m'en doit estre au moins indifferente ;
L'exposant au danger sans crainte et sans soucy,
Je m'en vais la querir dans un lieu prés d'icy ;
Et plust à quelque Dieu qu'en passant par la ruë,
Du rival de mon maistre elle fust apperceuë !
Voicy son Parmenon qui s'avance à propos ;
Pour peu qu'il tarde icy, nous en dirons deux mots.

SCENE II.

PARMENON.

Nostre Amant, ayant dit mille fois en une
    heure :
Quoy ! s'éloigner des lieux où mon ame
    demeure !
N'iray-je pas ? Iray-je ? en fin s'est hazardé ;
Et mille fois encor m'a tout (1) recommandé :
Que je prenne bien garde au nombre des visites

---

1. *Œuvres diverses* de 1729 : *bien.*

Qu'on peut rendre en personne, ou bien par parasites;
Qu'aux environs d'icy nul ne fasse un seul tour
Dont mon livre chargé ne l'instruise au retour;
Et que, si je surprens le Soldat aupres d'elle,
Je tienne des clains-d'œil un registre fidelle,
Escrive leur propos de l'un à l'autre bout,
Ne laisse rien passer, et sois present à tout :
(Car le sage ne doit qu'à soy-mesme s'attendre [1]).
C'eust esté pour quelque autre un plaisir de l'entendre;
Moy, qui sans cesse marche, et qui trotte, et qui cours,
Je ne ris qu'à demy de semblables discours,
Et je souhaiterois, du fond (2) de ma pensée,
Que le Dieu Cupidon eust la teste cassée :
Cela feroit grand bien aux pieds de cent valets.
J'approche de Thaïs, et voici son palais.
Quoy! j'apperçois aussi nostre flateur à gage!

SCENE III.

PARMENON, GNATON, *conduisant Pamphile.*

PARMENON.

vance, homme de bien!

GNATON.

Contemple ce visage.

PARMENON.

Le coquin parle en Prince, et n'est qu'un gueux parfait.

GNATON.

Tu te penses moquer, je suis Prince en effet.

PARMENON.

Des fous, cela s'entend.

1. On lit dans *L'Alouette et ses Petits* :
    Ne t'atten qu'à toy seul, c'est un commun proverbe.
2. *Œuvres diverses* de 1729 : *au fond.*

GNATON.

Quoy! des fous? Il n'est sage
Qui sous moy ne deust faire un an d'apprentissage.

PARMENON.

En quel art?

GNATON.

De goinffrer.

PARMENON.

Je le trouve tres-beau.
Si tu peux y sçavoir quelque secret nouveau,
Il n'est point d'industrie à l'égal de la tienne.

GNATON.

Va, tu merites bien que je t'en entretienne;
Seulement traittons-nous un mois à tes despens.

PARMENON.

Volontiers; mais dy-moy, sans me mettre en suspens,
Quelle est cette beauté qu'en triomphe tu menes?

GNATON.

Celle qui va bien-tost t'espargner mille peines.
Je te trouve honneste homme, et suis fort ton valet;
D'un mois, par mon moyen, ny lettre, ny poulet,
Ny billet à donner, ny response à pretendre.

PARMENON.

Je commence, Gnaton, d'avoir peine à t'entendre.

GNATON.

Ny nuits à faire guet avec tes yeux d'Argus.

PARMENON.

Tu me gesnes l'esprit par ces mots ambigus;
Veux-tu bien m'obliger?

GNATON.

Comment?

PARMENON.

De grace, acheve.

GNATON.

Avec toy pour un mois les courses ont fait tréve.

PARMENON.

Je le crois ; mais encor, dy m'en quelque raison.

GNATON.

Thaïs, par ce present, sera toute à Thrason.

PARMENON.

Je veux qu'il soit ainsi, quelle en sera la suite ?

GNATON.

Pour un homme subtil, et si plein de conduite,
Tu devrois penetrer et voir un peu plus loin ;
Je veux, encore un coup, te delivrer de soin.
Thrason voyant Thaïs, ceux dont elle est aymée
Peuvent tous s'asseurer que sa porte est fermée,
Ton maistre comme un autre ; et tu n'entendras plus
Ny souhaits impuissans, ny regrets superflus ;
Ny : Quel est ton avis ? ny : Fay luy tel message.

PARMENON.

Ah ! combien voit de loin l'homme prudent et sage !
J'avois peine à comprendre où tendoit ce propos ;
Mais, grace aux immortels, j'auray quelque repos.

GNATON.

Dy graces à Gnaton.

PARMENON.

Et rien pour cette belle ?

GNATON.

A propos, que t'en semble ?

PARMENON, *voulant toucher Pamphile.*

O dieux ! qu'elle est rebelle !
Du bout du doigt à peine on ose luy toucher.

GNATON.

Nul mortel que Thrason n'a droit d'en approcher.

PARMENON.

Pour un si rare objet on peut tout entreprendre.

PAMPHILE.

Dieux! quelle patience il faut pour les entendre!
Gnaton, conduy moy viste, et ne te raille point.

PARMENON.

De grace, escoute moy, je n'ay plus qu'un seul point.

GNATON.

Dy ce que tu voudras.

PARMENON.

Quel est son nom?

GNATON.

Pamphile.

PARMENON.

Point d'autre?

GNATON.

Que t'importe?

PARMENON.

Est-elle en cette ville
Depuis un fort long temps?

GNATON.

Ton caquet m'estourdit.

PARMENON.

Sçauray-je son païs, son âge?

GNATON.

Est-ce tout dit?

PARMENON.

Tu te fais trop prier, n'estant pas si beau qu'elle.

GNATON.

Te confondent les Dieux et toute ta sequele!
Je te sauve un gibet, te souhaitant cecy.

PARMENON.

Ton bon vouloir merite un ample grand-mercy :
Un jour nous t'en rendrons quelque digne salaire.

GNATON.

Tu le peux sans tarder. Mais n'as tu point affaire ?

PARMENON.

Pour toy, quand j'en aurois, je voudrois tout quiter.

GNATON.

De ce pas à Thaïs vien donc me presenter,
Sers moy d'Introducteur.

PARMENON.

         Tu ris, mais il n'importe.
Entre seul, tu le peux.

GNATON.

         Tien toy donc à la porte,
Et garde qu'on ne laisse entrer dans la maison
Quelque autre messager que celuy de Thrason ;
Je t'en donne l'avis, comme amy de ton maistre :
Et peut-estre qu'un jour il sçaura reconnoistre
De quelque bon repas ce conseil important.

PARMENON.

Encor deux jours de vie, et je mourray content.

GNATON.

Il te faut bien un mois à la bonne mesure.

PARMENON.

Non, non, je te rendray ces mots avec usure
Dans deux jours au plus tard.

GNATON.

         Nous le verrons. Adieu.

PARMENON.

Mon galand est party, qu'ay-je affaire en ce lieu ?
J'avois dessein de voir cette sœur pretenduë,
Et je me trompe fort, ou c'est peine perduë

De s'en aller offrir, apres un tel present,
Nostre vieillard fletry, chagrin et mal-plaisant;
Mais il faut obeïr.

SCENE IV.

CHERÉE, PARMENON.

PARMENON.

ù courez-vous, Cherée?

CHERÉE.

C'en est fait, Parmenon, ma perte est asseurée.

PARMENON.

Comment?

CHERÉE.

L'as-tu point veuë en passant par ces lieux?

PARMENON.

Qui?

CHERÉE.

Certaine beauté qui, s'offrant à mes yeux,
N'a rien fait que paroistre, et s'est evanoüie.

PARMENON.

Vous en avez la veuë encor toute éblouie.

CHERÉE.

O Dieux! Mais où chercher? Que le maudit procez
Puisse avoir quelque jour un sinistre succez!

PARMENON.

Comment? quoy? quel procez?

CHERÉE.

Ah! si tu l'avois veuë!

PARMENON.

Et qui?

CHERÉE.

Cette beauté de mille attraits pourveuë.

PARMENON.

Hé bien ?

CHERÉE.

Tu l'aymerois, et cét objet charmant
Ne peut souffrir qu'un cœur luy resiste un moment.
Ne me parle jamais de tes beautez communes,
Leurs caresses me sont à present importunes ;
Rien que de celle-cy mon cœur ne s'entretient.

PARMENON.

Vrayment ! c'est à ce coup que le bon homme en tient.
L'un de ses fils aymoit ; l'autre, plein de furie,
Passera les transports de son frere Phœdrie.
De l'humeur dont je sçay que le cadet est né,
Ce ne sera que jeu, dans deux jours, de l'aisné.

CHERÉE.

Aussi ne sçauroit-il avoir l'ame charmée
Des traits d'une beauté plus digne d'estre aymée.

PARMENON.

Peut-estre.

CHERÉE.

En doutes-tu ?

PARMENON.

C'est un trop long discours.
Vous aymez !

CHERÉE.

A tel point, que si d'un prompt secours...

PARMENON.

Tout beau ; demeurons-là, ne marchons pas si viste ;
Où pretendez-vous donc ce soir aller au giste ?

CHERÉE.

Helas ! s'il se pouvoit, chez l'aymable beauté.

PARMENON.

Certes, pour un malade il n'est point dégouté.

CHERÉE.

Tu ris, et je me meurs.

PARMENON.

Mais encor, quel remede
Faudroit-il apporter au mal qui vous possede?

CHERÉE.

De ce mot de remede en vain tu m'entretiens,
Si par tes prompts efforts bien-tost je ne l'obtiens;
Tu m'as dit tant de fois : Essayez mon adresse;
Vostre âge le permet, aymez, faites maistresse.
J'ayme, j'en ay fait une : acheve, et montre moy
Que mon cœur se pouvoit engager sur ta foy.

PARMENON.

Je l'ay dit en riant et sans croire vostre ame,
Pour un discours en l'air, susceptible de flame.

CHERÉE.

Qu'il ait esté promis ou de bon, ou par jeu,
Si tes soins, Parmenon, ne me livrent dans peu
Cette mesme beauté qui captive mon ame,
Je ne vois que la mort pour terminer ma flame.

PARMENON.

Depeignez-la moy donc.

CHERÉE.

Elle est jeune, en bon point.

PARMENON.

Celuy qui la menoit?

CHERÉE.

Je ne le connois point.

PARMENON.

Le nom d'elle?

CHERÉE.

Aussi peu.

PARMENON.

Son logis?

CHERÉE.

Tout de mesme.

PARMENON.

Vous ne sçavez donc rien?

CHERÉE.

Rien, sinon que je l'ayme.

PARMENON.

Me voila bien instruit, quel chemin ont-ils pris?

CHERÉE.

Tandis qu'elle arrestoit mes sens et mes esprits,
Nostre hoste Archidemide, avec son front severe,
Est venu m'aborder, et m'a dit que mon pere
Ne faillist pas demain d'estre son défenseur
Contre l'injuste effort d'un puissant agresseur;
Et, comme les vieillards sont longs en toute chose,
D'un recit ennuieux il m'a déduit sa cause,
Tant, qu'apres nostre adieu je n'ay plus apperceu
L'objet de ce desir qu'en passant j'ay conceu.

PARMENON.

C'est estre malheureux.

CHERÉE.

Autant qu'homme du monde.

PARMENON.

Vous l'avez bien maudit?

CHERÉE.

Que le Ciel le confonde!
Depuis plus de deux ans nous ne nous estions veus.

PARMENON.

Il se rencontre ainsi des malheurs impreveus.
Celuy qui la menoit est quelque homme de mine?

CHERÉE.

Rien moins. Tu le croyrois un pilier de cuisine,
Et luy seul, sans mentir, est aussi gras que deux.

PARMENON.

Son habit?

CHERÉE.

Fort usé.

PARMENON.

Leur train?

CHERÉE.

Je n'ay veu qu'eux.

PARMENON.

C'est elle asseurément.

CHERÉE.

Qui?

PARMENON.

Rasseurez vostre ame;
Je connois maintenant l'objet de vostre flame

CHERÉE.

L'as-tu veuë?

PARMENON.

Elle-mesme.

CHERÉE.

Et tu sçais son logis?

PARMENON.

Je le sçay.

CHERÉE.

Parmenon, dy-le moy.

PARMENON.

Chez Thaïs.
Comme ils venoient d'entrer, je vous ay veu paraistre,
C'est un don que luy fait le rival de mon maistre.

CHERÉE.

Il doit estre puissant.

PARMENON.

Plus en bruit qu'en effet.

CHERÉE.

Qu'il m'en fasse un pareil, j'en seray satisfait.

PARMENON.

On vous croit sans jurer.

CHERÉE.

Mais qu'en pense Phœdrie?
Je n'y vois point pour luy sujet de raillerie.

PARMENON.

Qui sçauroit son present le pleindroit beaucoup plus.

CHERÉE.

Quel present?

PARMENON.

Un vieillard impuissant et perclus,
Sans esprit, sans vigueur, sans barbe, sans perruque,
Un spectre, un songe, un rien, pour tout dire, un Eunuque
Dont encor il pretend, contre toute raison,
Pouvoir contrecarrer le present de Thrason.
Si l'on nous laisse entrer, je veux perdre la vie.

CHERÉE.

S'il est aussi receu, qu'il me donne d'envie!

PARMENON.

Vous preservent les Dieux d'un heur pareil au sien!
Ce seroit pour Pamphile un mauvais entretien.

CHERÉE.

Quoy, garder une fille et si jeune et si belle!
Coucher en mesme chambre, et manger aupres d'elle,
La voir à tout moment sans crainte et sans soupçon;
Tu ne voudrois pas estre heureux de la façon?

PARMENON.

Vous pouvez aisément avoir cette fortune :
La ruse est asseurée autant qu'elle est commune.
D'un voyage lointain depuis peu revenu,
Sans doute chez Thaïs vous estes inconnu;
Il faut prendre l'habit que nostre Eunuque porte;

Vous passerez pour luy, deguisé de la sorte.
Vostre menton sans poil y doit beaucoup ayder.

CHERÉE.

Et l'on me donnera cette belle à garder?

PARMENON.

Et sans doute à garder vous aurez cette belle ;
Mais apres?

CHERÉE.

Innocent, je puis lors aupres d'elle
Boire, manger, dormir, luy parler en secret.

PARMENON.

Usez-en tout au moins comme un homme discret.

CHERÉE.

Tu ris?

PARMENON.

Des vains projets où l'amour vous emporte ;
Vous vous croyez dedans avant qu'estre à la porte :
Et, sans sçavoir encor quelle est cette beauté,
D'un espoir amoureux vostre cœur est flaté :
Il faut auparavant s'acquerir une entrée.

CHERÉE.

L'échange proposé me la rend asseurée.

PARMENON.

Oüy, s'il se pouvoit faire.

CHERÉE.

A d'autres, Parmenon !

PARMENON.

Quoy! vous avez donc creu que c'estoit tout de bon

CHERÉE.

Tout de bon ou par jeu, derechef il n'importe,
Et si je ne l'obtiens ou d'une ou d'autre sorte,
Je suis mort.

PARMENON.

Mais avant que de vous engager,
Pesez, encore un coup, la grandeur du danger.

CHERÉE.

Trop de raisonnement peut nuire en telle affaire :
L'occasion se perd tandis qu'on delibere;
Un autre la prendra, j'en auray du regret.

PARMENON.

Mais au moins pourez-vous me garder le secret?

CHERÉE.

Ne crain rien.

PARMENON.

Priez donc Amour qu'il favorise
De quelque bon succez cette haute entreprise.

CHERÉE.

Amour! si sa beauté peut s'offrir à mes sens,
Tu ne manqueras plus ny d'autels, ny d'encens.

ACTE III

SCENE I.

THRASON.

Il faut dire le vray, j'en voulois à Phamphile ;
Et, bien que pour Thaïs un amour plus facile
Estouffast celle-cy presqu' encor au ber-
    ceau ,
Sans mentir, j'ay regret de perdre un tel morceau.
Je ne sçais quel remors tient mon ame occupée ;
Mais encore estre ainsi de mes mains échappée ;
C'est le comble du mal, et souffrir qu'un enfant
Des lacs d'un vieux routier se sauve en triomphant.
Me preservent les Dieux d'une beauté naissante !
Il n'est point de methode en amour si puissante
Qui ne fust inutile à qui s'en picqueroit :
Souvent ces jeunes cœurs sont plus durs qu'on ne croit.
Pour gagner son amour, je ne sçais point de voye ;
C'est un fort à tenir aussi long-temps que Troye.
J'aurois, sans me vanter, depuis qu'elle est chez moy,
Reduit à la raison quatre filles de Roy.
J'eusse pû l'espouser, mais je fuis la contrainte ;
Le seul nom de l'Hymen me fait fremir de crainte ;
Et je ne voudrois pas que mon cœur fust touché
De l'espoir d'un Royaume à Pamphile attaché.
Rien n'est tel, à qui craint une femme importune ,
Que de vivre en soldat, et chercher sa fortune.

On se pousse par tout, on risque sans souci,
Et qui n'y gagne rien n'y peut rien perdre aussi.
Mais rarement Thrason se pleint-il d'une Dame :
Jusqu'icy peu d'objet ont regné sur son ame
Sans payer son amour d'une ou d'autre façon.
Phœdrie en pouroit bien avoir quelque leçon ;
Je n'en pense pas plus, n'estant point d'humeur vaine.
Voyons si nostre Agent aura perdu sa peine :
Le voicy qui s'approche.

SCENE II.

THRASON, GNATON.

THRASON.

Hé bien, qu'as-tu gagné ?

GNATON.

Que de peine, Seigneur, vous m'avez es-
pargné !
Je vous allois chercher au port et dans la place.

THRASON.

Tu me rapportes donc des actions de grace ?

GNATON.

Le faut-il demander ? J'en suis tout en chaleur.

THRASON.

Enfin le don luy plaist ?

GNATON.

Non tant pour la valeur
Que pour venir de vous, c'est là ce qui la touche,
Et ce qu'à tous momens elle a dedans la bouche,
Comme un des plus grands biens qu'elle ait jamais receus :
Vous ririez de l'ouyr triompher là-dessus.

THRASON.

Ce qui vient de ma part cause ainsi de la joye ;
J'ay cent fois plus de gré d'un bouquet que j'envoye,

Qu'un autre n'en auroit de quelque don de prix,
Fust-ce mesme un thresor.

GNATON.

Vivent les bons esprits !
Il n'est, à bien parler, que maniere à tout faire.
D'un travail de dix ans ce que le sot espere,
L'honneste homme, d'un mot, le luy viendra ravir.

THRASON.

Aussi le Roy m'employe, et j'ay sceu le servir
A la guerre, en amour, aupres de ses Maistresses,
Quoy que j'eusse souvent ma part de leurs caresses.

GNATON.

Mais s'il l'apprend aussi ?

THRASON.

Gnaton, soyez discret.
Je ne découvre pas à tous un tel secret.

GNATON.

Tout bas, se tournant.
C'est fait en homme sage. Il l'a dit à cent autres.
Haut.
Le Roy n'agréoit donc autres soins que les vostres ?

THRASON.

Que les miens ; et par fois se trouvant dégousté
Du tracas importun qui suit la Royauté ,
Comme s'il eust voulu.... tu comprens ma pensée ?

GNATON.

Prendre un peu de bon temps, toute affaire laissée.

THRASON.

Cela mesme. Aussi-tost il m'envoyoit querir :
Seuls ainsi nous passions les jours à discourir
De cent contes plaisans que je luy sçavois faire ;
Et s'il se presentoit quelque importante affaire ,
Apres avoir le tout entre-nous disposé ,
Son conseil n'en avoit qu'un reste déguisé ;
Et souvent, malgré tous, ma voix estoit suivie.

GNATON.

Lors chacun d'enrager, mourir, crever d'envie?

THRASON.

Et Thrason de s'en rire.

GNATON.

A l'oreille du Roy?

THRASON.

Qui peut te l'avoir dit?

GNATON.

C'est qu'ainsi je le croy.

THRASON.

Sur ce propos, un jour qu'il remarquoit leur peine,
Le Chef des Elephans, appellé Metasthene,
Des plus considerez prés du Prince à present,
Ne se put revancher d'un trait assez plaisant.
Il mâchoit de dépit quelque mot dans sa bouche,
Et me tournant les yeux : Qui vous rend si farouche?
Sont-ce les bestes (dis-je) à qui vous commandez?

GNATON.

Et le Roy, qu'en dît-il?

THRASON.

Nous estans regardez,
Il ne pût à la fin s'empécher de sourire.
Je dis, sans vanité, peu de mots qu'il n'admire.

GNATON.

Comme vous en parlez, c'est un Prince poly.

THRASON.

Peu d'hommes ont, de vray, l'esprit aussi joly.
Sur tout il s'entend bien à placer son estime.

GNATON.

Celle qu'il fait de vous me semble legitime.

THRASON.

T'ay-je dit un bon mot, qu'en un bal invité...

GNATON.

Bas, se tournant.

Non. Plus de mille fois il me l'a raconté.

THRASON.

Nous estions regalez du Satrape Orosmede ;
Chacun avoit sa Nymphe : alors un Ganimede
Approchant de la mienne, aussi-tost je luy dis
Que les restes de Mars seroient pour Adonis.

GNATON.

Le jeune homme rougît ?

THRASON.

Belle demande à faire !
Il rougît, et d'abord fut contraint de se taire :
Depuis chacun m'a craint.

GNATON.

Avec juste raison.
N'ont-ils point un recueil des bons mots de Thrason ?

THRASON.

Je t'en conterois cent ; mais changeons de matiere.
Thaïs, comme tu sçais, est femme assez altiere,
Jalouse, et d'un esprit à tout craindre de moy :
Dois-je, en quittant sa sœur, luy confirmer ma foy !

GNATON.

Rien moins. Il vaut bien mieux la tenir en cervelle.
Ayez tousjours en main quelque (1) amitié nouvelle ;
De ce secret d'amour l'effet n'est pas petit ;
C'est par là qu'on maintient les cœurs en appetit,
Et qu'on accroist l'amour au lieu de le destruire.
Mais je fais des leçons à qui devroit m'instruire.

THRASON.

Comment un tel secret a-t-il pu m'échapper !

1. *Œuvres diverses* de 1729 : *une.*

GNATON.

Des soins plus importans pouvoient vous occuper ;
Vous réviez, je m'asseure, à quelque haut fait d'armes.

THRASON.

Il est vray que la Guerre a pour moy de tels charmes,
Qu'ils me font oublier tous les autres plaisirs.

GNATON.

Mais l'amour trouve aussi sa part dans vos desirs ?

THRASON.

Entre Mars et Venus mon cœur se sent suspendre,
Est recherché des deux, ne sçait auquel entendre :
Laissons-là leur debat ; quel traitté m'as-tu fait ?

GNATON.

Tel qu'un plus amoureux en seroit satisfait ;
Thaïs se veut purger de tous sujets de plainte ;
Deux jours, par mon moyen, sans rival et sans crainte,
Vous luy rendrez visite en dépit des Jaloux.

THRASON.

Je t'ayme.

GNATON.

Et du disner sur moy reposez-vous ;
Je l'ay fait, en passant, apprester chez vostre hoste.

THRASON.

De faim jamais Gnaton ne mourra par sa faute.

GNATON.

Qu'y faire ? il faut bien vivre icy comme autre part.

THRASON.

Retourne chez Thaïs, et dy luy qu'il est tard.

SCENE III.

THAIS, THRASON, GNATON.

THAÏS.

I n'en est pas besoin, je viens sans qu'on
m'appelle.

THRASON.

Sçais-je faire un present?

THAÏS.

Certes la chose est belle ;
Mais je n'estime au don que le lieu dont il vient.

GNATON.

Nostre dîner est prest, s'il ne vous en souvient.

THRASON *à Thaïs.*

Plus rare et d'autre prix je vous l'aurois donnée.

GNATON.

Tousjours en complimens il se passe une année ;
Le dîner nous attend, hâtons-nous, c'est assez.

THAÏS.

Nous ne sommes, Gnaton, pas encor si pressez.
Il me faut du logis donner charge à Pythie.

GNATON.

Tout ira comme il faut, j'en respons sur ma vie.

THAÏS.

Sans avoir pris ce soin, je n'ose m'engager.

GNATON.

Puissent mes ennemis de femmes se charger !
Elles n'ont jamais fait, tousjours nouvelle excuse.

THAÏS.

De vains retardemens à tort on nous accuse,
Vostre sexe se laisse encor moins gouverner.

La Fontaine. IV.

4

GNATON.

Ne tient-il point à moy que nous n'allions dîner?

THAÏS.

Ne plaise aux Dieux, Gnaton, qu'on ait telle pensée.

GNATON.

Je ne vous en vois point pour cela plus pressée.

THAÏS.

Allons, si tu le veux.

SCENE IV.

THAIS, THRASON, GNATON; PARMENON,
amenant Cherée.

PARMENON.

U n mot auparavant.

GNATON.

Nous voicy, grâce aux Dieux, aussi prests
que devant :
Je dîneray demain, s'il plaist à la fortune.
Fay vîte, Parmenon, ta harangue importune.

PARMENON.

Mon Maistre, par vostre ordre absent de ce sejour,
Avecque ce present vous offre le bon jour.
Je ne veux point passer la loy qui m'est prescrite,
Ny parler de ses pleurs quand il faut qu'il vous quitte :
De vous-mesme à son mal vous pouvez compatir,
Et le croire affligé sans l'avoir veu partir.
Faisant un don plus riche, il eust eu plus de joye.
Mais au moins de bon cœur croyez qu'il vous l'envoye.

THRASON.

Le present peut passer.

THAÏS.

Il me charme en effet,
Je ne l'aurois pas crû si beau, ny si bien fait.

PARMENON.

On l'appelle Doris; et quant à son adresse,
En tout ce que l'on doit apprendre à la jeunesse
On l'a, dés son jeune âge, instruit et façonné.
A quoy que de tout temps il se soit adonné,
Soit aux arts liberaux, soit aux jeux d'exercice,
A sauter, à luiter, à courir dans la lice,
Il a tousjours passé pour un des plus adroits;
Enfin, permettez-luy de parler quelquefois,
Vous l'entendrez bien-tost en conter des plus belles;
Il vous entretiendra de cent choses nouvelles.
Mon Maistre cependant n'exige rien de vous;
Vous ne le trouverez importun ny jaloux;
Il ne vous contera ny bons mots ny faits d'armes;
Et vous pouvez, Thaïs, disposer de vos charmes
Sans craindre qu'il s'offence et vous tienne en soucy,
Comme un de vos amans qui n'est pas loin d'icy:
Faites entrer chez vous Soldats et Parasites,
Pourveu qu'il puisse rendre à son tour ses visites,
(J'entens quand vous serez d'humeur, ou de loisir)
Il se tiendra content par de là son desir,

THRASON,

Si ton Maistre avoit dit ce que tu viens de dire....

PARMENON.

Comme j'en suis l'autheur, vous n'en faites que rire?

THRASON.

Dois-je contre un valet employer mon courroux?
Que t'en semble, Gnaton?

GNATON.

Seigneur, épargnez-vous.

THRASON.

Je te croiray. Thaïs, ce parleur m'incommode.

GNATON.

De vray, les complimens ne sont plus (¹) à la mode ;
Allons.

THAÏS.

Quand on voudra.

THRASON.

Qu'un long discours déplaist !

GNATON.

Sur tout, à mon avis, quand le dîner est prest.

THAÏS.

Du zele et du present je luy suis obligée.

PARMENON.

Le don ne vous tient pas vers mon maistre engagée ;
S'il doit estre payé, c'est du zele sans plus.

GNATON.

Remettons à tantost ces discours superflus ;
Il n'est pas maintenant saison de repartie.

THAÏS.

Tu me permettras bien d'ordonner à Pythie
Que le soin de Pamphile à Doris soit commis.

GNATON.

Faites que Gnaton dîne, et tout vous est permis.

SCENE V.

THRASON, GNATON, PARMENON

PARMENON.

Pour un Entremetteur, on te fait trop attendre :
Ce n'est point là le gré que tu pouvois pretendre ;
Et si j'avois receu tel present par Gnaton,

1. *Œuvres diverses* de 1729 : *pas.*

Il se verroit à table assis jusqu'au menton,
On ne devroit icy rendre aucune visite
Sans avoir un billet signé de Parasite;
Il luy faut cependant mettre tout son espoir
A courir tout le jour pour déjeuner au soir.
Pour moy, je ne crois pas qu'autre chose il attrape,
Si ce n'est que son Roy le fasse un jour Satrape,
Ou que, las de courir et battre le pavé,
Plus haut que son merite il se trouve élevé.
Que dis-tu de ces mots? Ay-je sceu te le rendre?

THRASON.

Le coquin veut railler. Gnaton, va nous attendre;
Je vais prendre Thaïs.

GNATON.

       Laissez-moy cét employ,
Un Chef doit autrement tenir son quant-à-moy.

THRASON.

Adieu donc, Parmenon, tu diras à Phœdrie
Que Thaïs, pour un temps, trouve bon qu'il l'oublie,
Que pour l'entretenir deux jours me sont assez.

PARMENON.

Ne vous en vantez point avant qu'ils soient passez.

SCENE VI.

PARMENON *demeure seul.*

Cecy pour nostre Eunuque assez bien se
    prepare.
Pendant qu'ils dîneront, il faut qu'il se
    declare,
Prenne l'occasion, et ne perde un moment
A pousser des soûpirs et languir vainement :
Non que parlant d'amour il rencontre œuvre faite;
Alors qu'on en vient là, toutes ont leur deffaite.

Tel souvent en à peu qui croit en avoir tout,
Et mesme va bien loin sans aller jusqu'au bout.
Que Pamphile d'ailleurs volontiers ne l'écoute,
Toute sage qu'elle est, je n'en fais point de doute :
C'est le propre du sexe, il veut estre flatté,
Et se plaist aux effets que produit sa beauté.
Puis nostre homme a dequoy charmer la plus severe,
Il est jeune, il est beau, tousjours prest à tout faire ;
En dit plus qu'on ne veut, sçait bien le debiter,
Est d'humeur liberale, et donne sans compter.
Si par ces qualitez d'abord il ne la touche,
Le temps, qui peut gagner l'esprit le plus farouche,
Ne luy permettra pas d'y faire un long effort,
Et ce peu de loisir m'embarasse tres-fort.
Je crains nostre vieillard, qu'on attend d'heure en heure ;
Il n'a jamais aux champs fait si longue demeure ;
Quelque charme puissant l'y retient arresté ;
S'il revient une fois, le mystere est gasté.
O Dieux ! c'est fait de nous, le voicy qui s'avance,
Je ne sçais quel frisson m'annonçoit sa presence.
Parmenon, cependant que tout seul il discourt,
Va te precipiter : ce sera ton plus court ;
Qui pourroit toutesfois choisir une autre voye (1)...
Le vieillard est plus doux qu'il ne veut qu'on le croye :
L'amour pour ses enfans, qu'il laisse à l'abandon,
Fait qu'il me reste encor quelque espoir de pardon ;
Usons à cét abord d'un peu de complaisance.

---

1. Dans l'édition originale et dans les *Œuvres diverses* de
1729 ce vers est tel que nous le donnons ici, mais, au lieu
d'être terminé par trois points, il l'est par un point avec une
virgule. Cela rend le sens fort obscur ; aussi, pour y remé-
dier, M. Walckenaër a-t-il corrigé, sans en prévenir :

    Tu pourrois toutefois choisir une autre voie.

Ce changement, que rien n'autorise, jette, à ce qu'il me
semble, beaucoup de froideur sur tout le passage. Le vers
s'explique fort bien d'ailleurs par un sens suspendu, et la
tournure est alors pleine de vivacité.

SCENE VII.

DAMIS, PARMENON.

PARMENON.
Je me plaignois, Monsieur, de vostre longue
  absence.

DAMIS.
En ma maison des champs je trouve un goust
exquis,
Et ne fis jamais mieux qu'alors que je l'acquis.

PARMENON.
Sophrone et vos enfans sont d'avis tout contraire.

DAMIS.
Les voir changer d'humeur n'est pas ce que j'esperé,
Bien loin de se reduire au champestre sejour,
Ma femme ayme à causer, mon aisné fait l'amour.

PARMENON.
Cette façon d'agir plairoit à peu de Peres ;
Quand il s'agit d'amours, presque tous sont severes ;
A cét aage impuissant lors qu'ils sont arrivez,
Ils donnent des conseils qu'ils n'ont point observez.

DAMIS.
Quant à moy, je me rends plus juste et plus commode ;
Non qu'il faille en tout point que l'on vive à sa mode,
Mais aymer quelque peu ne fut jamais blâmé,
Et moy-mesme autresfois je m'en suis escrimé.
Il est vray que le gain n'en vaut pas la dépense :
Aux uns il faut presens, aux autres recompense,
Corrompre les valets, et les entretenir ;
Mais les Dieux m'ont tousjours donné pour y fournir.
Si je fais peu d'acquests, que mes fils s'en accusent,
C'est eux, et non pas moy, qu'apres tout ils abusent.
Ayant connu d'abord mon esprit indulgent,

L'aisné va, ce me semble, un peu viste à l'argent;
Des beautez de Thaïs son ame est fort touchée,
Et bien qu'il m'ait tenu cette flamme cachée,
J'en sçais plus qu'il ne croit, et le souffre aisément;
Thaïs vaut qu'on l'estime, à parler franchement :
Peu voudront toutefois qu'elle entre en leur famille;
Vefve, on la doit priser un peu moins qu'une fille :
Nostre ville est feconde en partis bien meilleurs,
Et mon fils, apres tout, doit s'adresser ailleurs.
Pour un choix plus sortable il faut qu'il se dispose :
Je t'en veux, Parmenon, proposer quelque chose.
Mais où sont mes enfans ? Je les voudrois bien voir.

PARMENON.

Vostre aisné, par mal-heur, est absent d'hyer au soir.

DAMIS.

D'où pourroit provenir un si soudain voyage ?
N'est-il point arrivé quelque noise en ménage ?

PARMENON.

Je ne sçay.

DAMIS.

Plust aux Dieux que quelque changement
Luy fist prendre bien-tost un autre sentiment !
Mais comme sans leur ayde il ne se peut rien faire,
Allons leur de ce pas recommander l'affaire.

ACTE IV

SCENE I.

CHERÉE, *déguisé en Eunuque;* **PAMPHILE.**

CHERÉE.

C'est trop réver, Pamphile, et mon zele indiscret
Ne sçauroit plus souffrir cét entretien secret.
Dans quelques doux pensers qu'une ame soit plongée,
Souvent elle a besoin d'en estre dégagée;
Et lors qu'on l'abandonne à ce triste plaisir,
Elle songe à ses maux avec plus de loisir;
Souffrez donc...

PAMPHILE.

C'est assez, et ta bonté m'oblige,
Quoy que le noir chagrin qui sans cesse m'afflige
Empesche mon esprit d'en pouvoir profiter.

CHERÉE.

Et qu'auriez-vous, Pamphile, à vous tant attrister?
Vous estes jeune et belle, et (si je l'ose dire)
Ce sont les seuls tresors où toute femme aspire.

PAMPHILE.

Je suis jeune, il est vray ; pour belle, on me le dit ;
Ce discours prés du sexe est tousjours en credit ;
Mais quand de pareils dons le Ciel m'auroit comblée,

A peine en verrois-tu mon ame moins troublée,
L'objet de mes mal-heurs me touche beaucoup plus.
Les Dieux nous vendent cher tous ces biens superflus,
Souvent par mille maux nous en payons l'usure.

CHERÉE.

C'est que l'esprit humain en prend mal la mesure ;
Injuste en son estime autant qu'en ses desirs,
Il conte les douleurs, sans conter les plaisirs.

PAMPHILE.

Ne me crois pas, Doris, d'une ame si legere,
Sans amis, sans parens, et par tout estrangere,
J'ay sujet de réver, et tu n'en verras point
Que le sort obstiné persecute à tel point.

CHERÉE.

Chacun pense le mesme, et moy comme tout autre,
Le mal d'autruy n'est rien quand nous parlons du nostre.
Vous vous croyez en bute aux plus sensibles coups ;
Je sçais tel qui pourroit en dire autant que vous.
Celuy dont je vous parle est un autre moz-mesme ;
Il me ressemble assez, et souffre un mal extréme
Pour certaine beauté qui vous ressemble aussi,
Et qui fuit, comme vous, l'amour et son soucy.

PAMPHILE.

Si j'estois cét amy, j'affranchirois mon ame
Des injustes liens de l'objet qui l'enflamme.

CHERÉE.

Si vous estiez l'objet des vœux qu'il a conceus ?

PAMPHILE.

Peut-estre qu'à la fin ses vœux seroient receus.

CHERÉE.

Qui vous diroit cecy pour preparer vostre ame ?
Tout de bon, si quelqu'un vous découvroit sa flâme,
N'estant rien icy bas qui ne puisse arriver
(J'entens à quelque fin que l'on doive approuver),

Agrériez vous son offre ? et vostre ame touchée
Prendroit-elle plaisir à s'en voir recherchée !

PAMPHILE.

Selon ce qu'il auroit d'aymable et de parfait.

CHERÉE.

Je le suppose riche, honneste, assez bien fait,
D'âge au vostre sortable, enfin tel, à tout prendre,
Qu'aux partis les plus hauts il ait droit de pretendre.

PAMPHILE.

J'ayme ces qualitez dont il seroit pourveu,
Mais, pour en bien parler, il faudroit l'avoir veu.

CHERÉE.

Vous le voyez, Pamphile, et vous allez cognoistre
Un feu qui ne peut plus s'empescher de paroistre.
Par un excez d'amour, sous cét habit trompeur
Je me suis pour esclave offert à vostre sœur ;
Né libre cependant, on m'appelle Cherée,
La noblesse des miens ne peut estre ignorée,
Peu de partis icy voudroient me refuser ;
Mon zele est toutesfois plus que tout à priser ;
Ne le dédaignez point. Quoy, vous fuyez, Pamphile ?

PAMPHILE.

Insolent, quitte-moy, ta fourbe est inutile.
Pythie !

CHERÉE.

Auparavant, encore un mot ou deux.

PAMPHILE.

Qui t'a fait entreprendre un coup si hazardeux ?
En vain tu fais servir ces honneurs à ta flâme ;
L'espoir d'y prendre part n'aveugle point mon ame,
Le Ciel m'a faite esclave, il est vray ; mais crois-tu
Que cette qualité repugne à la vertu ?

CHERÉE.

Qui le croiroit, Pamphile, apres vous avoir veuë ?...

Les severes appas dont vous estes pourveuë
Desesperent les cœurs qu'ils viennent d'enflammer,
Mais sous le nom d'hymen il est permis d'aymer.
Loing de vostre païs esclave et delaissée,
Où pourriez vous icy porter vostre pensée ?
Par-là je n'entens point mépriser vos appas,
Le merite en est grand ; mais l'heur n'y répond pas.
Tant que l'effort des ans en détruise l'empire,
Assez d'amans viendront vous conter leur martyre,
Assez d'amans aussi, d'un discours mensonger,
Vous offriront un cœur tousjours prest à changer.
Devant que vous soyez à leurs vœux exposée,
Prevenez le dépit de vous voir abusée ;
Faites un choix plus seur, il vous est important.

PAMPHILE.

Peut-estre dans ta foy n'es-tu pas plus constant.

CHERÉE.

Pamphile, croyez-en ces soupirs et ces larmes.

PAMPHILE.

Ah ! cesse d'employer le secours de leurs charmes,
Oste-moy ta presence, engage ailleurs ta foy ;
Veux-tu rendre mon cœur plus esclave que moy ?
Va, ne replique point, estouffe ton envie ;
Crain d'attacher tes jours aux malheurs de ma vie,
Va-t'en, laisse-moy seule et me plaindre et souffrir.

CHERÉE.

Un sort plus favorable en vos mains vient s'offrir.

PAMPHILE.

Ce n'est point l'interest qui me rendra facile ;
Et si je cede, helas ! acheve pour Pamphile.
Que sert de m'expliquer ? Tu lis dedans mon sein.

CHERÉE.

Et que rencontrez-vous d'injuste en ce dessein ?

PAMPHILE.

Je ne sçais, je crains tout, je suis irresoluë,
Va briguer quelque voix sur mon cœur absoluë.

CHERÉE.

Que je tienne de vous l'espoir d'un si grand bien.

PAMPHILE.

Sans l'aveu de Thaïs je ne te promets rien ;
Elle a sur mes desirs une entiere puissance ;
Ce que j'aurois aux miens rendu d'obeïssance,
Je le dois à ses soins, par qui j'espere en fin
Retrouver mes parens, et changer de destin.

CHERÉE.

Pamphile, songez-y, la chose est importante ;
Et puis qu'en vos mal-heurs un moyen se presente,
Ne le rejettez pas, il est en vostre main.

PAMPHILE.

Qui me peut garantir ce discours incertain ?

CHERÉE.

Moy-mesme.

PAMPHILE.

Un tel garant n'asseure point mon ame ;
Quand vous voulez monstrer l'effet de vostre flame,
Un parent, un tuteur, un amy bien souvent,
Font que de tels projets il ne sort que du vent ;
Quelquefois, pour changer, ils vous servent d'excuse.

CHERÉE.

Contre ces lâchetez, dont chacun nous accuse,
Je n'oppose qu'un mot : dans trois jours au plus tard,
Si l'effet ne s'en voit, ou d'une ou d'autre part,
Vous pourrez m'accuser de parjure et de feinte ;
Mais aussi jusques-là suspendez vostre crainte,
Et faites de mes vœux un meilleur jugement.

PAMPHILE.

Le terme n'est pas long, j'y consens aisément :

Mais je vous interdis cependant ma presence,
Comme un juste moyen d'expier vostre offence.

CHERÉE.

L'arrest est rigoureux, le crime estant leger :
J'obeïray pourtant, mais, pour m'encourager,
Adoucissez la peine à ma ruse imposée :
Cette faveur m'importe, et vous est fort aisée.

PAMPHILE.

Que me demandez-vous ?

CHERÉE.

Pour m'élever aux Cieux,
Il ne faut qu'un aveu de la bouche ou des yeux.

PAMPHILE.

Et bien, je vous l'accorde ; est-ce assez vous complaire ?

CHERÉE.

Je partiray content apres un tel salaire ;
Cependant joindrez-vous vos vœux à mon transport ?

PAMPHILE.

Qu'il ne tienne à cela que tout n'aille à bon port !

CHERÉE, *baisant la main de Pamphile.*

Que je jure en vos mains une amour eternelle !

PAMPHILE.

Je trouve du serment la mode un peu nouvelle.

CHERÉE.

Ne blâmez point l'excez où mon zele est tombé.

PAMPHILE.

Il luy faut bien donner ce qu'il m'a dérobé.

CHERÉE.

Ah Dieux ! quelle douceur où mon ame se noye !
Soulagé du tourment, je me meurs de la joye ;
Au prix de vos baisers tout me semble commun :
Pamphile, seulement encor la moitié d'un.

PAMPHILE.

Vousen pourriez mourir, et j'ayme vostre vie.

CHERÉE.

L'hymen sçaura bien-tost en combler mon envie,
Pour un que vous m'avez aujourd'huy retenu.

PAMPHILE.

Aussi n'en meurt-on plus quand ce temps est venu.

CHERÉE.

Si jamais envers vous je change de pensée,
Me punissent les Dieux d'une mort avancée!

PAMPHILE.

Vous promettez beaucoup.

CHERÉE.

Je feray beaucoup plus;
Sans employer le temps en discours superflus,
Je m'en vais de ce pas en parler à mon pere :
Dés demain vous sçaurez ce qu'il faut que j'espere;
Et quand, par une humeur severe ou d'interest,
Il auroit contre nous prononcé quelque arrest,
Nous pourrions passer outre, et fléchir son courage :
Il sera fort aisé de calmer cét orage.

PAMPHILE.

Thaïs, si vous sortés, aura soupçon de moy.

CHERÉE.

Je reviendray bien-tost vous confirmer ma foy.

SCENE II.

PAMPHILE.

Je ne puis trop priser son ardeur genereuse,
Loing des miens, apres tout, la rencontre
est heureuse.
Je dis loing, quoy qu'icy l'on m'ait donné le jour,

Et que tous mes parens y fissent leur sejour.
O Dieux! si mon soupçon se trouvoit veritable!
Si j'étois pour Cherée un parti plus sortable,
Et qu'à cette beauté, dont il me semble espris,
L'éclat de la naissance adjoutast quelque prix,
Seroit-il une fille au monde plus heureuse?
Peu s'en faut que desja je n'en sois amoureuse;
J'entens du bruit, sortons; on peut nous écouter.

SCENE III.

THAIS, PYTHIE.

PYTHIE.

Ah! que j'ay de secrets, Madame, à vous conter!
Mais ne le dites pas, vous me feriez que-
relle.
Ma foy, le compagnon nous l'a sceu donner belle.

THAÏS.

Qui?

PYTHIE.

Faut-il demander? Ce beau present de foin :
Fust-il en Éthopie, ou bien encor plus loin!

THAÏS.

Tu viens de proferer une estrange parole.

PYTHIE.

Chacun n'a pas esté comme vous à l'escole;
Je m'entens.

THAÏS.

C'est assez.

PYTHIE.

Cecy nous doit ravir;
Vous n'aviez qu'à moitié des gens pour vous servir,

Il falloit un Eunuque, et le bon de l'affaire
Est que l'on n'a pas dit tout ce qu'il sçavoit faire.

THAÏS.

Que peut-il avoir fait ?

PYTHIE.

Me le demandez-vous?

THAÏS.

Tu fais bien l'innocente en te mocquant de nous.

PYTHIE.

Je n'en sçais rien au vray; toutesfois je m'en doute.

THAÏS.

Ce sont là des discours si clairs qu'on n'y voit goute.

PYTHIE.

Vostre sœur a tantost (pour ne rien déguiser)
Laissé prendre à Doris sur sa main un baiser.
Sçavez-vous quel baiser?

THAÏS.

Fort froid, je m'imagine.

PYTHIE.

En bonne foy j'ay creu qu'il y prendroit racine :
Ce n'estoit point semblant, car mesme il a sonné.
Si par mon serviteur un tel m'estoit donné,
Je n'en fais point la fine, il me rendroit honteuse.
Enfin, de ce baiser la suitte est fort douteuse.

THAÏS.

Tu t'alarmes en vain, c'est marque de respect,
Puis cela vient d'un lieu qui ne m'est point suspect;
Les baisers de Doris sont baisers sans malice,
Il en faudroit beaucoup pour guerir la jaunisse.

PYTHIE.

Pas tant que vous croyez; ou je n'y connois rien.
Ah ! que n'ay-je entendu leur premier entretien !

Mais, au cry de Pamphile estant viste accouruë,
Comme en quelques endroits la porte estoit fenduë,
Il m'est venu d'abord un desir curieux
D'approcher d'une fente et l'oreille et les yeux.
Ils ont dit quelques mots d'amour, de mariage;
Que vostre sœur ne peut pretendre davantage;
Que Doris est pour elle un assez bon party,
Tant qu'enfin au baiser le tout est abouty.

THAÏS.

Ton recit est confus, j'ay peine à le comprendre.

PYTHIE.

Aussi ne pouvoit-on qu'à moitié les entendre.
Voila ce que j'en sçais, fondez vostre soupçon.
Doris n'est point esclave, au moins à sa façon;
Je ne sçais quoy de grand paroist sur son visage :
Tels valets ne sont point sans doute à nostre usage.
A force d'y réver, mon esprit s'est usé.
Madame, si c'estoit quelque amant déguisé!
Telle fourbe en amour souvent s'est publiée.

THAÏS.

Ma sœur se seroit-elle à ce point oubliée ?
J'ay crû sur sa vertu me pouvoir asseurer.

PYTHIE.

En ce monde il ne faut jamais de rien jurer :
Les prudes bien souvent nous trompent au langage.

THAÏS.

Qu'est devenu Doris ?

PYTHIE.

Il a troussé bagage.

THAÏS.

Il falloit tout au moins l'empescher de sortir.

PYTHIE.

J'estois hors de mon sens, pour ne vous point mentir.

THAÏS.

Au retour de Phœdrie on en sçaura l'histoire.

PYTHIE.

C'est ce que j'oubliois, tant j'ay bonne memoire :
A peine vous sortiez qu'il m'est venu trouver.

THAÏS.

Je le croyois aux champs.

PYTHIE.

Il en vient d'arriver.
De long-temps (m'a-t-il dit) je connois ton adresse :
Tu sçais la passion que j'ay pour ta Maistresse ;
De m'en priver deux jours hier au soir je promis,
Et creus qu'allant trouver aux champs quelques amis,
Ils pourroient de ce temps adoucir l'amertume ;
Mais à nul autre objet mon œil ne s'accoustume,
De nul autre entretien mon esprit n'est charmé.
Je pourrois vivre un siecle avec elle enfermé ;
Vivre sans elle un jour m'est un trop grand supplice,
Et je ne suis par seur que cecy s'accomplisse
Sans que vous y perdiez la fleur de vos amis.
Si de ce long exil un jour ne m'est remis,
Je ne donnerois pas un denier de ma vie.
Pour le souffrir je croy que tu m'es trop amie :
Fay valoir cét ennuy qui cause mon retour ;
Dy que Thrason pour elle a beaucoup moins d'amour,
Qu'il prescrit trop de loix et se rend incommode.
Je t'abrege cecy, pour l'estendre à ta mode.
Voilà ce qu'il m'a dit, et tiens qu'il a raison ;
Plustost que de me voir caresser par Thrason,
J'aymerois cent fois mieux que l'autre m'eust battuë.
Le Soldat est trop vain, sa presence me tuë :
Il n'a qu'une chanson dont il nous estourdit,
Et, hors de ses exploits, c'est un homme interdit ;
Puis, qu'on soit toute à luy : ma foy l'on s'y dispose.

THAÏS.

Que veux-tu ? jusqu'icy ma sœur en est la cause.

PYTHIE.

Ne dissimulez plus, vous avez vostre sœur.
Mais devrois-je parler avecque tant d'ardeur,
Pour ce donneur d'Eunuque à la mode nouvelle ?

THAÏS.

Peut-estre en le donnant l'a-t-il creu plus fidelle.

PYTHIE.

Envoyez-le querir, vous l'entendrez parler.

THAÏS.

Comment, s'il vient icy, le pourra-t-on celer ?

PYTHIE.

Quand Thrason le sçaura, vous avez vostre conte.

THAÏS.

Je ne sçaurois tromper sans scrupule et sans honte.
Qu'on cherche toutefois Phœdrie et son present.

PYTHIE.

Vos gens les trouveront au logis à present.
Dorie aura bien-tost traversé cette ruë.

SCENE IV.

THAIS.

A l'entendre parler, elle en doit estre cruë;
Qu'un esclave pourtant se soit fait écouter,
A moins que l'avoir veu, j'ay sujet d'en
douter.
Ma sœur fit tousjours cas d'une vertu severe.
Cecy n'est point, d'ailleurs, arrivé sans mystere;
Phœdrie ou Parmenon m'ont joüé quelque tour.
Mais quoy ! la tromperie est permise en amour :
Je ne dois seulement accuser que Pamphile.

Aux desirs d'un amant se rendre si facile,
Ny graces ny faveurs ne sçavoir ménager,
Ce n'est pas le moyen de pouvoir l'engager :
Trop d'espoir à l'abord en étouffe le zelle.
Ah ! que si j'eusse esté fille encore comme elle !
Mais ne nous plaignons point, et laissons tous ces vœux.
Ne pouvoir disposer d'un seul de ses cheveux,
D'un seul de ses desirs, d'un moment de sa vie,
N'est pas une fortune à donner de l'envie.
Les maris sont jaloux, ou bien sans amitié :
Tel qui ne nous voyoit (disoit-il) qu'à moitié,
Quand il est possesseur, cherche ailleurs sa fortune.
Une femme en deux jours leur devient importune ;
Il faut, sans murmurer, souffrir leur peu de foy,
Et c'est là le plus dur de cette injuste loy.
Ce n'est qu'avec regret qu'en perdant ma franchise,
Pour la seconde fois on m'y verra soumise,
Et je crains que ma sœur n'en dise autant aussi.
La pourveoir d'un espoux est mon plus grand soucy :
Ce qui convient à l'une est à l'autre incommode,
Et si c'est mon talent que de vivre à la mode,
Dans un autre dessein je dois l'entretenir.

SCENE V.

PHŒDRIE, THAIS, PYTHIE, DORUS, *veritable Eunuque*, DORIE.

PYTHIE.

orie est de retour, vos gens s'en vont venir ;
Les voicy. Mais quel homme accompagne
        Phœdrie ?
Est-ce pour se mocquer, ou pour nous faire envie ?
O l'agreable objet, et digne d'estre veu !

PH'ŒDRIE.

Mon retour en ces lieux est peut-estre impreveu ;
Vous ne m'attendiez pas apres tant d'asseurances.

PYTHIE.

Tousjours de la facon trompez nos esperances,
La surprise nous plaist, pourveu que le Soldat
Laisse passer le tout sans bruit, et sans éclat.

PHŒDRIE.

Nous sçaurons l'adoucir, quoy qu'il tranche du brave.

THAÏS.

Vous a-t-on pas prié d'amener cét esclave
Que pour servir ma sœur vous aviez achepté,
Et que vostre valet m'a tantost presenté ?

PHŒDRIE.

Le voilà.

THAÏS.

　　　Quoy cét homme à la peau si flestrie ?
Parlez-vous tout de bon, ou si c'est raillerie ?

PYTHIE.

Qui n'auroit point eu d'yeux, seroit bien attrapé.

PHŒDRIE.

Je n'en sçache point d'autre, ou les miens m'ont trompé.
Mais pourquoy jettez-vous cét éclat de risée ?

PYTHIE.

L'autre a le teint plus frais qu'une jeune espousée ;
Il ne sçauroit avoir que vingt ans tout au plus,
Et vous nous amenez un vieillard tout perclus.

PHŒDRIE.

Tu me tiens des propos où mon esprit s'égare.

THAÏS, *regardant Dorus.*

Ce que cét homme en sçait, il faut qu'il le declare

PHŒDRIE, *à Dorus.*

Es-tu double? vien-çà; respons sans hesiter.

DORUS.

Monsieur, c'est Parmenon qui me l'a fait prester.

PHŒDRIE.

Quoy prester?

DORUS.

Mon habit.

PHŒDRIE.

A quel homme?

DORUS.

A Cherée.

THAÏS.

N'en demandez pas plus, la fourbe est averée.

PHŒDRIE.

D'où sçaurois-tu son nom?

DORUS.

Parmenon me l'a dit.

PHŒDRIE.

Mais je te trouve encor couvert du mesme habit.

DORUS.

Incontinent apres il me l'est venu rendre.

PHŒDRIE.

A moins qu'estre devin, l'on n'y peut rien comprendre.

THAÏS.

Luy hors, on vous dira le tout de point en point.

PHŒDRIE, *à Dorus.*

Va, retourne au logis, et ne t'éloigne point.

SCENE VI.

PHŒDRIE, THAIS, PYTHIE.

PHŒDRIE.

Que direz-vous enfin de ma foy violée?
Si l'aise de vous voir, pour un peu reculée
A rendu mon esprit tousjours inquieté,
Si le jour, loing de vous, me paroist sans clarté,
Si je veille au plus fort de l'ombre et du silence,
Jugez ce que feroit une plus longue absence;
Et si mon amour craint le seul éloignement,
Jugez ce que feroit un triste changement.

THAÏS.

Il faudra toutesfois y resoudre vostre ame;
Nous verrions à la fin soupçonner nostre flame :
Mon cœur accorde mal ce different soucy;
Et si vous m'estes cher, l'honneur me l'est aussi.

PHŒDRIE.

Cette vertu me charme en redoublant ma peine.
Vous meritez, Thaïs, une amour plus certaine;
Dans une autre saison je sçaurois y pourvoir :
Mon cœur, comme le vostre, a soin de son devoir.
Je ne vous ayme pas pour faveur que j'obtienne,
L'aveu de mes parens, ou leur mort, ou la mienne,
Feront voir que ce cœur, prest à se declarer,
S'il ne doit avoir tout, ne veut rien esperer.

THAÏS.

Dequoy me peut servir cette ardeur genereuse?
Pour plaire à vos parens, je suis trop mal-heureuse,
Se fonder sur leur mort est un but incertain,
On se trompe souvent aux ordres du destin.
Le reste me fait peur, et jusques-là mon ame
Voyoit avec plaisir l'effort de vostre flame;

Faites un choix plus seur, suivez vostre devoir,
Et croyez que je puis vous aymer sans vous voir.

PHŒDRIE.

N'essayez point , Thaïs , de me rendre coupable.
D'un si lâche dessein je me trouve incapable ,
Puisqu'un autre devoir se joint à mon desir,
Je me rends au plus fort, et n'ay point à choisir.

SCENE VII.

PHŒDRIE, THAIS, PYTHIE, DORIE.

DORIE.

Un Monsieur tout chargé de clinquant vous
demande.

THAÏS.

C'est Chremes, car voicy deux jours que
je le mande.
Qu'il monte, et toy, Pythie, entretiens-le un moment.
Nous allons voir ma sœur sur cét évenement.

PYTHIE.

Comment ? seule avec luy ?

PHŒDRIE.

Que tu fais la sucrée !

PYTHIE.

Quoy ! vous semblay-je donc une chose sacrée
Qu'on n'oseroit toucher ?

THAÏS.

J'approuve ton soucy ;
Mais tant qu'avec Pamphile on se soit éclaircy,
Deffens-toy , si tu peux , et garde qu'il s'ennuye.

PYTHIE.

Je l'entens, sortez viste.

SCENE VIII.

CHREMÈS, PYTHIE.

CHREMÈS.

Et quoy! voila Pythie?
J'ay creu que pour sa nopce on venoit me
prier.

PYTHIE.

Je n'ay garde, Monsieur, de me tant oublier.

CHREMÈS.

Que me veut donc Thaïs?

PYTHIE.

Elle s'en va descendre.

CHREMÈS.

Je ne me lasse point jusqu'icy de l'attendre,
Me pust-elle deux jours laisser seule avec toy.

PYTHIE.

Si vous prenez plaisir à vous mocquer de moy,
Exercez vostre esprit, n'épargnez point Pythie;
Elle souffrira tout, de peur qu'il vous ennuye.

CHREMÈS, *luy voulant mettre la main au sein.*

Souffriras-tu cecy?

PYTHIE.

Monsieur, arrestez-vous.
Que ces hommes, voyez, sont fins au prix de nous!
Ils songent, dés l'abord, tousjours à la malice;
Je suis pour tels galands trop simple et trop novice:
Une autre fois, Monsieur, vous ne m'y tiendrez pas.

CHREMÈS.

Tu veux donc qu'en t'aymant je souffre le trépas?

PYTHIE.

Assez dans vostre sexe on se meurt de parole;
Je crois que vous allez chacun en mesme escole,
Rien qu'un mesme discours ne vous sert sur ce point.
Tandis qu'ils sont vermeils et remplis d'embonpoint,
Messieurs seichent sur pied (du moins à ce qu'ils disent).
En avons-nous pitié, les galands nous méprisent.

CHREMÈS.

Et puis passer pour simple envers moy tu pretens?

PYTHIE.

Quand Madame le dit, quelquesfois je l'entens;
Ce sont propos d'amour trop fins pour ma boutique,
Et je n'en sceus jamais le train ny la pratique.

CHREMÈS.

A propos de Madame, a-t-elle encor Thrason?
Je suis, comme tu sçais, amy de la maison;
Pourquoy ne veux-tu pas renoüer connoissance?

PYTHIE.

Mais, à propos aussi, d'où vient la longue absence
Dont vous avez payé l'accueil qu'on vous faisoit?

CHREMÈS.

De ce beau fanfaron qu'alors elle prisoit.

PYTHIE.

Peut-estre.

CHREMÈS.

Je l'ay cru; n'en voit-elle point d'autre?

PYTHIE.

Vous sçavez ce logis qui regarde le nostre?

CHREMÈS.

Un des fils de Damis est encor sur les rangs?

PYTHIE.

L'aisné.

CHREMÈS.

J'en suis ravy, car nous sommes parens :
Sur tout il a dequoy te donner tes estreines.

PYTHIE.

Qui, luy ? c'est petit gain, je n'y pers que mes peines.

CHREMÈS.

Que fera-t-il du bien par les siens amassé ?

PYTHIE.

Chacun serre son fait, le bon temps est passé.

CHREMÈS.

Tu ne te plaindrois pas, si j'estois en sa place ;
Et j'ay quelque present qu'il faut que je te fasse.

PYTHIE.

Faites, vous n'oseriez.

CHREMÈS.

Aussi, pour m'en payer...

PYTHIE.

Vers Thaïs (n'est-ce pas ?) il se faut employer ?

CHREMÈS.

Que tu destournes bien les coups que l'on te porte !

PYTHIE.

J'ay creu qu'il le falloit entendre de la sorte.

CHREMÈS, *tirant de son doigt un Diamant,
et le presentant à Pythie.*

Pour me mieux expliquer, tien, veux-tu cét anneau ?

PYTHIE, *le recevant et l'ayant regardé.*

Je ne m'engage à rien, quoy qu'il me semble beau.

CHREMÈS, *luy voulant mettre la main au sein.*

Si veux-je pour ce coup que ma main se hazarde.

PYTHIE, *se retirant et repoussant sa main.*
Il vous faut des tetons ! vrayment on vous en garde !

CHREMÈS.
Mauvaise, laisse-m'en au moins un à tenir.

PYTHIE.
Arrestez-vous, Monsieur, j'entens quelqu'un venir.

SCENE IX.

CHREMÈS, PYTHIE, DORIE.

DORIE.

adame est un peu mal, et je viens pour vous
dire...

CHREMÈS.
Que je monte ?

DORIE.
Ouy, Monsieur.

CHREMÈS.
J'estois en train de rire.
Foin de la Messagere, et de son compliment !
Un beau coup m'est rompu par elle asseurément.
De l'endroit où j'en suis souvien-toy bien, Pythie ;
Car je veux à demain remettre la partie.

ACTE V

SCENE I.

GNATON , *sortant de chez Thaïs.*

Tu me fais donc chasser, femme ingrate et sans foy !
Est–ce ainsi que l'on traitte un agent comme moy ?
Quoy ! respecter si peu ce sacré caractere !
Le nom d'Ambassadeur, que par tout on revere,
Est icy méprisé par ce sexe inhumain,
Qui mesme sur l'autel iroit porter sa main !
Est–il chose assez saincte à l'endroit d'une femme ?
Ny respect, ny serment, ne peut rien sur son ame.
Elle viole tout sans honte et sans soucy.
A moins que d'apporter, je n'ay que faire icy :
A peine a-t-on receu le present de mon maistre
Qu'aucun de ce logis ne le veut plus connaistre ;
Si pourtant mon avis n'en est point dédaigné,
On l'y verra tantost, et bien accompagné.
Mais j'apperçois Damis ; auroit-il pu m'entendre ?
A Dieu, pauvre logis, tu n'as qu'à nous attendre !

SCENE II.

DAMIS, PARMENON.

DAMIS.

Depuis qu'encor enfant tu me fus presenté,
Ton zele à me servir s'est tousjours aug-
    menté;
Aussi t'ay-je donné mes deux fils à conduire;
Parmenon, si tu peux à l'hymen les reduire,
Pour prix de tes travaux, je te veux affranchir.
Peut-estre que l'aisné ne se pourra fléchir;
Son amour pour Thaïs est encor un peu forte;
Entrepren mon cadet, qui des deux il n'importe.
Dés lors que j'en verray l'un ou l'autre soumis,
Tu te peux asseurer de ce qu'on t'a promis.

PARMENON.

Je ne refuse point un si digne salaire;
Mais rien que mon devoir ne m'excite à bien faire :
Vous m'y voyez, Monsieur, desja tout preparé,
Non que je m'en promette un succez asseuré;
Il est des plus douteux du costé de Phœdrie :
J'ay beau parler d'hymen, c'est en vain qu'on le prie;
Tout autre m'entendroit, luy seul me semble sourd.

DAMIS.

Je m'en promettois mieux, lors que son prompt retour
A destruit mes projets fondez sur son voyage.

PARMENON.

On n'en rencontre point qui tiennent leur courage;
Tous ces frequens dépits font peu pour ce regard.
Riottes entre amans sont jeux pour la pluspart;
Vous les trouverez tous bastis sur ce modelle :
Un mot les met aux champs, demy mot les rappelle;
Et, tout consideré, ce qu'on peut faire icy,

C'est d'en remettre au temps la cure et le soucy.
Quant à vostre cadet, j'en espere autre chose.

DAMIS.

Qu'il s'asseure de moy, quelque objet qu'il propose.
Un autre auroit voulu s'en reserver le choix ;
Mais n'estant pas d'humeur à prendre tous mes droits,
Si la beauté luy plaist, j'entens qu'il se contente,
Et la dot d'une bru ne fait point mon attente.
Il me peut satisfaire et suivre son desir,
Pourveu que de naissance il sçache la choisir.
Cecy les reduiroit, s'ils estoient tous deux sages.
J'ay du bien, grace aux Dieux, assez pour trois mesnages ;
Il ne m'est plus besoin de former d'autres vœux
Que de me voir bien-tost renaistre en mes neveux,
Et qu'un petit Cherée entre mes bras se jouë.

PARMENON.

Vostre desir est juste, et, pour moy, je le louë.

DAMIS.

Je m'en suis, Parmenon, si fort entretenu,
Que je crois desja voir mon cadet revenu.

PARMENON.

Vous le verrez aussi, dormez en asseurance ;
Je ne suis pas devin, mais j'ay bonne esperance.
Qui vous en parleroit, Monsieur, dés aujourd'huy ?

DAMIS.

Tu flattes un peu trop l'amour que j'ay pour luy.

PARMENON.

Il n'est, à mon avis, que d'avancer matiere.

DAMIS.

Je remets en tes mains mon esperance entiere.

PARMENON.

Il s'en faut asseurer le plus tost qu'on pourra.

DAMIS.

Agy, parle, dispose ainsi qu'il te plaira;
Tasche à me rendre heureux par un double hymenée :
Si l'aisné pour Thaïs tient son ame obstinée,
Je consens qu'il l'espouse avant la fin du jour ;
D'abord il te faudra combattre son amour,
Et, s'il ne se rend point, luy redonner courage.
Tu me vois, grace aux Dieux, assez sain pour mon âge ;
Mais si la mort nous trompe, et rend libre mon fils,
Il conclurra l'affaire, ou peut-estre encor pis.
Je remets, Parmenon, le tout à ta prudence.
De leurs plus grands secrets ils te font confidence :
Mesnage ton credit, et m'avertis de tout ;
Il n'y faut plus penser, si tu n'en viens à bout.
Je m'en vais cependant trouver Archidemide :
Par des tours de chicane un voisin l'intimide,
Tu peux en voir l'avis qu'il me vient d'envoyer.
A les mettre d'accord on devroit s'employer :
Il ne s'agit enfin que de fort peu de chose.
Cette lettre contient un recit de la cause,
Mais si long, si confus, que je veux, sans tarder,
M'en instruire aujourd'huy, pour demain la plaider.

PARMENON.

Dittes-luy qu'il abrege, et que vostre presence
Ne nous manque au besoin par trop de complaisance.

DAMIS.

Il est long, en effet.

PARMENON.

Gardez de l'estre aussi.

DAMIS.

Son logis, en tout cas, n'est qu'à trois pas d'icy.

PARMENON, *seul.*

Les voilà bien ensemble, et je tiens que le nostre
A rebattre un discours l'emporte dessus l'autre.
Pour moy, j'ay de la peine à souffrir cét excés :

La Fontaine. IV.   6

Quand un plaideur s'en vient m'enfiler son procés,
Quelque excuse aussi-tost m'épargne un mal de teste,
De peur d'estre surpris la tenant tousjours preste :
D'un, Mon maistre m'attend, j'interromps leur caquet.
Qu'Archidemide vienne, il aura son pacquet,
Fust-il plus reverend cent fois qu'il ne nous semble.

SCENE III.

CHREMÈS, PHŒDRIE, CHERÉE, PARMENON.

PARMENON.

Tous deux fort à propos je vous rencontre ensemble ;
Mais ce lieu m'est suspect, tirons-nous à l'écart.

CHREMÈS.

Adieu, dans vos secrets je ne veux point de part.

PHŒDRIE.

Vous pouvez demeurer, je sçay vostre prudence ;
On se peut devant vous ouvrir en confidence.
Ne crain point, Parmenon.

PARMENON.

Le voulez-vous ainsi ?
Damis nostre vieillard vient de partir d'icy...

PHŒDRIE.

Je sçavois son retour.

PARMENON.

Il sçait aussi le vostre ;
Et comme on peut tomber d'un discours en un autre,
M'ayant de vos amours long-temps entretenu,
A des propos d'hymen il est enfin venu :
Qu'il se voyoit desja presque un pied dans la tombe ;

Qu'au faix de tant de biens chargé d'ans il succombe ;
Que pour courir à tout n'estant plus assez vert,
Il se veut desormais tenir clos et couvert,
Caresser, les pieds chauds, quelque bru qui luy plaise ;
Conter son jeune temps, banqueter à son aise.
C'est là (ce m'a-t-il dit) le seul but où je tends.
S'ils veulent voir mes jours plus longs et plus contens,
Il faut qu'un prompt hymen me delivre de crainte.
Non que je leur impose une aveugle contrainte ;
Pour plustost les reduire à suivre mon desir,
Je leur laisse à tous deux le pouvoir de choisir ;
(Citoyenne j'entens), du reste il ne m'importe.
Ennuyé des chagrins que l'âge nous apporte,
Je ne demande plus qu'un entretien flatteur
Qui dessus mes vieux jours me mette en belle humeur ;
Que l'un ou l'autre enfin choisisse une Maistresse.
L'amour de ces objets qu'on suit dans la jeunesse
Ne produit rien d'égal aux plaisirs infinis
Que cause un sacré nœud dont deux cœurs sont unis.
Tu sçais que les douceurs jamais ne s'en corrompent,
Au lieu que ces amours, dont les charmes nous trompent,
Jamais à bonne fin ne peuvent aboutir :
On verra mon aisné trop tard s'en repentir.
J'en ay sceu le retour aussi-tost que l'absence ;
Ce changement soudain, cette molle impuissance,
M'empeschent d'esperer qu'il s'accorde à mes vœux ;
Mais, le cadet encor n'estant pas amoureux,
C'est là qu'il faut tourner l'effort de la machine,
Et de peur que Thaïs, ou quelque autre voisine,
Par son civil accueil ne l'aille retenir,
Sans perdre un seul moment il le faut prevenir.
S'il se pouvoit, ô Dieux ! que j'aurois d'alegresse !
Tu sçais qu'il a long-temps voyagé par la Grece :
A peine en revient-il, et, depuis son retour,
Je ne vois point qu'encor il ait conceu d'amour :
Ses plaisirs ont esté les chevaux et la chasse.
Avant qu'une Maistresse en son cœur ait pris place,
Peut-estre son devoir ailleurs l'aura porté.

A ces mots le vieillard, en pleurant, m'a quitté.
C'est un pere, apres tout, il faut qu'on luy complaise.

PHŒDRIE.

Vrayment vous en parlez tous deux bien à vostre aise;
Si l'amour en vos cœurs regnoit pour un moment,
Je vous verrois bien-tost d'un autre sentiment.

PARMENON.

Contre moy sans raison vous entrez en colere,
D'Interprete, sans plus, je sers à vostre pere;
Quoy que vous m'entendiez parler en Precepteur,
De tout ce long discours je ne suis point l'auteur;
Vous voyez que cecy tient beaucoup de son style.

PHŒDRIE.

Tu ne l'es pas non plus de la fourbe subtile
Dont mon frere, en Eunuque aujourd'huy déguisé,
A chacun du logis par sa feinte abusé?
Qui t'a rendu muet? cherches-tu quelque excuse?

CHERÉE.

C'est à moy qu'il vous faut imputer cette ruse;
Assez pour m'en distraire il s'est inquieté.
Enfin n'en parlons plus, c'est un point arresté,
Gardez vostre Thaïs, laissez-moy ma Pamphile;
Et pendant que mon pere est d'humeur si facile,
Allons luy proposer le choix que j'en ay fait.

PARMENON.

Croyez-vous que d'abord il en soit satisfait?
N'estant que ce qu'elle est, j'en aurois quelque crainte.

CHERÉE.

Quoy! tu ne sçais donc pas le succez de ma feinte?

PARMENON.

Non, car tousjours depuis j'ay demeuré chez nous.

CHERÉE.

Pamphile est Citoyenne.

PARMENON.

        O Dieux ! que dittes-vous !.
Pamphile est Citoyenne !

CHERÉE.

        Et Chremès est son frere.
Te conter en détail comment il s'est pû faire,
Demanderoit peut-estre un peu plus de loisir :
C'est assez que la chose, au gré de mon desir,
S'est n'agueres entre-nous plainement averée.
Outre que de sa sœur la foy m'est asseurée,
Chremès ne me tient pas un homme à dédaigner ;
Il ne nous reste plus que mon pere à gagner.

PARMENON.

Je vous le veux livrer au plus tard dans une heure.
Du vieillard au procés sçavez-vous la demeure ?
C'est là qu'il nous attend.

PHŒDRIE.

        Que mon frere est heureux
De se voir possesseur aussi-tost qu'amoureux !
Chacun s'oppose au bien que merite ma peine ;
Thaïs n'a plus en moy qu'une esperance vaine,
Ne pouvant de discours plus long-temps l'amuser,
J'ay promis de mourir, ou bien de l'épouser.
Mourons, puis que l'on n'ose en parler à mon pere ;
Ce n'est que pour moy seul qu'il se montre severe.
Adieu, je vais mourir.

PARMENON.

        Attendez un moment.
J'ay par son ordre seul harangué vainement,
Et par son ordre enfin je vous rends l'esperance.
Vous feriez beaucoup mieux d'user de deference ;
Mais puis que tant d'amour loge dans vostre sein,
Que cette amour d'ailleurs s'obstine en son dessein,
Vous irez jusqu'au bout, j'ose vous le promettre.
Obtenez de Chremès qu'il se veüille entremettre,

Et, parlant pour tous deux, vous sauve un compliment
Qui vous feroit rougir dans son commencement.

CHREMÈS.

Je me tiens tout prié.

CHERÉE.

Nous vous en rendons grace.

PHŒDRIE.

Ah! mon cher Parmenon, vien çà que je t'embrasse.

PARMENON.

Il n'est pas encor temps.

SCENE IV.

DAMIS, CHREMÈS, PHŒDRIE, CHERÉE, PARMENON.

DAMIS.

Je reviens faire un tour :
Mon homme estoit absent, et j'attens son
retour.
Mais j'apperçoy nos gens qui consultent
ensemble.

CHREMÈS.

Voila, si ce n'est luy, quelqu'un qui luy ressemble.

DAMIS.

Qu'a de commun Chremès avec leur entretien ?
Ce n'estoit qu'un, jadis, de son pere et du mien;
Peut-estre mes enfans luy content leur affaire.

CHERÉE, bas à Chremès.

Viste, car il s'approche.

CHREMÈS.

Allez, laissez-moy faire.

PARMENON, *à Cherée.*

Ne sçauriez-vous sans haste attendre l'avenir ?
Votre teste à l'évent ne se peut contenir ;
D'un ton plus serieux taschez de luy respondre ;
Ne l'interrompez point, parlez sans vous confondre.
        A Chremès.
Vous, commencez le choc, et puis à nostre tour
Vous nous verrez tous deux appuyer son amour.

DAMIS.

Comment vous va, Chremès ?

CHREMÈS.

                    Mieux qu'en jour de ma vie.
Et vous ?

DAMIS.

        De mille maux la vieillesse est suivie.

CHREMÈS.

Il se faut consoler, c'est un commun malheur.

DAMIS.

Damis a fait son temps, d'autres fassent le leur.
Mais à propos, Chremès, quand seray-je de feste ?
Pour rire à vostre hymen dès long-temps je m'appreste :
C'est une honte à vous d'estre si vieux garçon,
Et je veux que mes fils vous fassent la leçon.
Quand voulez-vous quitter cette humeur solitaire ?

CHREMÈS.

Si je vous proposois une semblable affaire ?

DAMIS.

Pour qui ? pour mon cadet ?

CHREMÈS.

                    C'est de luy qu'il s'agit.

DAMIS.

Je m'en suis bien douté, car mesme il en rougit.

CHREMÈS.

Je ne veux point priser un party qui me touche,
Ses loüanges, Damis, siéroient mal en ma bouche;
Mais enfin l'alliance est assez à souffrir;
En un mot, c'est ma sœur que je vous viens offrir.

DAMIS.

Vostre sœur! vous révez : où l'auriez-vous trouvée?

CHREMÈS.

A l'aage de quatre ans elle fut enlevée,
On vient de me la rendre, et Thaïs l'a chez soy;
Afin que l'on adjouste à cecy plus de foy,
Dés-lors que vous aurez achevé l'hymenée,
La moitié de mes biens à ma sœur est donnée,
Avec espoir de tout; mais apres mon trépas :
Quant à vous étaler tous ses autres appas,
Je ne m'en mesle point; c'est à ceux qui l'ont veuë.

PHŒDRIE.

Chacun sçait la beauté dont Pamphile est pourvéuë.

CHERÉE.

Qui la possedera doit s'estimer heureux.

PARMENON, à Damis.

Vous-mesme en deviendrez, je le gage, amoureux;
On ne s'en peut sauver, et fust-on tout de glace.
J'estime sa beauté, mais j'admire sa grace;
Ne cherchez pas plus loin, Monsieur, et m'en croyez.

CHREMÈS, à Damis.

Vous n'en sçauriez juger si vous ne la voyez;
Aussi bien faudra-t-il prouver cette avanture,
Quoy que mon bien promis assez vous en asseure.
Si ce n'estoit ma sœur, voudrois-je la doter?
Beaucoup d'autres raisons m'empeschent d'en douter,
L'âge et le temps du rapt peuvent servir d'indice,
Ce qu'en dit mon valet, ce qu'en sçait sa nourrice,
Une marque en son bras, une autre sur son sein.

DAMIS.

J'entre donc chez Thaïs, non pas pour ce dessein :
Il suffit de sçavoir la beauté de Pamphile.

CHREMÈS.

Vous éclaircir de tout ne peut estre inutile.

DAMIS.

Touchez là, je ne veux autre éclaircissement.

CHREMÈS.

Thaïs vous apprendra tout cét évenement.
Sans l'ardeur de son zele envers nostre famille,
Je n'aurois point de sœur, vous n'auriez point de fille.
Pamphile doit au soin que les siens en ont eu
Tout ce qu'elle a d'esprit, de grace, et de vertu.
Enfin, chacun de nous estant son redevable,
Pour moy, de ce costé, je me tiens insolvable :
Ma sœur ne l'est pas moins, son amant l'est aussi;
Jugez qui de nous tous doit prendre ce soucy.

DAMIS.

Mon aisné volontiers se charge de la debte.

CHREMÈS.

Que voulez-vous qu'il donne, ou du moins qu'il promette ?
Car donner maintenant n'est pas en son pouvoir.

DAMIS.

Ce sera, je m'en doute, à Damis d'y pourvoir :
J'en suis content, Chremès, et veux, sans repugnance,
Marquer cét heureux jour d'une double alliance.
Ma joye et vos conseils, tout parle pour Thaïs;
Nous n'avons à gagner que le cœur de mon fils :
N'apprehendez-vous point l'effort qu'il faudra faire?

CHREMÈS.

S'il s'est laissé gagner, il a sceu vous le taire;
Que pouvoit-il de plus que garder le respect ?
Il se taist mesme encor, et tremble à vostre aspect.

DAMIS.

Ses yeux parlent assez, si sa langue est muette,
Et j'en tiens le silence une marque secrette.
Que cét excez de joye avoit peine à sortir !
Je vais prier Thaïs d'y vouloir consentir.
Pour épargner sa honte attendez que j'en sorte.

SCENE V.

THRASON, GNATON, CHREMÈS, PHŒ-
DRIE, CHERÉE, PARMENON, SYRISCE,
DONAX, SANGA, SIMALION, ET AUTRES
PERSONNAGES MUETS.

THRASON.

Courage, compagnons ! commençons par a
porte.

CHERÉE, *bas à sa Trouppe.*
Voicy le Capitan tout prest de nous braver.

PHŒDRIE.

Luy découvrirons-nous ce qui vient d'arriver ?

CHREMÈS.

Il vaut mieux en tirer le plaisir qu'on peut prendre.

CHERÉE.

Il ne nous a pas veus, cachons-nous pour l'entendre.

THRASON.

Simalion, Donax, Syrisce, suivez-moy.
Tu sçauras ce que c'est d'avoir faussé ta foy,
Déloyale Thaïs, et d'aymer un Phœdrie.
Mais il nous manque icy de nostre Infanterie.

GNATON.

Le reste suit de prés; les feray-je avancer?

THRASON.

Tels coquins ne sont bons qu'à nous embarasser.

GNATON.

J'en tiens pour vostre bras le secours inutile.

THRASON.

Par les cheveux d'abord je veux prendre Pamphile.

GNATON.

Tres-bien.

THRASON.

Et puis apres, luy donner mille coups.

GNATON.

Ce sera fait, Seigneur, fort vaillamment à vous.

THRASON.

Pour Thaïs, tu peux dire, autant vaut, qu'elle est morte.

GNATON.

Dieux! quel nombre d'exploits.

THRASON.

Rangeons cette Cohorte :
Hola, Simalion! voicy vostre quartier.

GNATON.

C'est là ce qu'on appelle entendre le mestier.

THRASON.

Et toy, Syrisce...

SYRISCE.

Au gros?

THRASON.

Non, conduy l'aile droitte.

GNATON.

Je ne vois rien de tel qu'une vaillance adroitte.

THRASON.

Donax, pren ce belier, et marche avec le gros.
Je ne vois point Sanga, vaillant parmy les brocs.
Sanga!

SANGA.

Que vous plaist-il?

THRASON.

Tu manques de courage.

SANGA.

Ne faut-il pas quelqu'un pour garder le bagage?

THRASON.

L'on ne te void jamais combattre au premier rang.
Pourquoy tiens-tu cecy?

SANGA.

Pour étancher le sang.

THRASON.

Est-ce avec un mouchoir que tu pretends combattre?

SANGA.

La vaillance du Chef et de ceux qu'il faut battre
M'ont fait croire, Seigneur, qu'on en auroit besoin;
Il faut pourvoir à tout.

THRASON.

N'a-t-on pas eu le soin
Des vivres qu'il faudra pour nourrir nostre armée?

GNATON.

Ouy, Seigneur; et, sçachant qu'une trouppe affamée
N'est pas de grand effet, j'ay laissé Sauvion
Pour mettre ordre au souper, et garder la maison.

THRASON.

Un autre employ, Gnaton, se doit à ta prudence;

Va commencer l'attaque, et monstre ta vaillance,
Je donneray d'icy les ordres du combat.
Jamais qu'en un besoin le bon Chef ne se bat,
Chacun commence à craindre aussi-tost qu'il s'expose.

GNATON.

Avecque vous sans cesse on apprend quelque chose;
Encore une leçon, je sçaurois le mestier.

THRASON.

Ce n'est pas pour neant qu'on me tient vieux routier.

CHERÉE, *sortant d'où il estoit caché avec sa Trouppe.*

Je n'en puis plus souffrir l'insolente bravade.

THRASON.

N'entens-tu rien, Gnaton ? Dieux ! c'est une embuscade.
Enfans, sauve qui peut ! car nous sommes trahis.
D'où peut estre venu ce secours à Thaïs ?

DONAX.

Le secours n'est pas grand, et nous pouvons nous battre.

THRASON.

Il faut tout éprouver avant que de combattre;
Le sage n'en vient point à cette extremité,
Qu'apres n'avoir rien pû gagner par un traitté;
Quant à moy, j'ay tousjours gardé cette coustume.

GNATON.

Vous estes pour le poil autant que pour la plume.
Bon en paix, bon en guerre, enfin homme de tout.

THRASON.

Qui peut sans coup ferir mettre une affaire à bout,
Seroit mal conseillé d'en user d'autre sorte.

CHERÉE.

Soldat, que cherchez-vous autour de cette porte?

THRASON.

Mon bien.

CHERÉE.

Quoy vostre bien?

THRASON.

Pamphile.

CHERÉE.

Est-elle à vous?

Je n'ayme point à rire, et suis un peu jaloux :
Tréve de differend, ou vous verrez folie.

THRASON.

De grace, contestons sans fougue et sans saillie ;
C'est belle chose en tout d'écouter la raison.
Je soustiens que Pamphile appartient à Thrason.

CHREMÈS.

Par quel droit?

THRASON.

Par l'achapt que l'on m'en a veu faire.
Enfin je suis son Maistre.

CHREMÈS.

Et moy, je suis son frere,
Qui n'ay soucy d'achapt, de Maistre, ny d'argent.

THRASON.

On m'a tousjours tenu pour un homme obligeant,
Je le veux estre encor : allez, je vous la donne ;
Mais j'entens, pour Thaïs, que l'on me l'abandonne.

PHŒDRIE.

Encor moins celle-cy.

THRASON.

Que sert donc nostre accord?

PHŒDRIE.

J'ay l'esprit trop jaloux, je vous l'ay dit d'abord,
Et ne sçaurois souffrir seulement qu'on la nomme.

GNATON.

Pauvres gens! d'attirer sur vos bras un tel homme!
Vous feriez beaucoup mieux de l'avoir pour amy.
Il ne sçait ce que c'est d'obliger à demy.

PHŒDRIE.

Beaucoup mieux! Et qu'es-tu pour parler de la sorte?
Si je te vois jamais regarder cette porte,
M'entens-tu? tu sçauras ce que pese ma main.
Ne me va point conter : C'est icy mon chemin,
Et je ne sçaurois pas m'empescher d'y paraistre :
Je ne veux voir autour le valet ny le maistre;
Est-ce bien s'expliquer?

GNATON.

           Des mieux, et nettement.
Mais peut-on à l'écart vous parler un moment?

PHŒDRIE.

Hé bien?

GNATON, *bas à l'écart.*

       Nostre Soldat a la bource garnie;
Vous le pouvez admettre en vostre compagnie.
Il n'est pas pour vous nuire aupres d'aucun objet;
Pour donner du soupçon c'est un foible sujet.
Si Thaïs l'a souffert, vous en sçavez la cause;
Sa presence d'ailleurs est bonne à quelque chose :
Il peut, sans vous causer de crainte et de soucy,
Vous défrayer de rire, et de festins aussi.

PHŒDRIE.

J'accepte, au nom des trois, le party qu'on nous offre;
Non que nous ayons peur de foüiller dans le coffre,
Mais afin d'en tirer du divertissement.
J'en vais dire à Chremès quatre mots seulement;
Car, que d'aucun soupçon mon ame soit saisie,
Le Soldat n'est pas homme à donner jalousie.
Tout ce que j'en ay dit estoit pour l'abuser;
Mais crois-tu qu'au hazard il se veüille exposer?

GNATON.

Faites venir vos gens, et puis laissez-moy faire.

PHŒDRIE, *à Chremès*.

Chremès, vostre conseil est icy necessaire;
Et vous aussi, mon frere, approchez un moment.

GNATON *retourne vers Thrason*.

Seigneur, j'ay ménagé vostre accommodement;
Chacun pourra servir cette femme à sa mode,
Et crois que ce Rival se rendant incommode,
Thaïs le quittera pour estre toute à vous.
On ne trouve jamais son compte à des jaloux:
Vostre bource d'ailleurs n'estant point épargnée,
L'interest vous pourra donner cause gagnée;
Et, fust-elle d'humeur à le trop negliger,
Vostre merite seul suffit pour l'engager.

THRASON.

Je t'entens. Que faut-il à present que je fasse?

GNATON.

D'abord à ces Messieurs vous devez rendre grace,
Et reconduire apres vos trouppes au logis,
Où, comme en quelque port heureusement surgis,
Apres tant de travaux, de dangers et d'alarmes,
En beaux verres de vin nous changerons nos armes,
Beuvant à la santé de nostre Conducteur,
Qui de cette victoire a seul esté l'auteur.

THRASON.

Je croy que c'est le mieux que nous puissions tous faire.

    A Phœdrie, et à sa Trouppe.

Messieurs, ne suis-je point en ce lieu necessaire?

PHŒDRIE.

Comment?

THRASON.

Je me retire, et mes gens avec moy.

PHŒDRIE.

Gnaton vous a-t-il dit?...

THRASON.

Ouy, Messieurs, c'est dequoy
Je rends tres-humble grace à vostre Seigneurie.
De ma part si jamais il survient broüillerie,
En pieces aussi-tost je consens d'estre mis;
Et de l'heureux mal-heur qui nous rend bons amis,
Il ne sera moment que le jour je ne chomme.

GNATON.

Vous ay-je pas bien dit qu'il estoit galant-homme?

CHERÉE, à *Thrason.*

Il reste cependant querelle entre nous deux.
Quoy! vous vouliez tantost en prendre une aux cheveux!
Il faut que je la vange au peril de ma vie.

THRASON.

Ah! ne réveillons point une noise assoupie.

PHŒDRIE.

Il a raison, mon frere, et c'est à contre-temps.

THRASON, à *ses Soldats.*

De l'avantage acquis estans plus que contens,
Soldats, retirons-nous : à vos rangs prenez garde;
Pour moy, j'auray le soin de mener l'avant-garde.

CHREMÈS.

C'est faire en vaillant Chef.

SCENE VI.

DAMIS, CHREMÈS, THAIS, PHŒDRIE, CHERÉE, PAMPHILE, PARMENON.

CHREMÈS.

amis a bien perdu :
Que n'a-t-il un moment avec nous attendu !
Comme nous, il eust eu sa part de la risée ;
Mais le voicy qui vient avecque l'épousée.

PARMENON.

Cét hymen le fera de moitié rajeunir.

DAMIS, *presentant Pamphile à Cherée.*

Mon fils, je te la rends, tu peux l'entretenir ;
Et je trouve Pamphile et si sage et si belle,
Que si je ne sçavois que tu brûles pour elle,
Je t'y voudrois porter ; mais son œil trop charmant
En a sceu prevenir le doux commandement.
Les Dieux en soient loüez, et fassent que son frere
Acheve sans tarder l'hymen qu'il pretend faire !
Je donne vingt talens.

CHREMÈS.

   J'accepte le party.

DAMIS.

Et j'attens qu'à nos vœux Pamphile ait consenty.

CHREMÈS.

Espargnez-luy, Damis, cét aveu de sa flame :
Son front vous dit assez ce qu'elle a dedans l'ame ;
Cette rougeur n'a point les marques d'un courroux.

PAMPHILE.

Mon frere, une autre fois vous parlerez pour vous.

CHREMÈS.

Une autre fois, ma sœur, vous parlerez sans feinte.

PAMPHILE.

Puisque vous le voulez, j'obeïs sans contrainte.

CHERÉE.

La seule indifference est peu pour mon desir.

CHREMÈS.

Adjoustez-y, ma sœur, que c'est avec plaisir.

PAMPHILE.

Ce jour est pour Pamphile un jour d'obeïssance.

THAÏS.

En puissiez-vous long-temps celebrer la naissance !

CHREMÈS, à *Thaïs*.

C'est sçavoir adjouster trop de grace au bien-fait.

THAÏS.

Je voudrois que mon zele eust produit plus d'effet.

CHREMÈS.

Quel autre effet ma sœur en pouvoit-elle attendre ?
Vos soins à l'obtenir, vos bontez à la rendre,
Et l'excés d'amitié que nous avons pu voir,
Nous enseignent assez quel est nostre devoir.
Disposez de mes biens, de moy, de ma famille ;
Tenez-moy lieu de sœur.

DAMIS.

    Tenez-moy lieu de fille,
Puis qu'on doit à vos soins tout l'heur de ce succez.

THAÏS.

Cét honneur me confond, et va jusqu'à l'excez.

DAMIS.

Ce n'est pas tout, Madame, achevez la journée :
Nous voulons vous devoir un second hymenée ;
Vous me l'avez promis.

THAÏS.

J'accepte vostre loy.
Et la suy de bon cœur en luy donnant ma foy.

CHERÉE.

Vous oserois-je encor demander quelque chose ?

DAMIS.

Tu peux tout à present : dy moy, parle, propose ;
Tu verras ton desir exactement suivy.

PHŒDRIE.

Vous sçavez à quel point Parmenon m'a servy.

DAMIS.

J'entens à demy mot ; tu veux qu'on l'affranchisse ?

CHERÉE.

Mon Pere, que cecy tout d'un temps s'accomplisse !

DAMIS.

Il est juste, et desja j'en ay donné ma foy.
Sois libre, Parmenon ; mais demeure avec moy.

PARMENON.

Par ce double bien-fait mon attente est comblée.

PHŒDRIE.

De te voir affranchy ma joye est redoublée.

CHREMÈS.

Le temps est un peu cher, quittons ces complimens,
Et ne retardons point l'aise de nos amans.

FIN.

LES RIEURS

DU

BEAU-RICHARD

BALLET — 1659

LES RIEURS

DU BEAU-RICHARD

BALLET (¹)

—

PROLOGUE.

Le théâtre représente le carrefour du Beau-Richard,
à Château-Thierry.

UN DES RIEURS PARLE.

Le BEAU-RICHARD tient ses grands
jours,
Et va rétablir son empire.
L'année est fertile en bons tours;
Jeunes gens, apprenez à rire.

1. Cette pièce, composée en 1659, lors des négociations pour le mariage de Louis XIV avec l'infante d'Espagne, comme le prouvent les deux derniers vers de la quatrième entrée de ballet (page 110), n'a été publiée qu'en 1827, d'après une copie trouvée par M. de Monmerqué dans des papiers de Tallemant des Réaux, dont nous avons parlé précédemment (tome III, page 289). C'est le texte de cette édition que nous reproduisons; nous n'avons pu, à notre grand regret, le collationner sur le manuscrit.
Une note autographe de Tallemant nous apprend que l'ou-

Tout devient risible ici-bas,
Ce n'est que farce et comédie;
On ne peut quasi faire un pas,
Ni tourner le pied qu'on en rie (1).

Qui ne riroit des précieux ?
Qui ne riroit de ces coquettes
En qui tout est mystérieux,
Et qui font tant les guillemettes ?

Elles parlent d'un certain ton,
Elles ont un certain langage
Dont auroit ri l'aîné Caton,
Lui qui passoit pour homme sage.

D'elles pourtant il ne s'agit
En la présente comédie :
Un bon bourgeois s'y radoucit
Pour une femme assez jolie.

« Faites-moi votre favori,
Lui dit-il, et laissez-moi faire. »
La femme en parle à son mari,
Qui répond, songeant à l'affaire :

« Ma femme, il vous faut l'abuser,
Car c'est un homme un peu crédule.
Sous l'espérance d'un baiser,
Faites-lui rendre ma cédule.

« Déchirez-la de bout en bout,
Car la somme en est assez grande,

vrage est de La Fontaine; du reste le sujet même, reproduit plus tard par lui dans un de ses contes, et surtout les
noms des acteurs improvisés qui ont joué dans cette farce,
et qui nous sont connus, pour la plupart, comme étant au
nombre de ses parents ou de ses amis, ne laissent aucun
doute à ce sujet.

1. Ainsi dans les éditions de M. Walckenaer. Il faut probablement lire : *qu'on n'en rie* ou *qu'on ne rie*.

Toussez après : ce n'est pas tout ;
Toussez si haut qu'on vous entende.

« Il ne faut pas tarder beaucoup
De crainte de quelque infortune ;
Toussez, toussez encore un coup,
Et toussez plutôt deux fois qu'une. »

Ainsi fut dit, ainsi fut fait.
En certain coin l'époux demeure,
Le galant vient frisque et de hait.
La dame tousse à temps et heure.

Le mari sort diligemment,
Le galant songe à s'aller pendre ;
Mais il y songe seulement,
Cela n'est pas trop à reprendre.

Tous les galants craignent la toux,
Elle a souvent troublé la fête.
Nous parlons aussi comme époux,
Autant nous en pend à la tête.

PERSONNAGES

LE SAVETIER (1).
LA FEMME DU SAVETIER (2).
UN MARCHAND DE BLÊ (3).
UN NOTAIRE (4).
UN MEUNIER ET SON ANE (5).
DEUX CRIBLEURS (6).

ACTEURS

(1) M. DE LA HAYE.
(2) M. DE BRESSAY, déguisé en femme.
(3) M. LE BRETON.
(4) M. DE LA BARRE.
(5) M. LE CURRON, pour le Meunier; et M. LE FORMIER,
   déguisé en âne.
(6) MM. DE LA BARRE et LE TELLIER.

La scène est à Château-Thierry, sur la place
du Marché (1).

1. Tallemant a ajouté de sa main au titre de la pièce l'explication suivante : « Beau-Richard est un carrefour de Château-Thierry où l'on se rassemble pour causer. » C'est sur cette place que se trouvoit avant la révolution la chapelle de Notre-Dame-du-Bourg, construite en 1484 par Richard-Fier-d'Epée, sur les marches de laquelle les causeurs alloient s'asseoir pendant les soirées d'été. Encore aujourd'hui on dit dans la ville, en parlant d'une nouvelle hasardée : « C'est une nouvelle du Beau-Richard. »

LES RIEURS

DU BEAU-RICHARD

BALLET

Le théâtre représente la place du marché de Château-Thierry. On y distingue, sur le devant, la boutique d'un savetier, peu éloignée du comptoir d'un marchand de blé.

PREMIÈRE ENTRÉE.

UN MARCHAND, *ayant devant lui, sur son comptoir, des sacs de blé.*

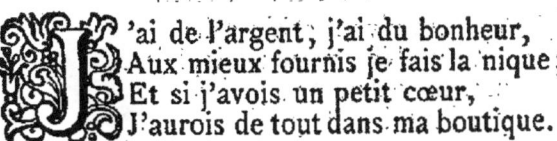

'ai de l'argent, j'ai du bonheur,
Aux mieux fournis je fais la nique ;
Et si j'avois un petit cœur,
J'aurois de tout dans ma boutique.

SECONDE ENTRÉE.

LE MARCHAND, DEUX CRIBLEURS.

LES DEUX CRIBLEURS.

onsieur, si vous avez du blé,
Où quelque ordure se rencontre,
Nous vous l'aurons bientôt criblé.

LE MARCHAND.

Tenez, en voici de la montre.

LES CRIBLEURS.

Six coups de crible, assurez-vous
Que la moindre ordure s'emporte ;
Rien ne reste à faire après nous,
Tant nous criblons de bonne sorte.

Les Cribleurs s'en vont.

TROISIÈME ENTRÉE.

LE MARCHAND, UN SAVETIER.

LE SAVETIER, *sortant de sa boutique, et s'adressant
au Marchand.*

onjour, monsieur.

LE MARCHAND.

Comment vous va ?
Le ménage est-il à son aise ?

LE SAVETIER.

Las, nous vivons cahin-caha,
Étant sans blé, ne vous déplaise.
A présent on ne gagne rien ;
Cependant il faut que l'on vive.

LE MARCHAND.

Je fais crédit aux gens de bien,
Mais je veux qu'un notaire écrive.
Voyez ce blé.

LE SAVETIER.

Il est bien gris.

LE MARCHAND.

Cette montre est beaucoup plus nette.

LE SAVETIER.

Voicy mon fait : dites le prix.

LE MARCHAND.

Quarante écus.

LE SAVETIER.

C'est chose faite,
Mine dans muid (1).

LE MARCHAND.

C'est un peu fort.

LE SAVETIER.

Faut six setiers.

LE MARCHAND.

J'en suis d'accord.
Le notaire est ici tout proche.

Le Savetier sort pour aller querir un notaire.

---

1. Anciennement *mine* ou *maine dans muid* signifioit, à Château-Thierry, deux bichets en sus du muid : le muid étoit composé de quarante-huit bichets, et quand le vendeur consentoit à donner *maine dans muid*, il livroit cinquante bichets, et ne recevoit le prix que de quarante-huit. (*Lettre de M. Vol, maire de Château-Thierry, à M. Walckenaër, en date du 14 février 1826.*)

QUATRIÈME ENTRÉE.

LE MARCHAND, UN NOTAIRE, LE SAVETIER, *vers la fin.*

LE NOTAIRE.

Avec moi l'on ne craint jamais
Les *et cætera* de notaire;
Tous mes contrats sont fort bien faits,
Quand l'avocat me les fait faire.

Il ne faut point recommencer;
C'est un grand cas quand on m'affine
Et Sarrasin m'a fait passer
Un bail d'amour à Socratine (1).

Mieux que pas un, sans contredit,
Je règle une affaire importante.
Je signerai, ce m'a-t-on dit,
Le mariage de l'infante.

Tandis que le Notaire danse encore, le Savetier entre sur la fin, et dit au Notaire, en montrant le Marchand :

LE SAVETIER.

Je dois à monsieur que voilà,
Et c'est un mot qu'il en faut faire.

1. Allusion aux vers suivants :

Pour rendre vostre esprit certain
Et pour asseurer nos affaires,
Je vous passeray dès demain
Un bail d'amour devant notaires.

Pour neuf ans, pour six, ou pour trois,
Et si vous en estes contente
Avec la clause des six mois
Afin que nul ne s'en repente.

(*Stances à Mademoiselle Bertaud, que l'Autheur appelloit Socratine.*)

LE NOTAIRE, *écrivant.*

Par-devant les.... *et cætera....*
C'est notre style de notaire.

LE MARCHAND, *au Notaire.*

Mettez pour six setiers de blé,
Mine dans muid.

LE NOTAIRE.

Quelle est la somme ?

LE MARCHAND.

Quarante écus.

LE NOTAIRE.

C'est bon marché.

LE SAVETIER.

C'est que monsieur est honnête homme.

LE NOTAIRE.

Payable quand ?

LE MARCHAND.

A la Saint-Jean.

LE SAVETIER.

Jean ne me plaît.

LE MARCHAND.

Que vous importe ?
Craignez-vous de voir un sergent
Le lendemain à votre porte ?

LE SAVETIER.

A la Saint-Nicolas est bon.

LE MARCHAND.

Jean... Nicolas... rien ne m'arrête.

LE NOTAIRE.

C'est d'hiver?

LE SAVETIER.

Oui.

LE NOTAIRE.

Signez-vous?

LE SAVETIER.

Non.

LE NOTAIRE.

A déclaré... La chose est faite.

Le Notaire présente l'obligation étiquetée au Marchand,
et dit :

Tenez.

LE MARCHAND, *donnant une pièce de quinze sous*
au Notaire.

Tenez.

LE NOTAIRE.

Il ne faut rien.

LE MARCHAND.

Cela n'est pas juste, beau sire.

LE SAVETIER.

Monsieur, je le paierai fort bien
En retirant...

LE NOTAIRE.

C'est assez dire.

Le Notaire et le Savetier sortent. Le Marchand reste
dans sa boutique.

CINQUIÈME ENTRÉE.

UN MEUNIER, ET SON ANE.

LE MEUNIER.

elui-là ment bien par ses dents,
Qui nous fait larrons comme diables :
Diables sont noirs, meuniers sont
    blancs,
Mais tous les deux sont misérables.

Le meunier semble un jodelet
Fariné d'étrange manière ;
Le diable garde le mulet,
Tandis qu'on baise la meunière.

Ai-je un mulet, il est quinteux,
Et je ne suis pas mieux en mule ;
Si j'ai quelque âne, il est boiteux,
Au lieu d'avancer il recule.

Celui ci marche à pas comptés ;
On le prendroit pour un chanoine.
Allons donc, mon âne.

L'ANE.

        Attendez,
Je n'ai pas mangé mon avoine.

LE MEUNIER.

Vous mangerez tout votre soûl.

L'ANE, *sentant une ânesse.*

Hin-han, hin-han.

LE MEUNIER.

     Que veut-il dire ?

Hé quoi! mon âne, êtes-vous fou ?
Vous brayez quand vous voulez rire?

*Le Marchand fait délivrer du blé au Meunier : celui-ci
le paie, et tous deux sortent avec l'âne porteur des sacs
de blé.*

SIXIÈME ENTRÉE.

LA FEMME DU SAVETIER *entre d'abord seule,
et ensuite le* MARCHAND DE BLÉ.

LA FEMME.

 ue mon mari fait l'assoté!
Il ne m'appelle que son ame;
Si j'étois homme, en vérité,
Je n'aimerois pas tant ma femme.

*Sur la fin du couplet de la femme, le Marchand de blé
entre, et dit à part en regardant la boutique du
Savetier :*

LE MARCHAND.

Ce logis m'est hypothéqué;
L'homme me doit, la femme est belle.
Nous ferions bien quelque marché,
Non avec lui, mais avec elle.

Il s'adresse à la femme.

Vous me devez, mais, entre nous,
Si vous vouliez... bien à votre aise...

LA FEMME.

Monsieur, pour qui me prenez-vous ?...
Voyez un peu frère Nicaise!

LE MARCHAND.

Accordez-moi quelque faveur.

LA FEMME.

Pourquoi cela ?

LE MARCHAND.

Comme ressource ;
Songez que votre serviteur
A beaucoup d'argent dans sa bourse.

LA FEMME.

Je n'ai souci de votre argent.

LE MARCHAND.

Pour faire court en trois paroles,
La courtoisie ou le sergent,
Ou bien payez-moi six pistoles.

LA FEMME.

Je suis pauvre, mais j'ai du cœur.
Plutôt que mes meubles l'on crie,
Comme j'ai soin de notre honneur,
Je ferai tout.

Le Marchand entre dans la boutique du Savetier.

LE MARCHAND.

Ma douce amie,
On doit apporter du vin frais ;
Quelque régal il nous faut faire.

SEPTIÈME ENTRÉE.

LA FEMME ET LE MARCHAND, *tous deux dans la boutique,* ET **UN PATISSIER,** *qui apporte la collation.*

LE PATISSIER.

Un bon bourgeois se met en frais...
Il aperçoit le Marchand qui caresse la femme du Savetier, et dit à part :
Oh! oh! voici bien autre affaire ;
Mais ne faisons semblant de rien...

Il s'adresse au Marchand et à la femme :
Bonjour, monsieur ; bonjour, madame.

LE MARCHAND.
Tous tes dauphins ne valent rien.

LE PATISSIER.
En voici de bons, sur mon ame.

LE MARCHAND.
Mets sur ton livre, pâtissier ;
Je n'ai pas un sou de monnoie.

Le Pâtissier sort, et le Marchand, buvant à la santé de la femme, dit :
A vous !

LA FEMME.
A vous !... Mais le papier.

LE MARCHAND, *montrant le papier qui contient l'obligation que le Savetier à souscrite à son profit.*
Le voilà.

LA FEMME.
Donnez, que je voie ;
Donnez, donnez, mon cher monsieur.

LE MARCHAND.
Avant, donnez-moi la victoire.

LA FEMME.
Je suis vraiment femme d'honneur;
Quand j'ai juré, l'on me peut croire :
Déchirez.

LE MARCHAND, *déchirant à plusieurs reprises*
un coin de l'obligation.
Crac....

LA FEMME.
Déchirez donc;
Vous n'en déchirez que partie.

LE MARCHAND, *déchirant le papier en entier.*
Il est déchiré tout du long.

LA FEMME, *toussant.*
Hem !

LE MARCHAND.
Qu'avez-vous, ma douce amie ?

LA FEMME, *toussant encore plus fort.*
C'est le rhume.

LE MARCHAND.
Foin de la toux !
Assurément ce sont défaites.

HUITIÈME ENTRÉE.

LE SAVETIER, *accourant en diligence au signal,*
et disant d'un air railleur et courroucé :
Ah ! monsieur, quoi ! vous voir chez nous ?
C'est trop d'honneur que vous nous faites.

LE MARCHAND, *se levant.*
Argent ! Argent !

LE SAVETIER, *d'un air menaçant, et cherchant à prendre l'obligation que le Marchand tient à la main.*

Papier! papier!

LE MARCHAND, *effrayé.*

Si je m'oblige à vous le rendre.

LE SAVETIER, *s'avançant furieux sur le Marchand.*

Ce n'est mon fait : point de quartier ;
Je ne me laisse point surprendre.

Le Marchand remet le papier au Savetier, et sort de sa boutique et du théâtre. Le Savetier et sa Femme éclatent de rire. L'on danse.

FIN DES RIEURS DU BEAU-RICHARD.

CLIMENE

COMÉDIE — 1671

Il semblera d'abord au Lecteur que la Comedie que j'a-
jouste icy n'est pas en son lieu; mais s'il la veut lire
jusqu'à la fin, il y trouvera un recit, non tout-à-fait
tel que ceux de mes Contes, et aussi qui ne s'en éloi-
gne pas tout-à-fait. Il n'y a aucune distribution de
Scenes, la chose n'estant pas faite pour estre repre-
sentée ([1]).

PERSONNAGES

APOLLON.

LES NEUF MUSES.

ACANTE (2).

La Scene est au Parnasse.

1. Cet avertissement se trouve à la suite du conte intitulé *Le petit Chien qui secoüe de l'argent et des pierreries*,
p. 147 des *Contes et Nouvelles en vers*, 1671, in-12. Le
dixième vers de cette comédie fait allusion au temps où
Fouquet étoit surintendant. Cela prouve qu'elle a été composée avant 1661.

2. Il ne faut pas oublier que ce nom est celui que La Fontaine s'étoit choisi.

CLIMENE

COMÉDIE

Apollon se plaignoit aux neuf sœurs, l'autre
    jour,
De ne voir presque plus de bons vers sur
    l'amour.
Le siecle, disoit-il, a gasté cette affaire :
Luy nous parler d'amour! Il ne la sçait pas faire.
Ce qu'on n'a point au cœur, l'a-t-on dans ses écrits ?
J'ay beau communiquer de l'ardeur aux esprits ;
Les belles n'ayant pas disposé la matiere,
Amours et vers, tout est fort à la Cavaliere.
Adieu donc, ô beautez! je garde mon employ
Pour les sur-Intendans sans plus, et pour le Roy.
Je viens pourtant de voir, au bord de l'Hipocrene,
Acante fort touché de certaine Climene.
J'en sçais qui sous ce nom font valoir leurs appas ;
Mais, quant à celle-cy, je ne la connois pas :
Sans doute qu'en Province elle a passé sa vie.

ÉRATO.

Sire, j'en puis parler; c'est ma meilleure amie.
La Province, il est vray, fut toûjours son sejour ;
Ainsi l'on n'en fait point de bruit en vostre Cour.

CLIMÈNE.

URANIE.

Je la connois aussi.

APOLLON.

Comment, vous, Uranie !
En ce cas, Therpsichore, Euterpe, et Polymnie,
Qui n'ont pas des employs du tout si relevez,
M'en apprendront encor plus que vous n'en sçavez.

POLYMNIE.

Oüy, Sire, nous pouvons vous en parler chacune.

APOLLON.

Si ma priere n'est aux Muses importune,
Devant moy tour à tour chantez cette beauté ;
Mais sur de nouveaux tons, car je suis dégousté.
Que chacune pourtant suive son caractere.

EUTERPE.

Sire, nous nous sçavons toutes neuf contrefaire :
Pour si peu laissez-nous libres sur ce point-là.

APOLLON.

Commencez donc, Euterpe, ainsi qu'il vous plaira.

EUTERPE.

Que ma compagne m'ayde, et puis en dialogue
Nous vous ferons entendre une espece d'Eglogue.

APOLLON.

Therpsichore, aydez-la : mais sur tout évitez
Les traits que tant de fois l'Eglogue a repetez ;
Il me faut du nouveau, n'en fust-il point au monde.

THERPSICHORE.

Je m'en vais commencer ; qu'Euterpe me réponde.
Quand le Soleil a fait le tour de l'Univers,
Ce n'est point d'avoir veu cent chef-d'œuvres divers,
Ny d'en avoir produit, qu'à Thetis il se vante,
Il dit : J'ay veu Climene, et mon ame est contante.

EUTERPE.

L'Aurore vous veut voir; Climene, montrez-vous :
Non, ne bougez du lit; le repos est trop doux :
Tantost vous paroistrez vous-mesme un autre Aurore;
Mais ne vous pressez point, dormez, dormez encore.

THERPSICHORE.

Au gré de tous les yeux Climene a des appas :
Un peu de passion est ce qu'on luy souhaite :
Pour de l'amitié seule, elle n'en manque pas :
Cinq ou six grains d'amour, et Climene est parfaite.

EUTERPE.

L'amour, à ce qu'on dit, empesche de dormir :
S'il a quelque plaisir, il ne l'a pas sans peine.
Voyez la tourterelle, entendez-la gémir :
Vous vous garderez bien de condamner Climene.

THERPSICHORE.

Venus depuis long-temps est de mauvaise humeur.
Climene luy fait ombre; et Venus ayant peur
D'estre mise au-dessous d'une beauté mortelle,
Disoit hier à son fils : Mais la croit-on si belle ?
Et oüy, oüy, dit l'Amour, je vous la veux montrer.

APOLLON.

Vous sortez de l'Eglogue.

EUTERPE.

Il nous y faut rentrer.
Amour en quatre parts divise son Empire :
Acante en fait moitié, ses rivaux plus d'un quart;
Ainsi plus des trois quarts pour Climene soûpire :
Les autres Belles ont le reste pour leur part.

THERPSICHORE.

Tout ce que peut avoir un cœur d'indifference,
Climene le témoigne : elle en a destiné
Les trois quarts pour Acante; heureux dans sa souffrance
S'il void qu'à ses rivaux le reste soit donné !

EUTERPE.

Ne vous semble-t-il pas que nos bois reverdissent,
Depuis que nous chantons un si charmant objet ?

THERPSICHORE.

Oyseaux, Hommes et Dieux, que tous chantres choisissent
Desormais, en leurs sons, Climene pour sujet !

EUTERPE.

Pour elle le Printemps s'est habillé de roses.

THERPSICHORE.

Pour elle les Zephirs en parfument les airs.

EUTERPE.

Et les oyseaux pour elle y joignent leurs concerts.
Regnez, Belle, regnez sur tant d'aimables choses.

THERPSICHORE.

Aymez, Climene, aimez ; rendez quelqu'un heureux :
Vostre regne en aura plus d'appas pour vous-mesme.

EUTERPE.

En ce nombre d'Amans qui voulez-vous qu'elle aime ?

THERPSICHORE.

Acante.

EUTERPE.

Et pourquoy luy ?

THERPSICHORE.

C'est le plus amoureux.
Sire, estes-vous contant ?

APOLLON.

Assez. Que Melpomene
Sur un ton qui nous touche introduise Climene.
Vous, Thalie, il vous faut contre-faire un Amant
Qui ne veut point borner son amoureux tourment.

MELPOMENE.

Mes sœurs, je suis Climene.

THALIE.

Et Moy, je suis Acante.

APOLLON.

Fort bien ; nous écoutons ; remplissez nostre attente.

CLIMENE.

Acante, vous perdez vostre temps et vos soins.
Voulez-vous qu'on vous aime, aimez-nous un peu moins.
Ostez ce mot d'Amour, c'est ce qu'on vous conseille.

ACANTE.

Que je l'oste ! Est-il rien de si doux à l'oreille ?
Quoy ! de vous adorer Acante cesseroit !
Contre sa passion il vous obeïroit !
Ah ! laissez-luy du moins son tourment pour salaire.
Suis-je si dangereux ? Helas ! non ; si j'espere,
Ce n'est plus d'estre aimé ; tant d'heur ne m'est point dû :
Je l'avois jusqu'icy follement pretendu.
Mourir en vous aimant est toute mon envie :
Mon amour m'est plus cher mille fois que la vie.
Laissez-moy mon amour, Madame, au nom des Dieux.

CLIMENE.

Toûjours ce mot ! toûjours !

ACANTE.

Vous est-il odieux ?
Que de Belles voudroient n'en entendre point d'autre !
Il charme également vostre sexe et le nostre :
Seule vous le fuyez ; mais ne s'est-il point vû
Quelque temps où peut-estre il vous a moins déplû ?

CLIMENE.

L'Amour, je le confesse, a traversé ma vie :
C'est ce qui, malgré moy, me rend son ennemie.
Aprés un tel aveu, je ne vous diray pas
Que votre passion est pour moy sans appas,
Et que d'aucun plaisir je ne me sens touchée
Lorsqu'à tant de respect je la vois attachée.

Aussi peu vous diray-je, Acante, écoûtez bien,
Que par vos qualitez vous ne meritez rien;
Je les sçais, je les vois, j'y trouve de quoy plaire :
Que sert-il d'affecter le titre de severe ?
Je ne me vante pas d'estre sage à ce point,
Qu'un merite amoureux ne m'embarasse point.
Vouloir bannir l'amour, le condamner, s'en plaindre,
Ce n'est pas le haïr, Acante, c'est le craindre.
Des plus sauvages cœurs il flate le desir.
Vous ne l'osterez point sans m'oster du plaisir :
Nous y perdrons tous deux : quand je vous le conseille,
Je me fais violence, et preste encor l'oreille.
Ce mot renferme en soy je ne sçais quoy de doux,
Un son qui ne déplaist à pas une de nous;
Mais trop de mal le suit.

ACANTE.

Je m'en charge, Madame :
Ce mal est pour moy seul; j'en garentis vôtre ame.

CLIMENE.

Qui vous croiroit, Acante, auroit un bon garent.
Mais non, je connois trop qu'Amour n'est qu'un tyran,
Un ennemy public, un démon, pour mieux dire.

ACANTE.

Il ne l'est pas pour vous, cela vous doit suffire :
Jamais il ne vous peut avoir causé d'ennuy :
Vous en prenez un autre assurément pour luy.
S'il a quelques douceurs, elles sont pour les Belles,
Et pour nous les soucis et les peines cruelles.
Vous n'éprouvez jamais ny dédain ny froideur :
Quant à nous, c'est souvent le prix de nostre ardeur.
Trop de zele nous nuit.

CLIMENE.

Et pourquoy donc, Acante,
Ne moderez-vous pas cette ardeur violente ?
Aimez-vous mieux souffrir contre mon propre gré,

Que si, m'obeïssant, vous estiez bien traité ?
Je vous rendrois heureux.

ACANTE.

Selon vostre maniere,
Du bon-heur d'un amy, d'un parent, ou d'un frere;
Que sçais-je ? de chacun : car vous sçavez qu'on peut
Faire ainsi des heureux autant que l'on en veut.

CLIMENE

Non, non, j'aurois pour vous beaucoup plus de tendresse,
Vous verriez à quel point Climene s'interesse
Pour tout ce qui vous touche.

ACANTE,

Et pour moy-mesme aussi ?

CLIMENE.

Quelle distinction mettez vous en cecy ?

ACANTE.

Tres-grande : mais laissons à part la difference :
Aussi bien je craindrois de commettre une offense,
Si j'avois entrepris de prouver contre vous
Qu'autre chose est d'aimer nos qualitez ou nous.
Je vous diray pourtant que mon amour extrême
A pour premier objet vostre personne mesme :
Tout m'en semble charmant; elle est telle qu'il faut :
Mais, pour vos qualitez, j'y trouve du defaut.

CLIMENE.

Dites-nous quel il est, afin qu'on s'en corrige.

ACANTE.

Vous n'aimez point l'Amour; vous le haïssez, dis-je;
Ce Dieu prés de vostre ame a perdu tout crédit.

CLIMENE.

Je ne hais point l'Amour, je vous l'ay déja dit :
Je le crains seulement, et serois plus contente
Si vous vouliez changer vostre ardeur vehemente,

En faire une amitié; quelque chose entre–deux;
Un peu plus que ce n'est quand un cœur est sans feux;
Moins aussi que l'estat où le vostre se treuve.

ACANTE.

Tout de bon, voulez-vous que j'en fasse l'épreuve?
Que demain j'aime moins, et moins le jour d'aprés,
Diminuant toûjours, encor que vos attraits
Augmentent en pouvoir? Le voulez-vous, Madame?

CLIMENE.

Oüy, puisque je l'ay dit.

ACANTE.

                    L'avez-vous dit dans l'ame?

CLIMENE.

Il faut bien.

ACANTE.

          Songez-y; voyez si vostre esprit
Pourra voir ce déchet sans un secret dépit.
Peu de femmes feroient des vœux pareils aux vostres.

CLIMENE.

Acante, je suis femme aussi bien que les autres;
Mais je connois l'Amour, c'est assez : j'ay raison
D'en combattre en mon cœur l'agreable poison.
Voulez-vous procurer tant de mal à Climene?
Vous l'aimez, dites-vous, et vous cherchez sa peine.
N'allez point m'alleguer que c'est plaisir pour nous.
Loin, bien loin tels plaisirs; le repos est plus doux:
Mon cœur s'en défendra; je vous permets de croire
Que je remporteray malgré moy la victoire.

APOLLON.

Voilà du patetique assez pour le present :
Sur le mesme sujet donnez-nous du plaisant.

MELPOMENE.

Qui ferons-nous parler?

APOLLON.

Acante et sa maistresse.

MELPOMENE.

Sire, il faudroit avoir pour cela plus d'adresse.
Rendre Acante plaisant ! C'est un trop grand dessein.

APOLLON.

Il est fou ; c'est déja la moitié du chemin.

THALIE.

Mais il est dans l'excés.

APOLLON.

Tant mieux; j'en suis fort aise,
Nous le demandons tel : je ne vois rien qui plaise,
En matiere d'Amour, comme les gens outrez.
Mille exemples pourroient vous en estre montrez.

MELPOMENE.

Nous obeïssons donc. Tu te souviens, Thalie,
D'un matin où Climene, en son lit endormie,
Fut, au bruit d'un soûpir, éveillée en sursaut,
Et se mit contre Acante en colere aussi-tost,
Sans le voir, croyant mesme avoir fermé la porte.
Mais qui pouvoit, que luy, soûpirer de la sorte ?
Vrayment vous l'entendez, avecque vos helas,
Dit la Belle; apprenez à soûpirer plus bas.
Il eut beau s'excuser sur l'ardeur de son zele.
Une forge feroit moins de bruit, reprit-elle,
Que vostre cœur n'en fait : ce sont tous ses plaisirs.
Si je tourne le pied, matiere de soûpirs.
Je ne vous vois jamais qu'en un chagrin extréme :
C'est bien pour m'obliger à vous aimer de mesme.

ACANTE.

Je ne le prétens pas.

CLIMENE.

Seyez-vous sur ce lit.

ACANTE.

Moy ?

CLIMENE.

Vous, sans repliquer.

ACANTE.

Soufrez...

CLIMENE.

C'est assez dit.

Là; je vous veux voir là.

ACANTE.

Madame....

CLIMENE.

Là, vous dis-je.

Voyez qu'il a de mal ! Sa Maistresse l'oblige
A s'asseoir sur un lit; quelle peine pour luy !
Sçavez-vous ce que c'est ? je veux rire aujourd'huy.
Point de discours plaintifs : bannissez, je vous prie,
Ces soûpirs à la voix du sommeil ennemie;
Témoignez, s'il se peut, vostre amour autrement.
Mais que veut cette main, qui s'en vient brusquement ?

ACANTE.

C'est pour vous obeïr, et témoigner mon zele.

CLIMENE.

L'obeïssance en est un peu trop ponctüelle,
Nous vous en dispensons; Acante, soyez coy.
Si bien donc que vostre ame est tout en feu pour moy ?

ACANTE.

Tout en feu.

CLIMENE.

Vous n'avez ny cesse ny relasche ?

ACANTE.

Aucune.

CLIMENE.

Toûjours pleurs, soûpirs comme à la tâche ?

ACANTE.

Toûjours soûpirs et pleurs.

CLIMENE.

J'en veux avoir pitié.

Allez, je vous promets...

ACANTE.

Et quoy ?

CLIMENE.

De l'amitié.

ACANTE.

Ah ! Madame, faut-il railler d'un miserable ?

CLIMENE.

Vous reprenez toûjours vostre ton lamentable.
Oüy, je vous veux aimer d'amitié malgré vous ;
Mais si sensiblement, que je n'aye, entre nous,
De là jusqu'à l'amour rien qu'un seul pas à faire.

ACANTE.

Et quand le ferez-vous ce pas si necessaire ?

CLIMENE.

Jamais.

ACANTE.

Reprenez donc l'offre de vostre cœur.

CLIMENE.

Vous en aurez regret ; il a de la douceur.
Vous feriez beaucoup mieux d'éprouver ses largesses
Je baise mes amis, je leur fais cent caresses :
A l'égard des Amans, tout leur est refusé.

ACANTE.

Je ne veux point du tout, Madame, estre baisé.
Vous riez ?

CLIMENE.

Le moyen de s'empescher de rire !
On veut baiser Acante ; Acante se retire.

ACANTE.

Et le pourriez-vous voir traiter de son amour
Pour un simple baiser, souvent froid, toûjours court ?

CLIMÉNE.

On redouble en ce cas.

ACANTE.
Ouy, d'autres que Climene.

CLIMENE.

Eprouvez-le.

ACANTE.
Dequoy vous mettez-vous en peine ?

CLIMENE.

Moy ? de rien.

ACANTE.
Cependant je vois qu'en vostre esprit
Le refus de vos dons jette un secret dépit.

CLIMENE.

Il est vray, ce refus n'est pas fort à ma gloire.
Dédaigner mes baisers ! cela se peut-il croire ?
Acante, je le vois, n'est pas fin à demy :
Il devoit aujourd'huy promettre d'estre amy :
Demain il eust repris son premier personnage.

ACANTE.

Et Climene auroit pû souffrir ce badinage ?
Un baiser n'auroit pas irrité ses esprits ?

CLIMENE.

Qu'importe ? L'on s'appaise, et c'est autant de pris.
Vous en pourriez déja conter une douzaine.

ACANTE.

Madame, c'en est trop : à quoy bon tant de peine ?
Pour douze d'amitié donnez m'en un d'Amour.

CLIMENE.

C'est perdre doublement; je le rendrois trop court.

ACANTE.

Mais, Madame, voyons.

CLIMENE.

Mais, Acante, vous dîs-je.
L'amitié seulement à ces faveurs m'oblige.

ACANTE.

Et bien ! je consens d'estre amy pour un moment.

CLIMENE.

Sous la peau de l'amy, je craindrois que l'Amant
Ne demeurast caché pendant tout le mystere.
L'heure sonne, il est tard; n'avez-vous point affaire ?

ACANTE.

Non ; et quand j'en aurois, ces momens sont trop doux.

CLIMENE.

Je me veux habiller; adieu, retirez-vous.

APOLLON.

Vous finissez bien-tost !

MELPOMENE.

Point trop pour des Pucelles.
Ces discours leur sieent mal, et vous vous moquez d'elles.

APOLLON.

Moy, me moquer ! pourquoy ? J'en ouïs l'autre jour
Deux de quinze ans parler plus sçavamment d'Amour.
Ce que sur vos Amans je trouverois à dire
C'est qu'ils pleuroient tantost, et vous les faites rire.
De l'air dont ils se sont tout-à-l'heure expliquez,
Ce ne sçauroient estre eux, s'ils ne se sont masquez.

MELPOMENE.

Vous vouliez du plaisant, comment eust-on pû faire ?

APOLLON.

J'en voulois, il est vray, mais dans leur caractere.

THALIE.

Sire, Acante est un homme inégal à tel point,
Que d'un moment à l'autre on ne le connoist point :
Inégal en amour, en plaisir, en affaire;
Tantost gay, tantost triste; un jour il desespere;
Un autre jour il croit que la chose ira bien.
Pour vous en parler franc, nous n'y connoissons rien.
Climene aime à railler : toutefois, quand Acante
S'abandonne aux soûpirs, se plaint et se tourmente,
La pitié qu'elle en a luy donne un serieux
Qui fait que l'amitié n'en va souvent que mieux.

APOLLON.

Clio, divertissez un peu la compagnie.

CLIO.

Sire, me voila preste.

APOLLON.

Il me prend une envie
De goûster de ce genre où Marot excelloit.

CLIO.

Et bien, Sire, il vous faut donner un triolet.

APOLLON.

C'est trop; vous nous deviez proposer un distique.
Au reste, n'allez pas chercher ce stile antique
Dont à peine les mots s'entendent aujourd'huy :
Montez jusqu'à Marot, et point par delà luy :

CLIMENE.

Mesme son tour suffit.

CLIO.

J'entends : il reste, Sire,
Que vostre Majesté seulement daigne dire
Ce qu'il luy plaist, Balade, Epigramme, ou Rondeau.
J'ayme fort les dixains.

APOLLON

En un sujet si beau
Le dixain est trop court; et, veu vostre matiere,
La Balade n'a point de trop ample carriere.

CLIO.

Je pris de loin Climene l'autre fois
Pour une Grace en ses charmes nouvelle :
Grace, s'entend, la premiere des trois;
J'eusse autrement fait tort à cette Belle :
Puis approchant, et frotant ma prunelle,
Je me repris, et dis soudainement :
Voila Venus; c'est elle assurément :
Non, je me trompe, et mon œil se méconte.
Cyprine là ? je faille lourdement;
Telle n'est point la Reine d'Amatonte.

Voyons pourtant; car chacun, d'une voix,
En fait d'appas, prend Venus pour modelle.
Je me mis lors à compter par mes doigts
Tous les attraits de la gente Pucelle;
Afin de voir si ceux de l'immortelle
Y quadreroient, à peu prés seulement :
Mais le moyen? Je n'y vins nullement,
Trouvant icy beaucoup plus que le conte.
Qu'est-cecy, dis-je, et quel enchantement?
Telle n'est point la Reine d'Amatonte.

Acante vint tandis que je contois.
Cette beauté le fit asseoir prés d'elle.
J'entendis tout; les zephirs estoient cois.
Plus de cent fois il l'appela cruelle,
Inexorable, à l'Amour trop rebelle;
Et le surplus que dit un pauvre Amant.
Climene oyoit cela negligemment.
Le mot d'Amour luy donnoit quelque honte.
Si de ce Dieu la cronique ne ment,
Telle n'est point la Reine d'Amatonte.

Ne recours plus, Acante, au changement.
Loin de trouver en ce bas élement
Quelqu'autre objet qui ta Dame surmonte,
Dans les Palais qui sont au firmament
Telle n'est point la Reine d'Amatonte.

APOLLON.

Vostre tour est venu, Calliope : essayez
Un de ces deux chemins qu'aux Auteurs ont frayez
Deux Ecrivains fameux ; je veux dire Malherbe,
Qui loüoit ses Heros en un stile superbe ;
Et puis Maistre Vincent, qui mesme auroit loüé
Proserpine et Pluton en un stile enjoüé.

CALLIOPE.

Sire, vous nommez là deux trop grands Personnages.
Le moyen d'imiter sur le champ leurs ouvrages ?

APOLLON.

faut que je me sois sans doute expliqué mal ;
Car vouloir qu'on imite aucun original
N'est mon but, ny ne doit non plus estre le vostre,
Hors ce qu'on fait passer d'une langue en une autre.
C'est un bétail servile et sot, à mon avis,
Que les imitateurs ; on diroit des brebis
Qui n'osent avancer qu'en suivant la premiere,
Et s'iroient sur ses pas jetter dans la riviere (1).
Je veux donc seulement que vous nous fassiez voir,
En ce stile où Malherbe a montré son sçavoir,
Quelque essay des beautez qui sont propres à l'Ode ;
Ou si, ce genre-là n'estant plus à la mode,
Et demandant d'ailleurs un peu trop de loisir,
L'autre vous semble plus selon vostre desir,
Vous loüiez galamment la Maistresse d'Acante,
Comme Maistre Vincent, dont la plume élegante

---

1. Allusion à l'histoire des moutons de Panurge, que
La Fontaine a racontée tout au long, d'après Rabelais,
dans un de ses *Contes*, t. II, p. 240.

Donnoit à son encéns un goust exquis et fin,
Que n'avoit pas celuy qui partoit d'autre main.

CALLIOPE.

Je vais, puisqu'il vous plaist, hazarder quelque Stance.
Si je débute mal, imposez-moy silence.

APOLLON.

Calliope manquer !

CALLIOPE.

Pourquoy non ? Tres souvent
L'Ode est chose penible, et sur tout dans le grand.

Toy, qui soûmets les Dieux aux passions des hommes :
Amour, souffriras-tu qu'en ce siecle où nous sommes,
Climene montre un cœur insensible à tes coups ?
Cette Belle devroit donner d'autres exemples :
Tu devrois l'obliger, pour l'honneur de tes Temples,
    D'aimer ainsi que nous.

URANIE.

Les Muses n'ayment pas.

CALLIOPE.

Et qui les en soupçonne ?
Ce *nous* n'est pas pour nous ; je parle en la personne
Du Sexe en general, des devotes d'Amour.

APOLLON.

Calliope a raison, qu'elle acheve à son tour.

CALLIOPE.

J'en demeureray là, si vous l'agreez, Sire.
On m'a fait oublier ce que je voulois dire.

APOLLON.

A vous donc, Polymnie; entrez en lice aussi.

POLYMNIE.

Sur quel ton ?

APOLLON.

Je vois bien que sur ce dernier cy

L'on ne réussit pas toûjours comme on souhaite,
Calliope a bien fait d'user d'une défaite ;
Cette interruption est venuë à propos :
C'est pourquoy choisissez des tons un peu moins hauts.
Horace en a de tous; voyez ceux qui vous duisent :
J'aime fort les Auteurs qui sur luy se conduisent;
Voila les gens qu'il faut à present imiter.

POLYMNIE.

C'est bien dit, si cela poûvoit s'executer :
Mais avons-nous l'esprit qu'autrefois à cet homme
Nous sçavions inspirer sur le déclin de Rome ?
Tout est trop fort décheu dans le sacré valon.

APOLLON.

J'en conviens, jusque mesme au mestier d'Apollon :
Il n'est rien qui n'empire, hommes, Dieux ; mais que faire?
Irons-nous pour cela nous cacher et nous taire ?
Je ne regarde pas ce que j'estois jadis,
Mais ce que je seray quelque jour, si je vis.
Nous vieillissons enfin, tout autant que nous sommes
De Dieux nez de la Fable, et forgez par les hommes.
Je prévois par mon art un temps où l'Univers
Ne se souciera plus ny d'Autheurs, ny de Vers,
Où vos divinitez periront, et la mienne.
Joüons de nostre reste avant que ce temps vienne.
C'est à vous, Polymnie, à nous entretenir.

POLYMNIE.

Je songeois aux moyens qu'il me faudroit tenir :
A peine en rencontray-je un seul qui me contente.
Cecy vous plairoit-il ? Je fais parler Acante,

Qu'une belle est heureuse, et que de doux momens,
Quand elle en sçait user, accompagnent sa vie !
D'un costé le miroir, de l'autre les Amans,
Tout la louë; est-il rien de si digne d'envie?

La loüange est beaucop, l'Amour est plus encor :
Quel plaisir de conter les cœurs dont on dispose!

L'un meurt, l'autre soûpire, et l'autre en son transport
Languit et se consume; est-il plus douce chose?

Climene, usez-en bien : vous n'aurez pas toûjours
Ce qui vous rend si fiere et si fort redoutée :
Caron nous passera sans passer les Amours;
Devant ce temps-là mesme ils vous auront quittée.

Vous vivrez plus long-temps encor que vos attraits;
Je ne vous réponds pas alors d'estre fidelle;
Mes desirs languiront aussi bien que vos traits;
L'Amant se sent déchoir aussi bien que la Belle.

Quand voulez-vous aimer que dans vostre Printemps?
Gardez-vous bien sur tout de remettre à l'Automne :
L'Hyver vient aussi-tost ; rien n'arreste le temps;
Climene, hastez-vous, car il n'attend personne.

Sire, je m'en tiens-là; bien ou mal il suffit :
La Morale d'Horace, et non pas son esprit,
Se peut voir en ces Vers.

APOLLON.

Érato, que veut dire
Que vous, qui d'ordinaire aimez si fort à rire,
Demeurez Taciturne, et laissez tout passer?

ÉRATO.

Je rêvois, puisqu'il faut, Sire, le confesser.

APOLLON.

Sur quoy?

ÉRATO.

Sur le debat qui s'est émeu n'aguere.

APOLLON.

Sçavoir si vous aimez?

ÉRATO.

Autrefois j'estois fiere.

Quand on disoit que non : qu'on me vienne aujourd'huy
Demander, aimez-vous ? je répondray que ouy.

APOLLON.

Pourquoy ?

ÉRATO.

Pour éviter le nom de Précieuse.

APOLLON,

Si cette qualité vous paroist odieuse,
Du vœu de chasteté l'on vous dispensera.
Choisissez un Galant.

ÉRATO.

Non pas, Sire, cela.
Je veux un peu d'Himen pour colorer l'affaire.

APOLLON.

Un peu d'Himen est bon.

ÉRATO.

J'en veux, et n'en veux guere.

APOLLON.

Vous vous marieriez donc, ainsi qu'au temps jadis
Oriane épousa Monseigneur Amadis ?

ÉRATO.

Oüy, Sire.

APOLLON.

La métode, en effet, en est bonne (1).
Mais encore avec qui ? car je ne vois personne
Qui veüille dans l'Olimpe à l'Himen s'arrester :
Les Sylvains ne sont pas des gens pour vous tenter

ÉRATO,

Je prendrois un Auteur.

1. Ainsi dans les *Œuvres diverses* de 1729. L'édition originale porte, mais à tort :

La méthode en effet est bonne.

APOLLON.

Un Auteur, vous Déesse ?
Aux Auteurs Érato pourroit mettre la presse ?
Ce n'est pas vostre fait, pour plus d'une raison.
Rarement un Auteur demeure à la maison.

ÉRATO.

C'est justement cela qui m'en plaist davantage.

APOLLON.

Nous nous entretiendrons de vostre mariage
A fonds une autre fois. Cependant chantez-nous,
Non pas du serieux, du tendre, ny du doux,
Mais de ce qu'en François on nomme bagatelle;
Un jeu dont je voudrois Voiture pour modelle.
Il excelle en cet art : Maistre Clement et luy
S'y prenoient beaucoup mieux que nos gens d'aujourd'huy.

ÉRATO.

Sire, j'en ay perdu, peu s'en faut, l'habitude;
Et ce genre est pour moy maintenant une estude.
Il y faut plus de temps que le monde ne croit.
Agréez, en la place, un dixain.

APOLLON.

Dixain soit.

ÉRATO.

Mais n'est-ce point assez celebré nostre Belle ?
Quand j'auray dit les jeux, les ris, et la sequelle,
Les graces, les amours; voila fait à peu prés.

APOLLON.

Vous pourrez dire encor les charmes, les attraits,
Les appas.

ÉRATO.

Et puis quoy ?

APOLLON.

Cent et cent mille chose

Je ne vous ay conté ny les lys, ny les roses;
On n'a qu'à retourner seulement ces mots-là.

ÉRATO.

La satyre en fournit bien d'autres que cela :
Pour un trait de loüange, il en est cent de blasme.

APOLLON.

Et bien! blasmez Climene, à qui d'aucune flame
On ne peut desormais inspirer le desir.

ÉRATO.

Ce sujet est traité; l'on vient de s'en saisir;
Il a servy de these à ma sœur Polymnie.

APOLLON.

Cela ne vous fait rien, la chose est infinie;
Toûjours nostre cabale y trouve à regrater.

ÉRATO.

Sire, puisqu'il vous plaist, je m'en vais le tenter.
Ma sœur excusera si j'encheris sur elle.

POLYMNIE.

Voila bien des façons pour une bagatelle.

ÉRATO.

C'est qu'elle est de commande.

APOLLON.

Et que couste un dixain?

ÉRATO.

Tout couste : il faut pourtant que je me mette en train.

Climene a tort : je suis d'avis qu'elle aime
Nostre vassal, dés demain au plus tard,
Dés aujourd'huy, dés ce moment-cy mesme :
Le temps d'aimer n'a si petite part
Qui ne soit chere, et sur tout quand on treuve
Un bon Amant, un Amant à l'épreuve.
Je sçais qu'il est des Amans à foison;

Tout en fourmille; on n'en sçauroit que faire :
Mais cent meschans n'en valent pas un bon ;
Et ce bon-là ne se rencontre guere.

APOLLON.

Il ne nous reste plus qu'Uranie, et c'est fait.
Mais quand j'y pense bien, je trouve qu'en effet
Tant de loüange ennuye, et sur tout quand on loüe
Toûjours le mesme objet : enfin je vous avoüe
Que pour peu que durast l'éloge encor de temps,
Vous me verriez baailler. Comment peuvent les gens
Entendre, sans dormir, une Oraison Funebre !
Il n'est Panegyriste au monde si celebre,
Qui ne soit un Morphée à tous ses Auditeurs.
Uranie, il vous faut reployer vos douceurs :
Aussi bien qui pourroit mieux parler de Climene
Que l'amoureux Acante ? Allons vers l'Hipocrene ;
Nous l'y rencontrerons encore assurément :
Ce nous sera sans doute un divertissement.
La solitude est grande autour de ces ombrages.
Que vous semble ? On croiroit, au nombre des ouvrages
Et des Compositeurs (car chacun fait des Vers),
Qu'il nous faudroit chercher un mont dans l'Univers,
Non pas double, mais triple, et de plus d'étenduë
Que l'Atlas : cependant ma Cour est morfonduë ;
Je ne rencontre icy que deux ou trois mortels,
Encor tres peu devots à nos sacrez Autels.
Cherchez-en la raison dans les Cieux, Uranie.

URANIE.

Sire, il n'est pas besoin , et sans l'Astrologie
Je vous diray d'où vient ce peu d'Adorateurs.
Il est vray que jamais on n'a veu tant d'Auteurs :
Chacun forge des Vers ; mais pour la Poësie,
Cette Princesse est morte, aucun ne s'en soucie.
Avec un peu de rime on va vous fabriquer
Cent versificateurs en un jour, sans manquer.
Ce langage divin, ces charmantes figures
Qui touchoient autrefois les ames les plus dures,

Et par qui les rochers et les bois attirez
Tressailloient à des traits de l'Olympe admirez;
Cela, dis-je, n'est plus maintenant en usage.
On vous méprise, et nous, et ce divin langage.
Qu'est-ce? dit-on. Des Vers. Suffit; le peuple y court.
Pourquoy venir chercher ces traits en nostre Cour?
Sans cela l'on parvient à l'estime des hommes.

APOLLON.

Vous en parlez tres-bien. Mais qu'entends-je? Nous sommes
Auprés de l'Hipocrene. Acante assurément
S'entretient avec elle; écoutons un moment.
C'est luy, j'entends sa voix.

ACANTE.

                Zephirs de qui l'haleine
Portoit à ces Echos mes soûpirs et ma peine,
Je viens de vous conter son succez glorieux;
Portez-en quelque chose aux oreilles des Dieux.
Et toy, mon Bienfaicteur, Amour, par quelle offrande
Pourray-je reconnoistre une faveur si grande?
Je te dois des plaisirs Compagnons des Autels,
Des plaisirs trop exquis pour de simples mortels.
O vous qui visitez quelquefois cet ombrage,
Nourrissons des neuf Sœurs.....

APOLLON.

             Sans doute il n'est pas sage:
Sçachons ce qu'il veut dire. Acante!

ACANTE, *parlant seul.*

                Adorez-moy;
Car si je ne suis Dieu, tout au moins je suis Roy.

ÉRATO.

Acante!

CLIO.

      D'aujourd'huy pensez-vous qu'il réponde?
Quand une resverie agreable et profonde
Occupe son esprit, on a beau luy parler.

ÉRATO.

Quand je m'enrumerois à force d'appeler,
Si faut-il qu'il entende. Acante!

ACANTE.

Qui m'appelle?

ÉRATO.

C'est vostre bonne amie Ërato.

ACANTE.

Que veut-elle?

ÉRATO.

Vous le sçaurez; venez.

ACANTE.

Dieux! je vois Apollon.
Sire, pardonnez-moy; dans le sacré valon
Je ne vous croyois pas.

APOLLON.

Levez-vous, et nous dites
Quelles sont ces faveurs, soit grandes ou petites,
Dont le fils de Venus a payé vos tourmens.

ACANTE.

Sire, pour obeïr à vos commandemens,
Hier au soir je trouvay l'Amour prés du Parnasse :
Je pense qu'il suivoit quelque Nymphe à la trace.
D'aussi loin qu'il me vid : Acante, approchez-vous,
Cria-t-il. J'obeïs. Il me dit d'un ton doux :
Vos vers ont fait valoir mon nom et ma puissance ;
Vous ne chantez que moy : je veux, pour récompense,
Dés demain, sans manquer, obtenir du destin
Qu'il vous fasse trouver Climene le matin
Dans son lit endormie, ayant la gorge nuë,
Et certaine beauté que depuis peu j'ay veuë,
Sans dire quelle elle est; il suffit que l'endroit
M'a fort plû : vous verrez si c'est à juste droit.
Vous estes connoisseur. Au reste, en habile homme
Usez de la faveur que vous fera le somme.

La Fontaine. — IV.

10

C'est à vous de baiser ou la bouche, ou le sein,
Ou cette autre beauté : mesme j'ay fait dessein
D'en parler à Morphée, afin qu'il vous procure
Assez de temps pour mettre à profit l'avanture.
Vous ne pourrez baiser qu'un des trois seulement :
Ou le sein, ou la bouche, ou cet endroit charmant.

ÉRATO.

Ne nous le nommez pas, afin que je devine.

ACANTE.

Je vous le donne en deux.

ÉRATO.

      C'est... c'est, je m'imagine...

ACANTE.

Quoy ?

ÉRATO.

  Le bras entier ?

ACANTE.
Non.

ÉRATO.

       Le pied ?

ACANTE.

      Vous l'avez dit.
Je l'ay vû, dit l'Amour ; il est sans contredit
Plus blanc de la moitié que le plus blanc yvoire.
Climene s'éveillant, comme vous pouvez croire,
Voudra vous témoigner d'abord quelque courroux :
Mais je seray present, et rabatray les coups ;
Le sort et moy rendrons mouton vostre tigresse.
Amour n'a pas manqué de tenir sa promesse.
Ce matin j'ay trouvé Climene dans le lit.
Sire, jusqu'à demain je n'aurois pas décrit
Ses diverses beautez. Une couleur de roses,
Par le somme appliquée, avoit, entre autres choses,
Rehaussé de son teint la naïve blancheur.

Ses lys ne laissoient pas d'avoir de la fraischeur.
Elle avoit le sein nu : je n'ay point de parole,
Quoy que dés ma jeunesse instruit dans cette école,
Pour vous bien exprimer un double mont d'attraits.
Quand j'aurois là-dessus épuisé tous les traits,
Et fait pour cette gorge une blancheur nouvelle,
Encor n'auriez-vous pas ce qui la rend si belle :
La descente, le tour, et le reste des lieux
Qui pour lors m'ont fait Roy (j'entends Roy par les yeux,
Car mes mains n'ont point eu de part à cette joye).
Le sort à mes regards a mis encore en proye
Les merveilles d'un pied, sans mentir, fait au tour.
Figurez-vous le pied de la mere d'Amour,
Lors qu'allant des Tritons attirer les œillades,
Il dispute du prix avec ceux des Nayades.
Vous pouvez l'avoir vû, Mars peut vous l'avoir dit;
Quant à moy, j'ai vû, Sire, au pied dont il s'agit,
Du marbre, de l'albastre, une plante vermeille :
Thetis l'a, que je pense, ou doit l'avoir pareille.
Quoy qu'il en soit, ce pied, hors des draps échapé,
M'a tenu fort long-temps à le voir occupé.
Pour en venir au point où j'ay poussé l'affaire :
Quel des trois, ay-je dit, faut-il que je prefere?
J'ay, si je m'en souviens, un baiser à cueillir,
Et, par bon-heur pour moy, je ne sçaurois faillir.
Cette bouche m'appelle à son haleine d'ambre.
Cupidon là dessus est entré dans la chambre :
Je ne sçais pas comment; car j'avois fermé tout.
J'ai parcouru le sein de l'un à l'autre bout.
Cecy me tente encor, ay-je dit en moy-mesme;
Et quand je serois Prince, et Prince à Diadême,
Une telle faveur me rendroit fortuné.
Par caprice, à la fin, m'estant déterminé,
J'ay reservé ces deux pour la premiere veuë.
Le pied, par sa beauté qui m'estoit inconnuë,
M'a fait aller à luy. Peut-estre ce baiser
M'a paru moins commun, partant plus à priser;
Peut-estre par respect j'ay rendu cet hommage;

Peut-estre aussi j'ay crû que le mesme avantage
Ne reviendroit jamais, et qu'on ne baise pas
Un beau pied quand on veut, trop bien d'autres appas.
La rencontre, apres tout, me sembloit fort heureuse :
Mesme à mon sens la chose estoit plus amoureuse ;
De dire plus friponne, et d'aller jusques-là,
Je n'ay garde, c'est trop : j'ay, Sire, pour cela,
Trop de respect pour vous, ainsi que pour Climene.
Elle s'est éveillée avec assez de peine ;
Et m'ayant entreveu, la Belle et ses appas
Se sont au mesme instant cachez au fond des dras.
La honte l'a renduë un peu de temps muette ;
Enfin, sans se tourner, ny quitter sa cachette,
D'un ton fort serieux et marquant son dépit :
Je vous croyois plus sage, Acante, a-t-elle dit ;
Cela ne me plaist point ; sortez, et tout à l'heure.
Amour, ay-je repris, me dit que je demeure ;
Le voila ; qui croiray-je ? Accordez-vous tous deux.
Qui l'Amour ? Pensez-vous, avec vos Ris, vos Jeux,
Vos Amours, m'amuser ? a reparty Climene.
Tout doux, a dit l'Amour. Aussi-tost l'inhumaine,
Oyant la voix du Dieu, s'est tournée, et, changeant
De note, prenant mesme un air tout engageant,
Climene, a-t-elle dit, tu n'és pas la plus forte ;
C'est à toy de fermer une autre fois la porte.
Les voila deux ; encore un Dieu s'en mesle-t-il.
Afin qu'Acante sorte, et bien, que luy faut-il ?
Qu'il dise les faveurs dont il se juge digne.
J'ay regardé l'Amour ; du doigt il m'a fait signe.
Je n'ay pas entendu d'abord ce qu'il vouloit ;
Mais, me montrant les traits qu'une bouche étaloit,
Il m'a fait à la fin juger, par ce langage,
Qu'un baiser me viendroit, si j'avois du courage.
Or, je n'en eus jamais en qualité d'Amant.
Amour m'a dit tout bas : Baisez-la hardiment ;
Je luy tiendray les mains ; vous n'aurez point d'obstacle.
Je me suis avancé : le reste est un miracle.
Amour en fait ainsi ; ce sont coups de sa main.

APOLLON.

Comment ?

ACANTE.

Climene a fait la moitié du chemin.

POLYMNIE.

Que vous autres mortels estes fous dans vos flames !
Les Dieux obtiennent bien d'autres dons de leurs Dames
Sans triompher ainsi.

ACANTE.

Polymnie, ils sont Dieux.

APOLLON.

Je l'estois, et Daphné ne m'en traita pas mieux :
Perdons ce souvenir. Vous, triomphez, Acante :
Nous vous laissons, adieu ; nostre troupe est contante.

FIN.

DAPHNÉ

OPÉRA — 1682

PERSONNAGES DU PROLOGUE

JUPITER.
L'AMOUR.
VENUS.
MINERVE.
MOMUS.
PROMETHÉE.
CHŒUR.
Un modele de nouveaux Hommes, que Promethée a forgé.

DAPHNÉ

OPÉRA (¹)

PROLOGUE

Le Theatre s'ouvre, et laisse voir dans le fonds et aux deux côtez une suite de nuages à dix pieds de terre, et dans ces nuages les Palais des Dieux. Les Dieux y paroissent assis et dormans. Au dessous de ces nuages, la terre est representée telle qu'elle étoit incontinent apres le déluge, avec les débris qu'il y a laissez. Pendant que la plûpart des Dieux dorment, Jupiter décend de sa machine, accompagné de Momus. Venus, l'Amour et Minerve décendent aussi de la leur.

JUPITER.

Vous, qui voulez qu'à la fureur de l'onde
Jupiter mette un frein, et repeuple ces lieux,
Vous vous lassez trop tôt d'être seuls dans
    le monde ;

1. Cet opéra a été publié pour la première fois en 1682, à la suite du poëme du *Quinquina*. Il n'a jamais été représenté. La Fontaine l'avoit composé, en 1679, à la prière de Lully, qui lui préféra la *Proserpine*, de Quinault. On peut voir dans les *Poësies diverses* la satire du *Florentin*, que La Fontaine fit contre Lully à cette occasion.

Mille vœux vont troubler cette paix si profonde
Dont la terre à present laisse joüir les Cieux.

VENUS.

Charmante oisiveté, repos délicieux!

MINERVE.

Ou plutôt repos ennuyeux!

VENUS.

Quoy! le sommeil pourroit aux Deesses déplaire?
Ne point souffrir,
Ne point mourir,
Et ne rien faire,
Que peut-on souhaiter de mieux?
Ce qui fait le bonheur des Dieux,
C'est de n'avoir aucune affaire,
Ne point souffrir,
Ne point mourir,
Et ne rien faire.

MINERVE.

Est-ce ainsi qu'on a des Autels?

JUPITER.

Et bien, faisons d'autres mortels :
Vos talens et nos soins deviendront necessaires.

MOMUS.

Ne vous faites point tant d'affaires.

JUPITER.

Les premiers des humains sont peris sous les eaux :
Fille de ma raison, forgeons-en de nouveaux.
Promethée en fait des modeles;
Vents, allez-le chercher, qu'il vienne sur vos aisles.

A ce commandement de Jupiter, les vents partent de tous
les costez du Theatre, et apportent Promethée.

PROMETHÉE.

Que me veut Jupiter?

JUPITER.
Ouvre tes magasins.

PROMETHÉE.
Paroissez, nouveaux humains.

A ce commandement de Prométhée, les toiles qui repre-
sentent la terre s'ouvrent de costé et d'autre, et au fonds
aussi, et laissent voir de toutes parts une boutique de
Sculpteur, avec force outils et morceaux de toutes ma-
tieres, et des statuës d'hommes et de femmes debout sur
des cubes.

MOMUS.
Sont-ce là des humains? Quelle race immobile!
J'aimois mieux la premiere, encor que moins tranquille.

PROMETHÉE.
Vous ne les connoissez pas.

MOMUS.
Fais leur faire quelque pas.

PROMETHÉE.
Décendez.

Les statues décendent et viennent à pas lents et graves
faire une entrée, dansant presque sans mouvement,
et d'une façon composée, comme feroient des Sages et
des Philosophes.

MOMUS.
Quelles gens! Ce n'est qu'une machine.

PROMETHÉE.
C'est l'Idole d'un sage.

LES DIEUX.
Hé quoy! la passion
Jamais chez eux ne domine?

PROMETHÉE.
Leur cœur en est tout plein; ce n'est qu'ambition,

Colere, desespoir, crainte, ou joye excessive.
Machine, on veut voir vos ressorts;
Quittez tous ces trompeurs dehors.

Les nouveaux hommes, qui paroissoient de veritables
statues, quittent une partie de l'habit qui les enveloppe
et se font voir tels qu'ils sont dans l'interieur : l'un
representant l'ambition ; l'autre, la colere, la crainte,
le desespoir, la joye excessive , etc. En cet état ils dan-
sent en confusion et d'une maniere aussi impetueuse et
aussi vive que l'autre étoit grave et peu animée.

MOMUS, *considerant les divers ressorts de cette machine,*
dit ces paroles :

Je la trouvois trop lente, et la voilà trop vive.

MINERVE.

Laissez-moy regler ces transports.

VENUS.

Mon fils, par de secretes causes,
Peut, encor mieux que vous, les calmer à son tour :
Rien n'a d'empire sur l'Amour,
L'Amour en a sur toutes choses.

Le plus magnifique don
Qu'aux mortels on puisse faire,
C'est l'amour.

MINERVE.

C'est la raison.
Le don le plus necessaire
Aux hôtes de ce séjour,
C'est la raison.

VENUS.

C'est l'amour.

L'AMOUR.

L'effet en jugera : servez-vous de vos armes,
Et moy j'employeray mes charmes.

MINERVE, *aux hommes.*

Que vous vous tourmentez, mortels ambitieux !
    Desesperez et furieux,
Ennemis du repos, ennemis de vous-mêmes ;
A moderer vos vœux mettez tous vos plaisirs :
    Regnez sur vos propres desirs ;
    C'est le plus beau des Diadêmes.

Les hommes, qui s'étoient arrêtez quelques momens pour
ouïr Minerve, attendent à peine qu'elle ait achevé, et
ne laissent pas, malgré ses conseils, de témoigner
toûjours la même fureur et le même emportement. L'A-
mour leur faisant signe qu'il veut parler, ils s'arrêtent.

L'AMOUR, *à Minerve.*

De vos sages discours voyez quel est le fruit.
    Je ne diray qu'un mot.

Aux hommes.
Aimez.

A ce mot, ceux qui dansoient en confusion et en tumulte
dansent deux à deux, comme personnes qui s'aiment.

L'AMOUR.
On obeït :
Vous le voyez.

VENUS.
Amour, qu'il est doux de te suivre !

JUPITER, *aux nouveaux hommes.*
Vivez, nouveaux humains.

CHŒUR DES DIEUX.
Vivez, nouveaux humains.

VENUS.
Laissez-vous enflamer.

Que vaut la peine de vivre,
Sans le doux plaisir d'aimer ?

CHŒUR.

Que vaut la peine de vivre,
Sans le doux plaisir d'aimer ?

MOMUS.

D'où vient, que si mal assortie,
Cette belle a fait choix d'un vieillard pour Amant ?

L'AMOUR.

C'est l'effet merveilleux d'un secret sentiment
Que j'appelle sympathie.

VENUS.

Le Demon opposé n'a pas moins de pouvoir.
Souvent nous haïssons ce qui devroit nous plaire.

JUPITER.

Tel Dieu sçait l'avenir, qui n'a pas sceu prévoir
Quels maux ce Demon va lui faire.
Mais un jour un Prince viendra
Qui plaira plus qu'il ne voudra.
Le destin parmy nous luy garde un rang insigne :
Et je luy veux accorder,
Afin qu'il en soit plus digne,
L'art de sçavoir commander.
Mars luy promet en apannage
La grandeur d'ame et de courage.

MINERVE.

Moy, la vertu.

VENUS.

Moy, l'agrément.

L'AMOUR.

Et moy, le don d'aimer, et d'être heureux Amant.

VENUS, L'AMOUR, ET MINERVE,
ensemble.

L'amour et la raison s'accorderont pour faire
Qu'aux cœurs comme aux esprits ce Prince plaise un jour.

CHŒUR.

Heureux qui par raison doit plaire !
Plus heureux qui plaît par amour !

PERSONNAGES

APOLLON.

MOMUS.

PENÉE, Dieu d'un fleuve.

DAPHNÉ, Fille de Penée.

LEUCIPPE, Amant de Daphné.

APOLLON, soûs le nom de Tharsis, Prince de Lycie, Amant
de Daphné.

MOMUS, soûs le nom de Télamon, Confident de Tharsis.

APIDAME,
AMPHRISE, } fleuves de lá Cour de Penée.
SPERCHÉE,

MEROÉ, Nourrice et Gouvernante de Daphné.

CLIMENE, Confidente de Daphné.

CHLORIS,
AMYNTE, } Nymphes de Daphné.

ISMELE, Sybille ou Pythonisse.

UN SACRIFICATEUR.

VENUS.

L'AMOUR.

DIANE.

TROUPE DE SYLVAINS, DE CHASSEURS ET DE BERGERS.

MERCURE.

MELPOMENE.

THALIE.

UN POETE heroïque.

UN POETE lyrique.

UN POETE satyrique.

PHILIS, jeune Muse du genre lyrique.

DAPHNIS, Poëte lyrique, Amant de Philis.

CHŒURS.

DAPHNÉ

OPÉRA

ACTE I.

*La decoration de cet Acte représente la vallée de Tempé,
et au fonds les eaux du Penée, avec une prairie couverte de fleurs : le Parnasse en éloignement.*

SCENE I.

CLORIS, AMINTE.

*Cloris et Aminte, Nymphes, entrent sur la Scene en se
tenant par la main, et chantent ensemble cette
chanson :*

Allons dans cette prairie ;
C'est un tranquille séjour,
Jamais les larmes d'amour
N'y baignent l'herbe fleurie :
Les moutons y sont en paix ;
Et les Loups n'y font jamais
D'outrage à la bergerie.

La Fontaine. — IV. 11

CLORIS.

Vien, ma sœur.

AMINTE.

Je te suis.

CLORIS.

Vien goûter une vie
Dont le calme est digne d'envie.
Nôtre Nymphe a banny de ces lieux si charmans
Ce peuple d'importuns que l'on appelle Amans.
La voicy.

AMINTE.

Que d'appas, de beautez, et de graces!
Diroit-on pas que l'air s'embellit à ses traces?

SCENE II.

DAPHNÉ; CLIMENE, SA CONFIDENTE;
MÉROÉ, SA NOURRICE ET SA GOUVER-
NANTE; CLORIS, AMINTE.

DAPHNÉ.

Amour, n'approche point de nos ombrages
doux,
De nos prez, de nos fontaines;
Laisse en repos ces lieux; assez d'autres
que nous
Se feront un plaisir de connoître tes peines.

A Cloris.

Cloris, n'est-ce pas là ta sœur que tu m'ameines?

CLORIS.

Je vous la viens offrir. Nous cherchions en ces lieux
Ce que Flore a pour vous de dons plus précieux.

DAPHNÉ.

Cherchons, cherchons des fleurs; l'âge nous y convie:

Parons-nous de bouquets pendant nôtre printems :
   Les plaisirs ont chacun leur tems,
   Comme les saisons de la vie.

Daphné, ayant achevé ces parolles, se baisse pour cueuil-
lir des fleurs, et les Nymphes de sa suite en font au-
tant ; pendant quoy un chœur de Bergers, demeuré
par respect derriere le theatre, repete ces mots :

Cherchons, cherchons des fleurs ; Daphné nous y convie.

DAPHNÉ.

J'entends de nos Bergers le concert plein d'appas.
Qu'ils chantent, je le veux ; mais qu'ils n'approchent pas.

CHŒUR DE BERGERS.

Cherchons, cherchons des fleurs ; Daphné nous y convie.
   Il en renaist sous ses pas.

DAPHNÉ.

Déployons nos tresors.

CLORIS.

   J'ay cueuilli les plus belles.

AMINTE.

Et moy, les plus nouvelles.

MÉROÉ.

Moy, les plus vives en couleur.

DAPHNÉ, *à Climene.*

Et vous ? Quel mauvais choix vous avez fait, ma sœur !
   Vous nous direz, pour vôtre peine,
   Une chanson contre l'Amour ;
   Cependant je veux que ma Cour
Jure de luy porter une eternelle haine.
   Jurez la premiere, Climene !

CLIMENE.

   Tout serment
De n'avoir jamais d'Amant

Est chose fort incertaine.
Il en est peu que l'on tienne
Plus d'un jour, plus d'un moment :
Tout serment
De n'avoir jamais d'Amant
Est chose fort incertaine.

DAPHNÉ.

Je veux que vous juriez; dites donc apres moy.
Amour,

CLIMENE.

Amour,

DAPHNÉ.

Si jamais soûs ta loy
Je respire,

CLIMENE.

Si jamais soûs ta loy
Je respire,

DAPHNÉ.

Je consens de mourir.

CLIMENE.

Mourir ? c'est beaucoup dire.

DAPHNÉ.

Je consens de mourir, si jamais je soûpire.

CLIMENE.

Je consens de mourir, si jamais je soûpire.

DAPHNÉ.

Climene, acquitez-vous : accompagnons ces sons,
Et que nos pas animent nos chansons.

Daphné et les personnes de sa suite se prennent alors par
la main, et Climene chante cette gavote, que toute la
troupe danse, la repetant apres elle.

L'autre jour sur l'herbe tendre
Je m'assis prés de Philandre;
Il me conta ses tourmens :

Ma mere alors me querelle.
Petite fille, dit-elle,
N'écoutez point les Amans.

Ils sont indiscrets, volages,
Temeraires et peu sages;
Ils font mille faux sermens :
Ils sont jaloux, ils sont traîtres,
Et tyrans quand ils sont maîtres;
N'écoutez point les Amans.

Écoutez ma chansonnette,
Et l'echo qui la repete,
Et ces rossignols charmans;
Leur musique est sans pareille;
Mais ne prêtez point l'oreille
Au ramage des Amans.

DAPHNÉ.

Meroé, poursuivez nos divertissemens.

MÉROÉ.

J'ay vû le tems qu'une jeune fillette
Pouvoit, sans peur, aller au bois seulette.
Maintenant, maintenant les Bergers sont loups;
Je vous dis, je vous dis : Filles, gardez-vous.

SCENE III.

Pendant que ces Nymphes dansent, Apollon et Momus
passent. C'étoit incontinent apres la défaite du serpent
Python. Toute la troupe des jeunes filles, à la veüe de
ces étrangers, s'enfuit, l'une d'un côté, l'autre de
l'autre. Apollon et Momus demeurent.

APOLLON, MOMUS.

APOLLON.

Voicy Tempé, cette vallée
Dont on vante par tout l'ombrage et
les beautez,
Et voilà les flots argentez
Qu'y fait couler le dieu Penée.
Plus loin vers ces sommets mon Empire s'étend.
N'y veux-tu pas venir, Momus? on nous attend.

MOMUS.

Demeurons encore où nous sommes :
Ay-je pû voir en un instant
Toutes les sottises des hommes ?
Par vos puissans efforts, invincible Apollon,
On ne craint plus icy les fureurs de Python.
Les habitans de ces rivages,
Devenus plus heureux, n'en seront pas plus sages.
Le tems de la sottise est celuy du bonheur.

APOLLON.

Mais que dis-tu de ma victoire ?

MOMUS.

Elle vous a comblé d'honneur,
Et rien n'égale vôtre gloire.

APOLLON.

Que le fils de Venus cesse de se vanter
Qu'ainsi que nous il sçait porter
Un carquois, un arc et des fleches ;
C'est un enfant qui fait des breches
Dans les cœurs aisez à dompter.
Il remporte toûjours des victoires faciles ;
Je défaits des serpens qui dépeuplent des villes.

MOMUS.

Vous méprisez celuy qui tient tout sous sa loy.
Si l'Amour vous entend ?

APOLLON.

Et que crains-tu pour moy ?

MOMUS.

Parlez bas, c'est un Dieu ; s'il venoit à paroître ?

APOLLON.

Un Dieu ! c'est un enfant : quitte ce vain soucy.

MOMUS.

Qui donne à Jupiter un maître
Vous en pourroit donner aussi.

SCENE IV.

*Dans le tems que Momus acheve ces mots, l'Amour
décend du Ciel comme un trait, et se vient placer
entre Apollon et Momus.*

CUPIDON, *à Apollon.*

Quel est l'orgueilleux qui me brave ?
Quel temeraire ose attaquer l'Amour ?
Ah ! je vous reconnois : vous serez
mon esclave
Avant la fin du jour.

Ces paroles dites, Cupidon s'en revole dans les airs.

SCENE V.

APOLLON, MOMUS.

MOMUS.

Que cet enfant est fier ! Voyez comme il me-
nace !
Ne le prendroit-on pas pour l'aîné des Ti-
tans ?
Je plains le dompteur de serpens ;
Il ne fait pas seur en sa place.

*Tandis que Momus dit ces paroles, Daphné, avec ses
compagnes, par une curiosité de jeunes filles, avance
un peu la tête sur le Theatre, et fait quelques pas dans
la scene pour voir ces deux étrangers. Apollon la void
un moment ; aussi-tôt l'Amour, qui est demeuré dans
l'air, fait son coup ; et Daphné, avec sa troupe, s'enfuit encore une fois.*

APOLLON.

Ah ! qu'ay-je vû, Momus ? que de traits éclatans ?
Que de jeunesse ! que de grace !

MOMUS.

Elle fuit.

APOLLON.

Mille Amours avec elle ont paru.

MOMUS.

Mille Amours ? C'est beaucoup ; je n'en ay pas tant vû.
Vous aimez ; vous voyez d'un autre œil que le nôtre :
De quelques qualitez qu'un objet soit pourveu,
L'Amant y void toûjours ou plus ou moins qu'un autre (1).

1. La Fontaine avoit déjà exprimé une pensée analogue
dans ses *Fables* (Liv. IV, xxi) :

> Phedre sur ce sujet dit fort élegamment:
> Il n'est pour voir que l'œil du Maître.
> Quant à moy, j'y mettrois encor l'œil de l'Amant.

APOLLON.

Deésse, tu me fuis ? t'ay-je déja déplû ?
C'est pourtant Apollon qui t'aime, qui t'adore.
Je n'en puis plus, je sens un feu qui me devore.
Revien, charmant objet ! Et vous, Olympe, Cieux,
    Je vous dis d'eternels adieux ;
    Je vous méprise, je vous laisse :
    Qu'êtes-vous prés de ma Deesse ?
Tout vôtre éclat vaut-il un seul trait de ses yeux ?
Ne la verray-je plus ? Faut-il que cette belle
Emporte mes plaisirs et mon cœur avec elle ?
Demeurons sur ces bords, je ne les puis laisser.

MOMUS.

Passerons-nous pour Dieux ?

APOLLON.

        Et pour qui donc passer ?

MOMUS.

Pour mortels ; car les Dieux, par leur grandeur suprême,
    Ne font souvent qu'embarrasser :
    On les craint plus qu'on ne les aime.

    Les vrais Amans doivent toûjours,
Soûs un maître commun, vivre d'égale sorte.
Ou Monarques ou Dieux, n'entrez chez vos amours
Qu'apres avoir laissé vos grandeurs à la porte.

APOLLON.

Je te croiray ; changeons de nom :
Je m'appelle Tharsis, satrape de Lycie.

MOMUS.

Et moy, son suivant, Télamon.
Que si sur mon chemin quelque Nymphe jolie

Se rencontre en passant, je prétends bien aussi
    La cajeoller, m'approcher d'elle ;
    Non pas en amoureux transi ;
    Je vous veux servir de modele ;
Et cependant, allons conquerir vôtre belle.

SCENE VI.

VENUS, *décendant dans une machine.*

Qu'est devenu mon fils ? mortels, le sçavez-
    vous ?
Je souffre, je languis, je meurs en son ab-
    sence :
Si l'Amour ne me suit, rien ne me semble doux.
    Heureux les lieux qu'anime sa presence !
Heureux tout l'Univers qui me doit sa naissance !
Qu'est devenu l'Amour ? Échos, le sçavez-vous ?
    Quel nouveau cœur aujourd'huy de ses coups
        Eprouve la puissance ?
Qu'est devenu l'Amour ? Echos, le sçavez-vous ?
Je souffre, je languis, je meurs en son absence.

Ce recit fait, l'Amour vient se jetter dans le giron
de sa mere.

VENUS.

Ah ! mon fils, d'où viens-tu ?

L'AMOUR.

                  De blesser Apollon.
Je l'ay rendu pour Daphné tout de flame ;
Tandis qu'un autre trait, par un autre poison,
Fait que pour luy Daphné n'a que haine dans l'ame.

VENUS, *à son fils.*

Amour, tu sçais dompter les cœurs et les esprits.

Aux Dieux et aux hommes.

Que la terre et les Cieux celebrent de mon fils
La derniere victoire!
Mortels et Dieux, chantez sa gloire.

Pour obeïr à ce commandement de Venus, on chante et on danse sur la terre, et dans la gloire qui est au fonds du Theatre : sur la terre, des personnes de toutes conditions, et dans la gloire, des enfans qui representent les Amours, les jeux et les ris. La danse achevée, Venus, dont le char est entouré d'enfans, chante ces paroles :

Allez de toutes parts, courez, Amours et Ris;
Faites connoître de mon fils
Le doux et le suprême Empire :
Ne laissez rien qui ne soûpire.
Allez de toutes parts, courez, Amours et jeux;
Rendez l'Univers amoureux.

CHŒUR.

Allez de toutes parts, courez, Amours et jeux.
Rendez l'Univers amoureux.

FIN DU PREMIER ACTE.

ACTE II.

Le Theatre represente le Palais d'un Dieu de fleuve, avec de l'eau veritable, qu'on void tomber et saillir de tous les costez.

SCENE I.

PENÉE, AVEC SA COUR, COMPOSÉE DES FLEU-VES SPERCHÉE, AMPHRISE, APIDAME, ET AUTRES DIEUX DES SOURCES VOISINES.

PENÉE.

Dieux tributaires de mon onde,
Je veux, par les beautez de ce moite séjour,
Arrêter quelque temps deux Princes à ma
Cour;
Que vôtre zele me seconde!

LES FLEUVES.

Commandez.

PENÉE.

Que le sort vous a rendus heureux!
Himenée et l'Amour frequentent vos rivages:
Vos grottes quelquefois leur prêtent des ombrages:
Ces Dieux me méprisent tous deux.

APIDAME.

Laissez agir le tems; il peut tout auprés d'eux.

A peine a-t-il encor fait passer la Princesse
Des appas de l'enfance à ceux de la jeunesse;
Deux soleils ont à peine éclairé son printems.

PENÉE.

Combien de cœurs depuis ce tems
Ont en vain soûpiré pour elle!
Ah! si Tharsis pouvoit la rendre moins cruelle!

SPERCHÉE.

Consultez la Sybille Ismele :
Les Dieux peut-être par sa voix
Obligeront Daphné de suivre vôtre choix.

PENÉE.

Helas! jamais Daphné n'aimera que les bois.

AMPHRISE.

Ces plaisirs passeront : tout passe dans la vie :
De differens desirs elle est entre-suivie.
On y change d'humeur, on y change d'envie :
On y veut goûter de tout;
Le plus libre enfin se lie;
Tôt ou tard on s'y résout.

APIDAME.

Il faut peu pour changer ces ames si severes :
L'exemple à ce doux nœu les ameine toûjours.
Des Bergers chantans leurs amours,
Dans les bras de l'hymen voir mener des Bergeres,
Et leurs folâtres jeux sur les vertes fougeres
Apprivoisent les cœurs, qui, devenus plus doux,
S'accoûtument aux mots d'amour, d'amant, d'époux.
Des mots on en vient au mystere.

PENÉE.

J'approuve vos raisons; et Daphné, pour me plaire,
Doit faire en mon Palais les honneurs de ce jour,
On y va celebrer l'hymen du jeune Amphrise :
Il s'engage avecque Florise;

La fête arrêtera ces Princes à ma Cour.
Allons en prendre soin. Daphné vient et Climene;
　　Entrons dans la grotte prochaine.

SCENE II.

DAPHNÉ, CLIMENE.

DAPHNÉ.

Ah! Climene! plains-moy.

CLIMENE.

Princesse, vous pleurez! puis-je sçavoir
　　pourquoy.

DAPHNÉ.

Je ne me connois plus; ce n'est plus moy, Climene :
　　Ces puissans dédains, cette haine,
Ces sermens contre Amour, que sont-ils devenus?
　　Un mortel les rend superflus.
　　Helas! il vient de me dire sa peine,
Et depuis ce moment je ne me connois plus.

CLIMENE.

Un des Princes, sans doute, a causé ces alarmes.
Seroit-ce point Tharsis? Je luy trouve des charmes
Contre qui je sens bien que ma severité
　　N'employeroit pas toutes ses armes.

DAPHNÉ.

Je crois, si tu le veux, qu'on en est enchanté;
Cependant il me cause une invincible haine.
Contre luy dans mon ame un Dieu me semble agir.

CLIMENE.

Je le connois ce Dieu : c'est Leucippe.

DAPHNÉ.

　　　　　　　　　Ah! Climene!
Ne me regarde point, tu me ferois rougir.

CLIMENE.

Pourquoy rougir ? commettez-vous un crime ?
Le Ciel permet-il pas d'aimer ou de haïr ?
  Est-il rien de si legitime ?
    Tyrcis est des plus charmans,
    Je méprise son martyre ;
    Cependant sous mon empire
    Il languit depuis long tems :
    Philandre à peine y soûpire,
    Son service est reconnu ;
    La raison, je vais la dire :
    Mon tems d'aimer est venu.

DAPHNÉ.

Helas ! le mien aussi. Mais garde-toy, Climene,
De découvrir ma flame, et l'exposer au jour :
Plains-toy que de Tharsis je méprise la peine ;
Nôtre sexe veut bien que l'on sçache sa haine,
Mais il met tous ses soins à cacher son amour.

CLIMENE.

Le voilà ce Tharsis ; son malheur vous l'ameine.

SCENE III.

THARSIS, DAPHNÉ.

THARSIS.

Que je dois au destin de m'avoir arrêté
En des lieux où l'on void briller vôtre pre-
  sence !
    Vous y regnez par la beauté,
  Aussi bien que par la naissance :
Souffrez que j'y demeure au rang de vos sujets.

DAPHNÉ.

Non, Seigneur, je ne puis recevoir vos hommages ;

Offrez-les à d'autres objets;
Abandonnez nos rivages :
Quel plaisir aurez-vous parmy des cœurs sauvages ?

THARSIS.

Je vous verray.

DAPHNÉ.

Fuyez cette triste douceur.
Il vaut mieux qu'une prompte absence
Rende le calme à vôtre cœur,
Que de vous voir enfin guery par ma rigueur,
Ma haine ou mon indifference.

THARSIS.

O Ciel ! luy dois-je ajoûter foy ?
Quoy ! ne pouvoir m'aimer ! me hair ! me le dire !
Amour, tyran des cœurs, depuis que sous ta loy
On gemit, on pleure, on soûpire,
Fut-il jamais Amant plus malheureux que moy ?
Que je sçache au moins, inhumaine,
Ce qu'à Tharsis en luy de si digne de haine !

DAPHNÉ.

Son amour, c'est assez. Je le dis à regret,
Vous avez dans mon cœur quelque ennemy secret
Qui met un voile sur ces charmes
A qui d'autres auroient déja rendu les armes.
Enfin, quitez nos bords, Seigneur, vous ferez mieux.
Qui ne peut être aimé doit s'éloigner des lieux
Où sans cesse il peut voir le sujet de ses peines.
Faut-il livrer son cœur à d'eternelles gênes
Pour le plaisir de ses yeux ?
Je vous laisse, et me tais : ma fuite et mon silence
Vous seront des tourmens plus doux.

THARSIS.

Princesse, demeurez, je trouve vôtre absence
Plus cruelle encore que vous.

SCENE IV.

THARSIS, TELAMON.

TELAMON.

Cecy vous trouble et vous étonne.

THARSIS.

Suis-je donc le fils de Latone ?
Ay-je dompté Python ? suis-je un Dieu ? Je n'ay pû
Gagner une mortelle ! un enfant m'a vaincu !
Qu'il m'ôte mes Autels : que sert-il qu'on me donne
En ces lieux l'encens qui m'est deu ?
Et qu'est-ce que l'encens, qu'une chose frivole
Prés des moindres faveurs que nous font de beaux yeux ?
Daphné, vous me pourriez d'une seule parole
Mettre au-dessus des autres Dieux !

TELAMON.

Espérez ce mot favorable :
Il n'est Amant si miserable
Qui n'espere.

THARSIS.

Tu ris.

TELAMON.

Jupiter vous vaut bien ;
Je ris aussi quand l'Amour veut qu'il pleure.
Vous autres Dieux, n'attaquez rien
Qui, sans vous étonner, s'ose défendre une heure :
Sçachez que le temps seul en a plus couronné
Que tous les efforts qu'on peut faire.

THARSIS.

Je n'ose plus parler de mes feux à Daphné.

TELAMON.

Laissez dormir sa colere.

La Fontaine. IV.   12

Apres que l'on vous aura
Contraint long-tems de vous taire,
Un moment arrivera
Que l'on vous écoutera.

SCENE V.

Penée et sa Cour entrent sur la Scene, et la nopce en-
suite. Daphné conduit l'épousée, et un des fleuves le
marié. Toute cette Troupe fait le tour du Theatre en
ceremonie. Deux Bergers chantent ces paroles, que le
chœur repete :

Hymen! Hymenée!

Apres que chacun s'est rangé et à pris sa place, les deux
Bergers chantent ce premier couplet de l'épitalame :

F lorise est donnée
A l'un des plus beaux
Qui porte à Penée
Tribut de ses eaux;
Qu'il ait chaque année
De nombreux troupeaux,
Et chaque journée
Des plaisirs nouveaux.
Hymen! Hymenée!

Daphné presente au Sacrificateur l'épousée, et un des
fleuves le marié. Le Sacrificateur prend leurs mains,
et dit ces paroles :

Amans, je vous unis; vivez soûs mêmes nœuds.

CHŒUR.
Parmy les plaisirs et les jeux.

MOMUS, *à quelques filles de la nopce, pres desquelles*
il se rencontre.

Pour un pareil lien formez-vous point des vœux?
Songez-y bien, Bergeres :

Hymenée est un Dieu jeune, charmant, et blond;
Mais les jours avec luy ne se ressemblent gueres :
Le premier est amour, amitié le second,
Le troisiéme froideur : songez-y bién, Bergeres.

MEROÉ, *interrompant Telamon.*

Vrayement, Telamon,
　　La leçon
　　　Est jolie.
Changez de place, Iris; venez icy, Celie;
　Pholoë, ne l'écoutez plus.
J'en suis d'avis; mes soins deviendront superflus.
Telamon corrompra cette troupe innocente.

MOMUS.

Que vous êtes reprenante,
　　Gouvernante !
Laissez-nous causer en paix;
Laissez la jeunesse rire :
　　Elle inspire
Toûjours d'innocens secrets.

Je crois que vous êtes sage :
　　A vôtre âge
On le doit être, ou jamais.
Vingt ou trente ans de veuvage,
　　C'est dommage,
Ont refroidy vos attraits.

Ah ! si selon vos souhaits
Vous redeveniez Aurore,
Vous vous serviriez encore
　　De vos traits.

MEROÉ.

Me faudra-t-il aussi souffrir la raillerie ?

PENÉE, *à Meroé et à Telamon.*

Laissez-nous achever cette ceremonie.

LE SACRIFICATEUR.

Hymen, Amour, joignez vos nœuds,
Et rendez ces Amans heureux.

Les gens de la nopce dansent, et pendant qu'ils se repo-
sent, on chante ces deux autres couplets de l'épitalame :

Des pas de Florise
Loin, bien loin les loups ;
Et de ceux d'Amphrise
Les soupçons jaloux.
Que leur destinée
N'ait rien que de doux,
Et que la lignée
Ressemble à l'époux.
Hymen ! Hymenée !

Jamais la constance
Aux Amans ne nuit ;
On vit d'esperance,
Puis le reste suit.
L'amour obstinée
Porte fleur et fruit.
O douce journée !
O plus douce nuit !
Hymen ! Hymenée !

Le Chœur repete à chaque fois ces deux dernieres paroles.

FIN DU SECOND ACTE.

ACTE III

La decoration de cet Acte est une forest melée d'archi-
tecture, comme d'un Temple de Diane.

SCENE I.

CLIMENE.

Tout me semble parler d'amour
En ces lieux amis du silence :
Icy les oyseaux, nuit et jour,
Celebrent de ses traits la douce violence.
Tout me semble parler d'amour
En ces lieux amis du silence.
Heureux les habitans de ces ombrages verts,
S'ils n'avoient que ce mal à craindre !
Mais nous troublons leur paix par cent moyens divers :
Humains, cruels humains, tyrans de l'Univers,
C'est de vous seuls qu'on se doit plaindre !

Apres ces paroles, on entend un bruit de cors et de cris
de chasse.

Vois-je pas Telamon, confident de Tharsis ?
Helas ! il vient en vain me conter les soucis
D'un Prince que Daphné devroit trouver aimable.
Plût au Ciel qu'elle fût à ses vœux favorable !

SCENE II.

TELAMON, CLIMENE.

TELAMON.

Que vous avez de grace à porter un carquois!
Rien ne vous sied si bien.

CLIMENE.

On me l'a dit cent fois.

TELAMON.

On ne vous l'a pas dit peut-être au fonds d'un bois.
En ces forests, je vous prie,
Ecartons-nous un moment,
Et mettons de la partie
L'ombre et l'amour seulement.

CLIMENE.

Tout rendez-vous un peu sombre
Doit toûjours être évité :
Quand je vois l'amour et l'ombre,
Je vais d'un autre côté.

TELAMON.

C'est trop s'en défier. Mais dites-moy, Climene,
Daphné montre en ses yeux une secrete peine :
Qui la cause? Leucippe est-il ce bienheureux?
Ou plutôt est-ce un Dieu qui s'attire ces vœux?
Je m'y connois, l'Amour la touche.

CLIMENE.

On se laisse assez toucher,
Mais on aime à le cacher ;
Et d'une jeune farouche
L'amour est plus tôt vainqueur,

Qu'il n'a tiré de sa bouche
Le nom qu'elle a dans le cœur.

TELAMON.

N'en sçauray-je pas plus ?

CLIMENE.

Je n'ay rien appris d'elle.

TELAMON.

Vous voulez garder ce secret.
Je serois importun aussi bien qu'indiscret,
Si je vous pressois trop, et la chasse m'appelle.
Adieu, Nymphe cruelle.

SCENE III.

DAPHNÉ, CLIMENE.

DAPHNÉ.

Je vous ay tous deux entendus :
Heureuse si Tharsis ne me pressoit
pas plus !

SCENE IV.

DAPHNÈ, LEUCIPPE.

LEUCIPPE.

Puis-je interrompre le silence
Qu'en ces paisibles lieux peut-être vous
cherchez ?
Me le permettez-vous ?

DAPHNÈ.

Ouy, Leucippe, approchez :

On ne craint pas vôtre presence;
Venez me consoler de celle de Tharsis.

LEUCIPPE.

Et qu'ordonnerez-vous de mes propres soucis?
Mon rival ne peut plaire à l'objet qu'il adore,
Un sentiment jaloux ne me peut alarmer :
C'est beaucoup; mais que dis-je? ah! ce n'est rien encore.
Vous sçavez bien haïr, mais pourriez-vous aimer?

DAPHNÉ.

J'ay souffert vôtre amonr : répondez-vous vous-même.

LEUCIPPE.

O Dieux! qu'ay-je entendu? quelle gloire suprême!
Quel bonheur! Doux transports qui venez me saisir,
Exprimez, s'il se peut, ma joye et mon plaisir,
   Et vôtre juste violence.
Princesse, apres l'aveu qui vient de me charmer,
   Je ne sçay rien pour m'exprimer,
   Que le langage du silence.

DAPHNÉ ET LEUCIPPE, *ensemble.*

O bien-heureux soûpirs, favorables momens
Où l'un et l'autre cœur, plein de doux sentimens,
   Aime, et le dit, et se fait croire!
   Les Dieux, dans leurs ravissemens,
   Les Dieux, au milieu de leur gloire,
Sont moins Dieux quelquefois que ne sont les Amans.

LEUCIPPE.

Je benis mon destin, et cependant Penée
   Favorise mon rival.

DAPHNÉ.

Quand il auroit pour luy le Dieu même hymenée,
Ce n'est pas son bonheur qui fera vôtre mal.

LEUCIPPE.

Et mon bien?

DAPHNÉ.

Attendez la réponse d'Ismele :
Peut-être elle sera favorable à nos vœux.
Allez : il reviendra quelque moment heureux ;
Daphné craint qu'on ne trouve un Amant avec elle.

SCENE V.

DAPHNÉ, *demeurée seule.*

Que nôtre sexe a d'ennemis !
A combien de tyrans le Destin l'a soumis !
Des Amans importuns, un Pere inexorable,
Un devoir impitoyable ;
Tout combat nos desirs : trop heureuses encor
Si nous n'avions que cette peine !
Mais il faut, par un double effort,
Ainsi que nôtre amour, surmonter nôtre haine.

SCENE VI.

PENÉE, DAPHNÉ, THARSIS.

PENÉE.

Daphné, rendez graces aux Dieux :
Cet Ours fatal aux bergeries,
Fatal aux autres Ours, teint de sang nos
prairies ;
Tharsis a vaincu seul ce monstre furieux.

THARSIS.

L'Amour m'accompagnoit, luy seul en a la gloire ;
Ce n'est pas à mes mains qu'on doit cette victoire,
Belle Daphné, c'est à vos yeux.

PENÉE.

Ma fille, venez voir aussi l'énorme bête.

Réjoüissez-vous , Bergers :
Que les Ours soient de la fête ;
Ils avoient part aux dangers.

SCENE VII.

THARSIS, TELAMON.

THARSIS.

Daphné ne peut souffrir ma flame.
Si je parlois au sort !

TELAMON.

Changera-t-il son ame ?

THARSIS.

Je vais le consulter : attends icy Tharsis.

SCÉNE VIII.

MOMUS, *demeuré seul et quitant le personnage de Telamon.*

Vous qui de vôtre sort voulez être éclair-
cis,
Consultez , comme moy , le demon de la
treille;
Mon oracle est Bacchus quand j'ay quelques soucis,
Et ma sybille est ma bouteille.
Cette chasse m'altere. Ah! si Bacchus.... Je croy
Que ce Dieu m'entendoit.

SCENE IX.

B A C C H U S, *qui décend sur son berceau tiré par des Tigres.*

omus, monte avec moy ;
Viens écouter d'icy tous les chants de victoire.
Ces gens m'ont au spectacle invité ; les
    voicy.
Quoy ! la peau de leur Ours aussi ?

SCENE X.

BACCHUS, MOMUS, TROUPE DE SYLVAINS, DE CHASSEURS ET DE BERGERS.

Momus monte dans le berceau, qui s'arreste au milieu des airs. Cependant quatre Chasseurs et autant de Sylvains, qui menent chacun un Ours, entrent sur la Scene. Un autre Sylvain les suit, portant en guise de trophée la peau de l'Ours au bout d'un épieu. Des chœurs de Bergers les accompagnent. Toute cette troupe fait le tour du Theatre, au son des cors et de leurs fanfares. Le Sylvain chargé du trophée se place au milieu de la Scene, et un Chasseur chante ces paroles :

Tharsis, nous érigeons ce trophée à ta gloire.

UN SYLVAIN.

Par ta valeur le monstre a vû finir son sort.

UN BERGER.
L'ennemy commun est mort.

MOMUS, *comme s'il chantoit en éloignement.*
Noyez-en dans le vin la funeste memoire.

Un Chasseur, se tournant vers l'endroit où est le char
de Bacchus.

N'est-ce pas Telamon qui nous invite à boire ?

Toute la troupe l'ayant apperceu, dit :

O le mortel heureux d'être aimé de Bacchus !

UN SYLVAIN.
Amis, laissons à part les discours superflus.
L'Ours est mort.

UN CHASSEUR.
L'Ours ne vit plus.

UN BERGER.
L'Ours a passé l'onde noire.

TOUS *ensemble.*
Noyons-en dans le vin la funeste memoire.

Les Chasseurs et les Sylvains dansent à l'entour du tro-
phée, et font une forme de bacchanales. Les Sylvains
sont suivis de leurs Ours, qui vont en cadence. Pen-
dant que les danseurs se reposent, Bacchus et Momus,
faisans la débauche sous le berceau suspendu, ani-
ment toute cette troupe par leur exemple.

BACCHUS, *à Momus.*
Cher compagnon, me veux-tu croire ?
Courons ensemble le pays.
Tu sçais médire, et je sçais boire ;
Nous ne manquerons point d'amis.

MOMUS.

Toûjours le vin et la satire
Tiennent aux tables le haut bout :
Tu sçais boire, et je sçais médire ;
Voilà de quoy passer par tout.

FIN DU TROISIÉME ACTE.

ACTE IV

La decoration de cet Acte est un antre dont les avenuës
ont quelque chose d'inculte, de sauvage et de difficile
abord; et au fonds un Autel rustique, sans beaucoup
d'ornemens.

SCENE I.

Climene et Aminte, Nymphes de Daphné, viennent les
premieres, et precedent Penée et sa Cour, pour appren-
dre de la Sybille leur avanture.

CLIMENE, AMINTE.

CLIMENE.

uel étrange et sombre Palais!
Je fremis à le voir; n'as-tu point peur, Aminte?
Va seule dans ces lieux; pour moy, j'ay trop
de crainte.

AMINTE.

Qu'y demanderois-tu? tes vœux sont satisfaits.
Philandre a l'ame blessée
Des traits dont tu sçais charmer :
Moy, que Tyrcis a laissée,
J'ay sujet d'être empressée
Pour sçavoir qui doit m'aimer.

CLIMENE.

Je te rends ce Thircis; son ardeur m'importune.

AMINTE.

J'auray donc pour toute fortune
Ton refus.

CLIMENE.

Que t'importe? examine ton cœur,
Et si Tyrcis te plaît, laisse le point d'honneur.

AMINTE.

Tu ris, que diras-tu, si je fais qu'il te quite?

CLIMENE.

Mes rigueurs en cela previendront ton merite

AMINTE.

Tu dois aux miennes ce Berger
Que mes faveurs vont rengager.

CLIMENE ET AMINTE, *ensemble.*

Une fille a cent adresses
Pour rebuter un Amant,
Mais de dire ses finesses
Pour faire un engagement,
On ne le peut nullement.

CLIMENE.

Voilà, sans consulter Ismele,
Un oracle bien-tôt rendu.

AMINTE.

Auroit-elle mieux répondu?

CLIMENE.

Non, et nous nous pouvons desormais passer d'elle:
Aussi-bien l'interest de Daphné nous appelle.

SCENE II.

Ismele sort du fonds de l'antre, accompagnée de deux ou trois prêtresses aussi vieilles qu'elle. D'un autre costé, Penée vient avec Daphné et les fleuves de sa Cour.

ISMELE, DAPHNÉ, PENÉE,
ET SA COUR.

PENÉE, *à Daphné.*

a fille tout est prêt ; Ismele va sortir :
   N'ayez point de repentir,
   Si le choix des Dieux est autre
      Que le vôtre.

ISMELE, *apres quelques ceremonies étranges, dit, en invoquant la Divinité :*

Monarque de l'Olympe, en qui sont tous les tems,
Qui les fais devant toy passer comme momens,
Et pour qui n'est qu'un poinct toute la destinée,
   Dis-nous, ô maître des Dieux,
   A qui doit être donnée
   La Princesse de ces lieux !
Où sont tes truchemens ? es-tu sourd aux prieres ?
Fantômes, qui sçavez peindre en mille manieres
Les secrets du destin gravez au haut des Cieux,
Simulachres volans, freres du Dieu des songes,
   Faites nous voir sans mensonges
   Ce qu'ont ordonné les Dieux
   Sur un si digne hymenée ;
   Dites-nous la destinée
   De la Nymphe de ces lieux.

Apres ces paroles, Ismele, comme possedée du Dieu, danse avec les autres prêtresses, tantôt comme si elles alloient tomber en extase, et tantôt avec des contorsions étranges. Pendant qu'elles dansent, des enfans, en guise de petits demons, et representans les simulachres et les especes qui s'offrent aux yeux, viennent de divers endroits du Ciel se presenter à Ismele, portans des branches et des Couronnes de laurier. Ismele, ayant vû ces objets, dit :

Que vois-je! quel objet! quelle image à mes yeux
   Si vive et si claire
   Vient se presenter,
   Et me tourmenter
   Plus qu'à l'ordinaire?
     L'objet
     Me fait
    Tressaillir :
     Je sens
     Mes sens
    Défaillir.

   AMPHRISE, *fleuve.*
Les Dieux à leur interprete
Ont fait un étrange don;
Ne peut-on être Prophete,
Si l'on ne perd la raison?

APIDAME, SPERCHÉE, ET AMPHRISE,
   ensemble.

   Les demons
  Vont l'agitant,
   Ses poulmons
  Vont haletant,
 Et son cœur va palpitant.
   Les ressorts
   De son corps,
   Son esprit,
   Tout pâtit.

ISMELE, *jettant en l'air des feuilles sur lesquelles elle a écrit sa réponse.*

Qu'on se taise : soyez attentifs aux mysteres.

J'épands en l'air ces caracteres :
C'est ma réponse; il faut la poser sur l'Autel.
Demons., peuples legers, ministres de l'Oracle,
    Cherchez-la; car aucun mortel
    Ne la peut trouver sans miracle.

*A ce commandement d'Ismele, les esprits habitans de
l'air cherchent en dansant les feuilles que la Sybille a
jettées, et les viennent, en dansant aussi, poser sur
l'Autel. Ismele assemble ces feuilles., et dit à Penée et
à Daphné :*

Approchez-vous, lisez, et que dans ce valon
Un invisible chœur mon oracle repete.

PENÉE ET DAPHNÉ, *lisans.*

Daphné doit aujourd'huy couronner Apollon.

CHŒUR.

Daphné doit aujourd'huy couronner Apollon.

PENÉE, *à Ismele.*

Ismele, servez-vous vous-même d'interprete;
    Expliquez-nous l'ordre des Dieux.

AMPHRISE.

Un Prophete entent-il les choses qu'il annonce ?
C'est à l'evenement d'expliquer sa réponse.

ISMELE.

Adieu, Princesse, adieu; je vous aisse en ces lieux.

SCENE III.

PENÉE, DAPHNÉ, ET LEUR COUR.

PENÉE.

Couronner Apollon ! Qu'importe à l'hymenée
 De la fille de Penée ?
Pour comprendre ces mots, je fais un vain
 effort.

AMPHRISE.

Nos conseils ont été frivoles ;
La seule obscurité fait le prix des parolles
 Que l'on cherche aux livres du sort.

PENÉE, à Daphné.

Ma fille, rendez-vous aux volontez d'un Pere :
 Qu'il soit vôtre oracle aujourd'huy.
 Aimez Tharsis ; il vous doit plaire ;
 Toute nôtre Cour est pour luy.

APIDAME.

Tels étoient ces mortels pour qui l'idolatrie
Commença d'introduire au monde son pouvoir.

AMPHRISE.

Il a tout l'air d'un Dieu ; l'on diroit, à le voir,
 Que l'Olympe est sa patrie.

DAPHNÉ.

Helas ! j'en crus autant, lors qu'en nôtre prairie
Je le vis arriver inconnu dans ces lieux.
Maintenant mon cœur tache à démentir mes yeux.
Ne m'en accusez point ; quelque force suprême
M'entretient, malgré moy, dans cette erreur extrême.
Que Tharsis soit parfait, qu'il ait l'air qu'ont les Dieux,
 Est-ce par raison que l'on aime ?

PENÉE.

L'hymen change les cœurs ; suivez mes volontez.

DAPHNÉ.

Quoy ! Seigneur, vous aussi vous me persecutez !
De ses autres tyrans sans peine on se console ;
 Mais d'un Pere ! un Pere m'immole !
Je tiens le jour de vous, Seigneur, vous me l'ôtez.

PENÉE.

Moy, je perdrois Daphné ! qu'ay-je à conserver qu'elle ?
 L'hymen m'a-t-il fait d'autres dons ?

DAPHNÉ.

 Cependant, quand je vous appelle
 Du plus tendre de tous les noms,
Vous ne vous souvenez que de vôtre puissance ;
 Vous regardez l'obeïssance,
La raison, et jamais d'autres tyrans plus doux :
Il en est toutefois. Leucippe vient à nous ;
 Je luy vais ôter l'esperance.
Vous le voulez, Seigneur ; je le lis dans vos yeux.

SCENE IV.

DAPHNÉ, LEUCIPPE.

DAPHNÉ.

eucippe, il faut tâcher d'éteindre vôtre
 flame.
Je ne puis être à vous.

LEUCIPPE.

    O Cieux ! injustes Cieux !
Est-ce là vôtre arrest ?

DAPHNÉ.

    Cet oracle odieux
Vient de mon Pere seul.

LEUCIPPE.

Vôtre Pere et les Dieux
Disposent de mon sort, mais non pas de mon ame :
Moy-même en suis-je maître ?

DAPHNÉ.

Il le faut.

LEUCIPPE.

Ah, Daphné !

Que ce mot est facile à dire !
Et que l'amour possede avecque peu d'empire
Un cœur que la contrainte a si-tôt entraîné !

DAPHNÉ.

Quoy ! faut-il que mon cœur soit par vous soupçonné ?
Cruel ! n'avois-je pas encore assez de peine ?

LEUCIPPE.

Enfin donc le destin me declare sa haine ;
Vous serez à Tharsis ; et moy, par mes soûpirs,
      J'augmenteray ses plaisirs.

DAPHNÉ.

Plût au Ciel que Tharsis causât seul vos alarmes,
Et qu'un Pere.....

LEUCIPPE.

Achevez.

DAPHNÉ.

Et que sert d'achever
Un souhait qu'on sçait bien qui ne peut arriver ?

LEUCIPPE.

Il n'importe, mon ame y trouvera des charmes.

DAPHNÉ.

Ne m'aimez plus.

LEUCIPPE.

Le puis-je ? et le souhaitez-vous ?

DAPHNÉ.

Vos tourmens ont pour moy quelque chose de doux,
Il est vray ; mais cessez.

LEUCIPPE.

Helas ! cesser de vivre
Est le seul remede à mon mal :
Voilà le party qu'il faut suivre ;
Mais avec moy je veux perdre aussi mon rival.
Vous ne me serez pas impunément ravie :
Non, Daphné. Vous pleurez ? Ah, Princesse ! je dois
Mourir pour vos yeux mille fois.
Avant qu'avoir Daphné, Tharsis aura ma vie.
Je ne puis voir tant de biens
En d'autres bras que les miens :
Que mon rival me les cede,
Et renonce à vôtre amour,
Ou qu'il m'ôte aussi le jour
Si l'on veut qu'il vous possede.

DAPHNÉ.

Leucippe, si je vous perds,
Il faut que dans nos deserts
La solitude me donne
Un sort plus calme et plus doux ;
Et ne pouvant être à vous,
Je ne veux être à personne.

SCENE V.

APOLLON, LEUCIPPE, DAPHNÉ.

Apollon décend sur un thrône de lumiere. Cette pompe est jointe à une musique douce. Il est entouré des heures, qui chantent ces mots :

Daphné, portez vos yeux
Sur le plus beau des Dieux.

*Daphné s'enfuit aussi-tost qu'elle a reconnu Apollon
sous le visage de Tharsis.*

APOLLON.

Tu me fuis, divine mortelle !
Où cours-tu ? n'apperçois-tu pas
Un precipice sous tes pas ?
Il est plein de serpens : détourne-
toy, cruelle.
Suis-je encor plus à craindre ? et rien dans ce valon
Ne peut-il t'arrêter quand tu fuis Apollon ?
Quoy ! tant de haine en une belle !
Insolent, qui brûles pour elle,
Renonce à l'hymen de Daphné ;
C'est Apollon qui te l'ordonne.
Regarde quel rival ton malheur t'a donné.

LEUCIPPE.

Mon malheur ? Dy le tien. Toy, le fils de Latone !
N'es-tu pas ce Tharsis que tantôt on a vû ?
D'un magique ornement ton front s'est revêtu.
Enchanteur, penses-tu que ta pompe m'étonne ?
Ce n'est qu'un songe, ce n'est rien.
Va tromper d'autres yeux, et me laisse mon bien.

APOLLON.

O Dieux ! ô Citoyens du lumineux empire !
Que vient un mortel de me dire !
Malheureux, ton orgueil s'en va te coûter cher :
Les Dieux ne sont pas insensibles.
Qu'on l'attache sur ce rocher
Avec des chaînes invisibles.

*Ce commandement est executé par les Ministres de la
puissance d'Apollon, qui va se faire voir à Penée,
non plus sous le personnage de Tharsis, mais sous le
sien propre.*

ACTE V

Le theatre est une suite de rochers ; on y void Leucippe retenu, sans que ses liens paroissent. Il est debout, appuyé dans l'endroit le plus en veüe.

SCENE I.

LEUCIPPE, *sur un rocher.*

Astres, soyez témoins de ces injustes fers.
J'atteste icy tout l'Univers,
Et les vents emportent ma plainte.
Jupiter, je t'implore ; on veut forcer les cœurs,
Il n'est plus de libres ardeurs,
Ny d'autres loix que la contrainte.

Loges-tu dans le Ciel, ou dans les antres sourds ?
Ecoutez-moy, deserts : on m'ôte mes amours ;
Est-il douleur pareille ?
Qui me consolera sur ce rocher fatal ?
Leucippe est un spectacle à son cruel rival.
Deserts, écoutez-moy ; les Dieux ferment l'oreille.

Daphné entend cette plainte à l'un des coins du Theatre.

SCENE II.

DAPHNÉ, LEUCIPPE.

DAPHNÉ.

Qui vous consolera ? ne le sçavez-vous pas ?

LEUCIPPE.

Quoy ! je vous vois ! c'est vous ! c'est ma
Princesse !.. Helas
J'avois perdu l'espoir d'une faveur si douce.
Craignez-vous d'approcher ?

DAPHNÉ.

Je sens qu'on me repousse :
Quelque charme arrête mes pas.
Mais, si c'est adoucir vos peines
Qu'y prendre part, souffrir ces gênes,
Gemir avec vous sous ces chaînes,
Vous aimer malgré tous, malgré Cieux, malgré sort,
Vôtre Princesse en est capable.

LEUCIPPE.

Apollon, Apollon, tu fais un vain effort !
Je ne suis plus le miserable.

DAPHNÉ.

Helas ! j'irrite un Dieu jaloux et redoutable ;
A qui dois-je adresser ma voix ?
Je n'ose t'invoquer, Deesse de nos bois.
Dans ta Cour, dans ton cœur autrefois j'avois place ;
L'amour m'en a bannie ; écoute toutefois :
Je ne demande point pour grace
Que tu souffres mes feux, et qu'un hymen charmant
Engage à d'autres Dieux celle qui t'a servie ;
Delivre seulement
Mon Amant,
Et prends le reste de ma vie.

SCENE III.

APOLLON, DAPHNÉ, LEUCIPPE.

APOLLON.

Pourquoy finir vos jours en des lieux pleins
    d'ennuy ?
Trouvez-vous le Dieu du Parnasse
Plus affreux qu'un desert !

Daphné témoigne vouloir s'enfuir.

             Helas! ce Dieu la chasse :
Elle aime mieux mourir que regner avec luy.
    C'est toy qui nous causes ces peines.
Mortel, contre les Dieux oses-tu contester ?

LEUCIPPE.

Mes amours sont mes Dieux.

APOLLON.

         Qu'on redouble ses chaînes,
Demons !

DAPHNÉ, *se jettant à genoux.*

        Faites-les arrêter.
Pouvez-vous bien me voir à vos pieds toute en larmes,
Sans vous laisser toucher le cœur ?

APOLLON.

Daphné, c'est contre vous que retournent ces armes.
    La pitié redouble vos charmes ;
En combatant l'amour, elle le rend vainqueur.
Vôtre douleur vous nuit ; vous en êtes plus belle.
    Venez, venez être immortelle :
Je l'obtiendray du sort, ou je jure vos yeux
        Que les Cieux

Regreteront nôtre presence.
Zephyrs, enlevez-la malgré sa resistance.

DAPHNÉ, *s'enfuyant.*

O Dieux! consentez-vous à cette violence?

SCENE IV.

DIANE *aussi-tôt paroît sur son char, et crie*
aux zephyrs.

Demons, gardez de luy toucher!
Devien laurier, Daphné : Leucippe, sois
rocher.

SCENE V.

A peine Diane a parlé que les deux metamorphoses
se font, et la Deesse remonte au Ciel.

APOLLON *accourt, et fait cette plainte :*

Barbare, qu'as-tu fait? détruire un tel ou-
vrage!
Faire à ton frere un tel outrage!
Cruelle sœur, cruelle, et cent fois plus
sauvage
Que les Ours avec qui tu vis,
Que de tresors tu m'a ravis!
Rends-moy ces biens, rends-moy ce divin assemblage.
Daphné, vous n'êtes plus! j'ay perdu mes amours,
Et ne sçaurois perdre la vie!
Heureux mortels, vos pleurs cessent avec vos jours :
La mort est un bien que j'envie.
Puissent les Cieux cesser leur cours!
Perisse l'Univers, avecque ma Princesse!

SCENE VI.

APOLLON, L'AMOUR.

L'AMOUR, *qui décend sur le char de sa mere.*

Seche tes pleurs, elle est Deesse.
Vien l'épouser : mes traits se sont assez
   vangez :
Ces mouvemens de haine en amour sont
changez.

APOLLON.

Puis-je t'ajouter foy ? m'as-tu fait cette grace ?

L'AMOUR.

Vien l'éprouver.

APOLLON.

    Allons, et que sur le Parnasse
On celebre des jeux à l'honneur de Daphné ;
Que le vainqueur y soit de laurier couronné.
Bel arbre, adieu. Je quite à regret cette place,
Et veux qu'à l'avenir on ceigne de lauriers
Le front de mes sujets et celuy des guerriers.

Apollon monte dans le char où est l'Amour, et tous deux
 retournent au Ciel. Le theatre change aussi-tost. Le
 Parnasse se découvre au fonds. Quelques Muses sont
 assises en divers endroits de sa croupe, et quelques
 Poëtes à leurs pieds. Sur le sommet, le Palais du
 Dieu se fait voir. Les deux côtez du theatre sont deux
 galeries qui ressemblent à celles où on étale des raretez
 les jours de fête et les jours de foire. Là sont les ar-
 chives du destin. L'architecture est ornée de feuilles de
 laurier. Sous chaque portique est un buste; il y en a
 neuf de conquerans, et autant de Poëtes, les Conque-
 rans d'un costé et les Poëtes de l'autre. Les Conque-
 rans sont Cyrus, Alexandre, etc., et les Poëtes sont

Homere, Anacreon, Pindare, Virgile, Horace,
Ovide, l'Arioste, le Tasse, et Malherbe. Apollon a
voulu que l'avenir fût montré en faveur de cette fête.

Un Poëte heroïque commence les jeux et chante cecy :

Quel Prince offre à mes yeux des lauriers toûjours verds?
Je vois dans l'avenir cent potentats divers
Luy disputer en vain l'honneur de la victoire.
O toy, fils de Latone, amour de l'Univers,
Protecteur des doux sons, des beaux arts, des bons vers,
    Aide-nous à chanter sa gloire!

MELPOMENE.

  Ce n'est pas l'ouvrage d'un jour :
Sublime, allez dormir encor sur le Parnasse;
    Et vous, clairons, faites place
    Aux doux concerts de l'amour.

Philis, jeune Muse, et Daphnis, Poëte lyrique, entrent
sur la Scene, accompagnez d'une musique de flûtes,
de hautbois, et de musettes, et chantent ce Dialogue
de Pastorale :

PHILIS.

Les zephirs sont de retour :
Flore avec eux se promene.

DAPHNIS.

Sçavez-vous qui les rameine ?
    C'est l'amour.

PHILIS.

Dequoy parle en ce séjour
La sçavante Philomele ?

DAPHNIS.

Et dequoy parleroit-elle,
    Que d'amour ?

PHILIS ET DAPHNIS, *ensemble.*

Faisons aussi nôtre Cour
Au printems vêtu de roses;

Ayons, comme toutes choses,
.De l'amour.

*Un Poëte satyrique vient brusquement les interrompre,
et dit :*

Aimez, mais permettez que je parle à mon tour.
Comment faire
. Pour se taire ?
Le monde est plein de sots, de l'un à l'autre bout ;
Le passé, le present, et l'avenir sur tout.
Comment faire
Pour se taire ?

CHŒUR.

Comment faire
Pour se taire ?

THALIE.

Ridicules, envoyez-nous
Les principaux d'entre-vous.

*Cinq ridicules entrent sur la Scene. C'est une coquete
emportée, une précieuse, un méchant Poëte, un homme affectant le bel air, et un vieillard amoureux.*

*Le méchant Poëte, chargé des interests de la troupe,
dit ces parolles :*

Quoy ! dans ces lieux sacrez on souffre la satire !

THALIE.

Soyez les premiers à rire.

*Les ridicules se consolent, et font une entrée, dansans
tous sur les mêmes pas, et gardans toutefois, autant
qu'ils peuvent, leur caractere.*
*Mercure, monté sur Pegase, décend au sacré vallon.
Il interrompt la danse des ridicules, et vient presenter
trois Couronnes de laurier à ces trois genres de Poësie.*

MERCURE.

Chacun de vous doit être couronné :

Recevez ces presens de la part de Daphné.
     Elle est maintenant Deesse,
     Aimant le Dieu de ces lieux :
     Poussez-en jusques aux Cieux
     Des chants remplis d'allegresse.

Mercure revole au Ciel, ayant laissé Pegase sur le double mont. Quatre Auteurs lyriques et autant de Muses du même genre viennent danser en temoignage de joye ; puis les ridicules se mêlent avec eux, formant differentes figures avec des branches de laurier qu'ils portent tous, et dont ils se font des especes de berceaux. C'est le grand balet.

Apres qu'ils ont dansé une fois, une Muse du genre lyrique chante cecy :

     Il n'est que de s'enflamer :
     Laissez, laissez-vous charmer ;
     La raison vous y convie :
     Sans le Dieu qui fait aimer,
     Que seroit-ce que la vie ?

Le grand balet recommance encore, puis une autre Muse lyrique chante ce second couplet :

     Chacun sent quelque desir :
     Tout consiste à bien choisir ;
     Faites-vous de douces chaînes :
     En amour tout est plaisir,
     Et méme jusques aux peines.

CHŒUR.

     Aimez, doctes nourrissons :
S'il n'étoit point d'amour, seroit-il des chansons ?

FIN.

GALATÉE

1682

Je n'ay point commencé cet ouvrage dans le dessein d'en faire un Opera avec les accompagnemens ordinaires, qui sont le spectacle et les autres divertissemens. Je n'ay eu pour but que de m'exercer en ce genre de Comedie ou de Tragedie mêlé de Chansons, qui me donnoit alors du plaisir. L'inconstance et l'inquietude, qui me sont si naturelles, m'ont empêché d'achever les trois Actes à quoy je voulois reduire ce sujet. Si l'on trouve quelque satisfaction à lire ces deux premiers, peut-être me resoudray-je à y ajouter le troisiéme (1).

PERSONNAGES

GALATÉE, Nymphe, fille de Nerée.
ACIS, Berger aimé de Galatée.
NERÉE, Pere de Galatée.
POLIPHEME, Ciclope, amoureux de Galatée.
CLIMENE, Bergere et confidente de Galatée.
TIMANDRE, Berger, Amant de Climene et confident d'Acis.
CHŒURS.

1. Ce fragment se trouve à la suite du *Poëme du Quinquina*, 1682, in-12, p. 94-127.

GALATÉE

1682

ACTE I

SCENE I.

TIMANDRE.

rillantes fleurs, naissez (1);
Herbe tendre, croissez
Le long de ces rivages;
Venez, petits oyseaux,

1. Mathieu Marais, dans son *Histoire de la vie et des ou-*
vrages de La Fontaine, remarque que *Galatée* « commence
par cette chanson si fameuse qui est dans la bouche de tout
le monde et que Lambert a mise en musique :

> Feuillages verts, naissez
> Herbe tendre, croissez... »

Je n'ai point trouvé la musique de cette chanson dans les
Airs à une, II, III et IV parties avec la basse-continue,
composez par monsieur Lambert, Maistre de la Musique de
la Chambre du Roy. — Paris, Christophe Ballard, 1689,

Accorder vos ramages
Au doux bruit de leurs eaux.

Climene sur ces bords
Vient chercher les tresors
De la saison nouvelle ;
Messagers du matin,
Si vous voyez la belle,
Chantez sur son chemin.

Et vous, charmantes fleurs,
Douces filles des pleurs
De la naissante Aurore,
Meritez que la main
De celle que j'adore
Vous moissonne en chemin.

Mais j'apperçois Acis : il aime Galatée ;
Son ardeur pourroit bien enfin être écoutée.
Il est beau : c'est assez ; et les filles des Dieux
Ne consultent que leurs yeux.

SCENE II

ACIS, TIMANDRE.

ACIS.

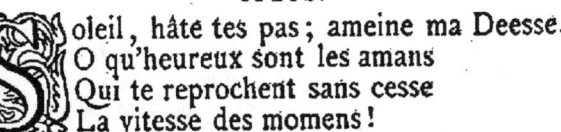
oleil, hâte tes pas ; ameine ma Deesse.
O qu'heureux sont les amans
Qui te reprochent sans cesse
La vitesse des momens !

in-fol. Ce recueil du reste est loin de contenir tous les airs
de Lambert, car on lit dans la dédicace au roi : « Ce volume... sera suivy de sept autres. » Mais ces volumes promis n'ont sans doute point paru ; ils ne se trouvent du moins
ni à la Bibliothèque impériale, ni dans celle du Conserva-
toire.

TIMANDRE.

Acis !

ACIS.

J'entends la voix de l'Amant de Climene.
Cher Timandre, à qui seul j'ay découvert ma peine,
N'as-tu point rencontré celle dont les beautez
Ont méme sur Venus la victoire emportée ?

TIMANDRE.

Je viens de la quitter ; elle aide Galatée
  A se parer des tresors de ces prez.

ACIS.

  C'est Galatée elle-méme
  Que je viens chercher en ces lieux.
Tu t'es trompé, Timandre, et crois trop à tes yeux ;
  Quand on dit la beauté suprême,
On dit la Nymphe...

TIMANDRE.

          On dit la Bergere que j'aime.
Nous en croirons les yeux de tout autre que vous.

CHŒUR.

Vous ne vous trompez point, Bergers, ce que l'on aime
  Est toûjours l'objet le plus doux.

ACIS.

La voicy cette Nymphe ; elle vient, laissez-nous,
  Bergers : ce n'est qu'au seul Timandre
  Que mes secrets se font entendre.

SCENE III.

ACIS, TIMANDRE, GALATÉE, CLIMENE.

ACIS.

Deesse des appas, si quelqu'un des mor-
tels
Mettoit son cœur au pied de vos Autels,
Que feriez-vous ?

GALATÉE.

Ce don ne se refuse guere.

ACIS.

S'il étoit fait par un Amant ?

GALATÉE.

Je ne l'en croirois pas moins capable de plaire.

ACIS.

Si c'étoit un Berger qui vout dît son tourment ?

GALATÉE.

Il pourroit être si charmant,
Qu'on l'écouteroit sans colere.

ACIS.

Deesse des appas, écoutez les soucis
D'Acis.
Je vous aime, et non pas comme les immortelles,
Par crainte, par devoir, sans transports, sans desir,
Sans plaisir,
Mais comme il faut aimer les belles ;
Il faut auprés de la beauté
Oublier la divinité.

GALATÉE.

Berger, je vous trouve sincere ;
Vous pouviez autrement témoigner vôtre amour :
Je devois m'en douter ; vous deviez me le taire.

ACIS.

Et ne l'ayant pas fait, je dois perdre le jour.
J'y cours, et je vous vais vanger de cette offense,
Indigne que je suis de mourir à vos yeux.

GALATÉE.

Ne bougez, mortel; c'est aux Dieux
Que l'on doit reserver le soin de la vengeance.

ACIS.

Je suis mortel, il est vray; mais aussi
Je puis par mon trépas faire honneur à vos charmes;
　　Les Dieux n'en usent pas ainsi :
Leur ardeur est legere; ils aiment sans alarmes;
　　Et vous meritez un Amant
　　Qui s'abandonne à son tourment.

TIMANDRE, ACIS ET CLIMENE, *ensemble*.

　　Il n'est que d'avoir un Amant
　　Qui s'abandonne à son tourment.

TIMANDRE, à *Climene*.

Le mien n'a point d'égal; et cependant, Climene,
Qu'avez-vous fait encor pour soulager mes maux?
　　Que sert de dire à tous propos :
　　Je suis contente de sa peine?
Payez-la donc, ingrate, insensible, inhumaine!

CLIMENE.

　　Toûjours les Bergers
　　Nous nomment cruelles,
　　Et toûjours leurs belles
　　Les nomment legers.
　　On leur est severe;
　　On fait prudemment :
　　Cruelle Bergere
　　Craint volage Amant.

GALATÉE.

Retirez-vous tous deux; toy, Climene, demeure.

Acis, on vous pardonne ; allez, et dans ces lieux
Ne revenez de plus d'une heure.

SCENE IV.

GALATÉE, CLIMENE.

GALATÉE.

Ils sont partis ; je ne crains plus leurs yeux.
M'ont-ils point vû rougir ? Climene, cette offense
Meritoit un courroux plus prompt et plus puissant :
Ah! qu'il est malaisé de cacher ce qu'on pense,
Et plus encor ce que l'on sent !

Cruelle loy qui veut que nôtre gloire
Soit de n'aimer jamais, ou n'aimer que des Dieux,
Est-il juste de te croire
Plutôt que ses propres yeux ?
Dés qu'un Berger m'a sceu plaire,
Il n'est plus Berger pour moy ;
Tu m'ordonnes de le taire,
Injuste et cruelle loy !
Helas ! il n'est plus tems, et déja malgré toy
J'ay flaté ce Berger dans l'ardeur qui le presse.

CLIMENE.

Vous craignez de parler, et vous êtes Deesse!
Quand on est de ce rang, l'on doit encourager
Son Berger.
Pour moy, je dis au mien sans cesse
Qu'il m'a touché le cœur aussi bien que les yeux.
Je n'en dirois pas tant au plus puissant des Dieux.

Le silence en amour est une erreur extrême :
Souffrez, mais declarez vos maux ;
Car qui les sçait mieux que vous-méme ?

Que sert d'en parler aux Echos ?
Il faut les dire à ce qu'on aime.

GALATÉE ET CLIMENE, *ensemble.*

Helas ! pourquoy soûmit-on nôtre cœur
A ce tyran que l'on appelle honneur ?
Tous nos Amans nous content leur martyre ;
Et nos desirs n'oseroient s'exprimer.
Il faut nous empêcher d'aimer,
Ou nous permettre de le dire.

CHŒUR.

Aimez, declarez vos desirs ;
Car qui les sait mieux que vous-meme ?
Que sert d'en parler aux zephirs ?
Il faut les dire à ce qu'on aime.

FIN DU PREMIER ACTE.

ACTE II

SCENE I.

POLIPHEME.

Que vous êtes heureux, troupeaux! vous ne
    songez
    Qu'à satisfaire vos envies.
Si l'amour vous contraint d'oublier les
prairies,
    Vos feux sont bien-tôt soulagez;
Et j'ay pour tout plaisir mes tristes réveries;
Vain et cruel recours des Amans affligez.
Que vous êtes heureux, troupeaux! vous ne songez
    Qu'à satisfaire vos envies.
J'aime la deité de ces rives fleuries :
Helas! à quoy mes soins se sont-ils engagez?
J'ay beau luy tout offrir, et prez et bergeries,
Ainsi que mes soûpirs, mes dons sont negligez.
Que vous êtes heureux, troupeaux! vous ne songez
    Qu'à satisfaire vos envies.

Mais n'apperçois-je pas celle pour qui je meurs?
La voilà, l'inhumaine : autour d'elle zephire
        Soûpire;
   Son teint de lys et de roses l'attire.
Jeune et folâtre Dieu, va chercher d'autres fleurs.
   Laisse en repos son sein d'albastre,

En vain tu fais la cour à cet objet charmant:
  Je dois seul en être idolâtre :
 Il n'est pas fait pour un volage Amant.
Helas! que me sert-il de l'aimer constamment?

SCENE II.

POLIPHEME, GALATÉE.

POLIPHEME.

Venez-vous augmenter mes peines ?
Cruelle! ay-je à souffrir quelque nouveau
   mépris ?

GALATÉE.

Tâchez de vous guerir; vos poursuites sont vaines;
 Je vous donne un sincere avis.

POLIPHEME.

 Quoy! c'est le fruit de ma souffrance!
C'est le fruit de mes soins si longs et si constans!

GALATÉE.

Nôtre amour ne sert pas toûjours de recompense;
Et ce n'est pas toûjours un ouvrage du tems.

POLIPHEME.

Vous écoutez les vœux d'un insolent, sans doute;
Un Berger vous parloit tout-à-l'heure en ce lieu.

GALATÉE.

Ne pouvant vous aimer, qu'importe qui j'écoute?
Un Berger qui me plaît peut passer pour un Dieu.

POLIPHEME.

Acis un Dieu! Je tiens ce Dieu bien temeraire.
  Qu'il évite ma colere!
Poliphême est son Prince; et j'ay dans ces hameaux
Cent Bergers comme luy qui gardent mes troupeaux.
Ils font de vôtre nom résonner ces coteaux.

Si rien de moy vous pouvoit plaire,
Ma voix se méleroit avec leurs chalumeaux.
L'autre jour je surpris au nid une fauvette,
    Un rossignol et deux autres oyseaux;
Je les instruits pour vous, ils suivent ma musette,
Et chantent, sans faillir, déja deux airs nouveaux.
Peut-être aimez-vous mieux de cruels animaux:
    Si ce don vous plaît davantage,
    J'aprivoise deux jeunes ours:
Je n'en puis faire autant de vôtre humeur sauvage;
    Mes dons vous irritent toûjours.
    J'ay des forests, j'ay des campagnes,
    Des parcs où vous et vos compagnes
Pourrez chasser: tous ces biens sont à vous.
    Recevez-les, beauté celeste,
Avec un autre don que je prefere à tous;
    C'est mon cœur percé de vos coups.

GALATÉE.

Je ne veux ce cœur, ny le reste.

POLIPHEME.

Ah! cruelle! c'est trop: gardez que le courroux
Ne me porte à la fin à quelque violence.

GALATÉE.

Une Deesse ne craint rien.

POLIPHEME.

Qu'Acis craigne du moins, luy de qui l'insolence
Ose me disputer ce qui fait tout mon bien.

GALATÉE.

Moy, le bien d'un Ciclope?

POLIPHEME.

                  Un Ciclope possede
Ce que l'Olympe a de plus beau.
    Il est vray que Venus vous cede,
Mais je vaux bien Vulcan; je me suis vû dans l'eau.

Je vaux peut-être mieux que vôtre Acis luy-même :
Du moins par mes transports j'ay ses feux surpassez.

GALATÉE.

Et bien ! je crois Acis moins beau que Polipheme :
Cependant il me plaît, je l'aime ; c'est assez.
L'amour a ses raisons ; mais j'ay beau vous les dire.

POLIPHEME.

L'amour est sans raison ; mais j'ay beau me le dire,
J'aimeray malgré moy.

GALATÉE.

J'aimeray malgré vous.

POLIPHEME ET GALATÉE, *ensemble.*

Heureux ceux que ce Dieu blesse des mêmes coups !
Heureux les cœurs unis sous un commun martyre !
Tous leurs tourmens leur semblent doux.

POLIPHEME.

Ma presence vous irrite ;
Je le voids bien, cruelle. Adieu. Qu'Acis évite
Mon courroux :
S'il approche jamais de vous,
S'il vous parle, s'il vous regarde,
S'il ose seulement prononcer vôtre nom,
Voyez cet abîme profond,
C'est ce que ma fureur luy garde.

SCENE III.

GALATÉE, CLIMENE.

GALATÉE.

S es menaces me font trembler.
Acis n'osera plus me voir ny me parler.
O Dieux ! il l'ose encor : le voicy ; c'est
luy-meme.
Malheureux, fuy Polipheme :

Fuy vîte; il n'est pas loin; s'il te void... Mais helas
  Je parle aux vents; Acis ne m'entend pas.
Climene, cours à luy.

GALATÉE, demeurée seule.

Que l'amour a d'alarmes !
Que de soucis rendent amers ses charmes !
Quel Dieu jaloux, corrompant ce plaisir,
  Voulut qu'il fût mêlé de peines,
  Et de ses plus aimables chaînes
Fit un sujet de crainte, ainsi que de desir ?

SCENE IV.

GALATÉE, ACIS, CLIMENE, TIMANDRE.

GALATÉE.

Fuyez, Acis, fuyez ; je frémis quand je
    pense
Au sort dont un Tyran menace nos
    amours.

ACIS.

Est-il d'autre danger pour moy que vôtre absence ?
  Laissez-là le soin de mes jours.

GALATÉE.

Qui le prendra, que celle qui vous aime ?
Encor si je pouvois vous suivre chez les morts !
Mais vous irez sans moy trouver la Parque blême :
  Elle rira de mes efforts.

ACIS.

Zephirs, portez aux Dieux ces parolles charmantes.
Citoyens de l'Olympe, avez-vous des amantes,
    En avez-vous qui d'un mot seulement
Puissent de Jupiter faire ainsi la fortune ?
Allez, vôtre ambrosie est chose trop commune;
Je ne la daignerois souhaiter un moment.

Apres cette gloire suprême,
Si je ne meurs de plaisir et d'amour,
Je merite que Poliphême
A son rival ôte le jour
Aux yeux de sa maîtresse même.

GALATÉE.

Berger, vous prodiguez mon bien ;
Vôtre vie est à moy : cherchez quelque retraite
Qui de nos feux ne dise rien ;
Quelque grotte sourde et muette :
Galatée, Hymen, et l'Amour,
S'y rendront sur la fin du jour
Par la route la plus secrete.
Cependant je prieray le sort
Qu'il vous accorde l'ambrosie.
Ne la méprisez plus si fort :
Elle vous ôtera la crainte de la mort,
Sans qu'il vous en coûte la vie.

J'ay découvert à mon pere nos feux :
Il y consent ; il veut ce que je veux.
Le voilà qui sort de son onde.
Peut-être à nos desirs a-t-il déja pourveu,
Et déja du sort obtenu
Ce qu'il refuse à tout le monde.
Mais que ne fait-on point pour les filles des Dieux!
Cependant gardez-vous d'approcher ce rivage;
Allez; et vous, Timandre, arrachez-le à ces lieux :
Si vous m'aimez, s'il m'aime, arrêtez son courage.
Je vous confie Acis, conservez-moy ce gage;
Je n'ay rien de plus précieux.

SCENE V.

NERÉE, GALATÉE.

NERÉE.

Ma fille, vôtre Amant doit perdre la lu-
miere,
Le sort m'a répondu : Vous me pressez en
vain ;
Si j'écoutois quelque priere,
Je cesserois d'être destin.
Je viens d'abandonner la trame d'un Monarque
Aux ciseaux de la Parque.
Afin de la flechir, il offroit des tresors :
Mais l'or n'a point de cours au Royaume des morts ;
Caron passe à present ce Prince dans sa barque,
Et vous me voulez obliger
A rendre immortel un Berger !

GALATÉE.

Quoy ! mon Berger mourra ! Destin, pour toute grace,
Je te demande qu'il ne passe
Qu'apres mille Soleils le fleuve sans retour.
Je te demande, au moins, que dans le noir séjour
Tu me permettes de le suivre.
Ne me condamne point au supplice de vivre,
Apres avoir perdu l'objet de mon amour.

GALATÉE ET NERÉE, *ensemble.*

Aveugle enfant, que sert qu'on te revere !
Affranchis-tu tes sujets de la mort ?
Elle les prend ; et si tu t'en sçais faire
D'autres nouveaux, elle les prend encor.
Vos deitez sont un mal necessaire.

NERÉE.

Allons trouver Acis.

GALATÉE.

Allons : puisqu'il n'espere
Contre Pluton nulle faveur,
Faisons qu'il cache son ardeur;
Empéchons-le au moins de paroître,
Si l'amour laisse entrer la peur
Dans les cœurs dont il est le maître.

CHŒUR DE BERGERS ET DE NAYADES.

UN BERGER ET UNE BERGERE.

Pluton a son heure
Ainsi que l'Amour :
Il faut que tout meure,
Que tout aime un jour.
L'une et l'autre Cour
En sujets abonde;
Deux Rois sont au monde,
Pluton et l'Amour.

CHŒUR.

Deux Rois sont au monde,
Pluton et l'Amour.

LE BERGER ET LA BERGERE.

Humains, qui devez tous un voyage à Cytere,
Ne laissez point passer la saison des beaux jours.
Le tems d'aimer ne dure guere,
Et celuy de mourir, helas ! dure toûjours.

DEUX AUTRES BERGERS.

Le plus beau de l'âge
Le premier s'enfuit :
C'est être peu sage
D'en perdre le fruit;
Car tout ce qui suit
N'est que soins et peine,

La Fontaine. IV.   15

Douleur et chagrin;
Et puis à la fin
La mort nous entraîne.

CHŒUR.

Goûtons la saison des fleurs;
Usons des lys et des roses :
Bien-tôt la saison des pleurs
Viendra finir toutes choses.

FIN DU SECOND ACTE.

RAGOTIN

ou

LE ROMAN COMIQUE

COMÉDIE — 1684

ACTEURS

RAGOTIN.
M^r DE LA BAGUENAUDIERE.
MADAME BOUVILLON.
BLAISE BOUVILLON, son fils.
ISABELLE, fille de Mr de la Baguenaudiere.
LE DESTIN,
LA RANCUNE,
L'OLIVE,   } Comediens.
LE DECORATEUR,
LA CAVERNE,   } Comediennes,
L'ETOILLE,
UN CHARTIER.
TROIS PORTEURS.
M^r DE PRERAZÉ,
M^r DE BOISCOUPÉ,
M^r DES LENTILLES,   } Gentilshommes Provinciaux.
M^r DE MOUSSEVERTE,
UN LAQUAIS.

RAGOTIN

ou

LE ROMAN COMIQUE

COMEDIE (1)

—

ACTE PREMIER

SCENE I.

Mr DE LA BAGUENAUDIERE, MADAME BOUVILLON, ISABELLE, BLAISE BOU-VILLON.

LA BAGUENAUDIERE.

Deja Phebus, voisin de ces moites retraites,
Ne semble plus mener ses chevaux qu'à
   courbettes;
Ce Dieu porte-lumiere, aux yeux vifs, au
blond crain,

---

1. Cette pièce, tirée du *Roman comique* de Scarron, publié de 1651 à 1657, a été composée, suivant toute appa-

Ainsi que du tabac respire un air marin.
Et sentant que Thetis aprête sa litiere....

MADAME BOUVILLON.

En verité, Monsieur de La Baguenaudiere,
Depuis que la fureur de rimer au hazard
A pris le peu d'esprit dont le Ciel vous fit part,
On ne vous entend plus. Pourquoi cette litiere,
Ce Phebus?

LA BAGUENAUDIERE.

C'est-à-dire, en langage vulgaire,
Madame Bouvillon, que l'horloge six fois
S'est déja fait entendre aux Echos de nos bois,
Et des Comediens dont j'attens la venuë
La Troupe à mes regards n'est point encor paruë.

rence, par La Fontaine et Champmeslé. Donnée sous le nom
de ce dernier, elle eut huit représentations, du 21 avril au 5
mai 1684; on la joua encore le 14 juillet, puis le 16. Elle
n'a jamais été reprise depuis cette époque. C'est à cet ouvrage que Furetière fait allusion lorsqu'il dit, dans son premier *Factum*, daté de janvier 1685 : « Jean de La Fontaine
n'a pas esté plus heureux que Boyer et Le Clerc : quand il a
voulu mettre quelque pièce sur le Theatre, les Comediens
n'en ont pas osé faire une seconde représentation, de peur
d'être lapidez. » Dans son *Troisième factum*, du 24 décembre, il ajoute en manière d'amende honorable : « Tout ce que
Mr de La Fontaine peut souhaitter que je réforme dans l'Ar-
ticle qui le regarde, c'est d'avoir dit que sa pièce de Theatre n'a été jouée qu'une seule fois; car j'ai apris depuis qu'il
y en avoit eu deux représentations. »
　　Cette comédie a été imprimée pour la première fois dans les
Pieces de theatre de monsieur de La Fontaine. — *La Haye,
Adrian Moetjens, 1702, in-12.* Ce recueil comprend : *Penelope,
ou le retour d'Ulisse...,* tragédie; *Le Florentin; Ragotin; Je
vous prens sans verd; Le Duc de Montmouth,* tragédie, par
Monsieur de Vaernewyck. Quoique tout le volume ait une pa-
gination continue, il existe pour chaque pièce un titre particulier avec la date de 1701. Le premier ouvrage, bien que
formellement attribué à La Fontaine, est de l'abbé Genest,
qui le fit réimprimer l'année suivante.

Que veut dire ceci? Vous, Blaise Bouvillon,
Pour les voir arriver montez au pavillon,
Allez au cabinet qui face l'avenuë,
Ma fille, et quand l'un d'eux vous frapera la veuë,
Vous viendrez me le dire : allez.

MADAME BOUVILLON.

Que d'embarras!
Vous moquez-vous d'avoir ici tout ce fracas?
Pourquoi cette dépense? et que voulez-vous faire,
Vous, des Comediens?

LA BAGUENAUDIERE.

Quoi! toujours en colere!
De ces emportemens purgez-vous, purgez-vous :
Madame Bouvillon, prenez un ton plus doux;
Et puis qu'enfin l'himen unit nôtre famille,
Qu'il nous joint vous et moi, vôtre fils et ma fille,
Le plaisir qu'avec vous je prens de m'allier,
Fait que je veux un peu rire sur mon pallier :
Je brûle pour cela que nôtre Troupe vienne.

MADAME BOUVILLON.

Dites que c'est pour voir vôtre Comedienne.

LA BAGUENAUDIERE.

Qui ? l'Etoille ? Ah ! jalouse.

MADAME BOUVILLON.

Avoüez-le entre nous,
Cette brillante Etoille est un astre pour vous :
Vous l'aimez, et vôtre ame adore sa puissance.

LA BAGUENAUDIERE.

Je ne veux pas vous rendre offense pour offense;
Mais l'effet de cet astre est sur moi moins certain
Que sur vous l'ascendant de Monsieur le Destin.
C'est un Comedien bien-fait, courtois, habile.

MADAME BOUVILLON.

Hé! quoi donc! sans aimer ne puis-je être civile?
Est-il assez hardi pour presumer de soi...?

LA BAGUENAUDIERE.

Non.

MADAME BOUVILLON.

Ce n'est qu'avec vous qu'il est venu chez moi.

LA BAGUENAUDIERE.

D'accord, je l'y menay, mais à vôtre priere,
Et ce soir-là chez vous la chere fut entiere;
Rien ne fut épargné. Si par l'exterieur
On peut probablement juger du fond du cœur,
Le vôtre aux clair-voyans fut trop reconnoissable.
Quand de ce qu'on mettoit de meilleur sur la table
Ma main faisoit un choix pour le Comedien,
Les vôtres, à l'envi, sans examiner rien,
A l'accabler de tout se montrerent avides,
Tant qu'en un tourne main tous les plats étant vuides,
L'assiette du Destin fut si pleine en effet,
Que chacun s'étonna que le hazard eût fait,
De morceaux entassez avec autant d'emphase,
Un si haut monument sur aussi peu de baze
Qu'est le cul d'une assiete.

MADAME BOUVILLON.

                              Eh bien! en ce moment,
Si j'eus à le servir un peu d'attachement,
Qu'en pouvez-vous conclurre? En un mot comme en mille
Ce n'étoit qu'un effet de mon humeur civile.

LA BAGUENAUDIERE.

Hé bien! en un moment ce qui fait en ces lieux
Cette troupe venir et paroître à vos yeux,
C'est une Tragedie ajustée au théatre
Par moi. Je l'intitule Antoine et Cleopatre;
Je brule de la voir representer, ainsi....

SCENE II.

Mr DE LA BAGUENAUDIERE,
MADAME BOUVILLON, B. BOUVILLON.

B. BOUVILLON.

Ne vous ennuyez plus ; ils viennent, les voici,
Beau-pere.

LA BAGUENAUDIERE.

Avez-vous veu toute la troupe entiere ?

B. BOUVILLON.

Non, mais j'ai veu de loin une épaisse poussiere :
Ce sont eux, ce sont eux, car mon œil a sceu voir
A travers ce broüillard un cheval gris et noir
Qui tantôt se pavane, et puis qui tantôt trote ;
A chacun de ses flancs est penduë une botte ;
Au-dessus de la selle il paroît un chapeau ;
Le chapeau ne vient pas tout-à-fait au niveau,
Et laisse entre la selle et lui quelque distance.
Je ne sçai ce qui peut causer cette éminence ;
C'est pourtant quelque chose, il n'est rien plus certain ;
Mais je n'ai jamais pû le voir.

LA BAGUENAUDIERE.

C'est Ragotin.

MADAME BOUVILLON.

Qu'est-ce que Ragotin ?

LA BAGUENAUDIERE.

Ragotin, c'est, Madame,
Un petit homme veuf d'une petite femme ;
Avocat de naissance et de profession,
Qui, dans une petite et proche Election,
Petitement possede une petite charge,
D'esprit assez étroit, de conscience large,

Menteur comme un valet, têtu, presomptueux,
Et vain comme un pedant, sot et fat comme deux,
Poëte à meriter de souffrir un supplice,
Si sur les méchans vers on mettoit la police;
Et c'est, pour au portrait mettre les derniers traits,
Le plus grand petit fou qui se soit veu jamais,
Et qui depuis Roland ait couru la campagne.
Sans doute avec la troupe il vient, il l'accompagne;
Je cours au devant d'eux.

B. BOUVILLON.

Et moi, j'y vais aussi.

SCENE III.

MADAME BOUVILLON, ISABELLE.

ISABELLE, *entrant sans voir madame Bouvillon.*
llons tôt.... que vois-je? Ah!

MADAME BOUVILLON.

Que cherchez-vous ici?

ISABELLE.

J'y venois pour apprendre à mon pere qu'un homme
Arrive dans la cour.

MADAME BOUVILLON.

Comme est-ce qu'on le nomme?

ISABELLE.

Je ne sçai. Je l'ai pris pour ce Comedien
Si jeune, si bien-fait, qui déclame si bien,
Qu'on aime tant, et qui, quand la piece est finie,
Vient toujours saluër toute la compagnie,
Et faire un compliment.

MADAME BOUVILLON.

        C'est le Destin, j'y cours ;
Ne me suivez pas.

SCENE IV.

ISABELLE.

Quoi ! des obstacles toujours !
Je ne puis satisfaire au panchant de mon ame.
N'est-ce point que le Ciel désaprouve ma
        flâme ?
Que, sans l'aveu d'un pere, épousant le Destin...
Mais il a si bon air ! Il m'aime, il est certain.
Il vient.

SCENE V.

LE DESTIN, ISABELLE.

ISABELLE.

Où courez-vous ? Par un transport extrême,
Madame Bouvillon vous prévient elle-même :
Que va-t-elle penser en ne vous trouvant
        pas ?

LE DESTIN.

Des nobles campagnards (1) la retiennent là-bas ;
Tandis qu'elle s'amuse en complimens frivoles,
Ne perdons point le tems en de vaines paroles.
Vous sçavez ce qu'au Mans mon cœur vous a promis ;
Vous sçavez ce qu'ici le vôtre m'a permis ;
Pour vôtre enlevement tout est prêt, et Leandre,
Avec trois bons Relais, en lieu seur va nous rendre.
A la porte du Parc courons sans heziter...

1. Ce mot manque dans l'édition de 1702.

ISABELLE.

Êtes-vous seur que rien ne nous puisse arrêter ?
Le jour est encor grand, quelqu'un peut nous surprendre ;
De peur de quelque obstacle, il vaudroit mieux attendre :
La nuit seroit un tems propre à nôtre desir.

LE DESTIN.

Quel tems plus favorable avons-nous à choisir ?
Madame Bouvillon est là-bas en affaire,
Le soin de nôtre troupe occupe vôtre pere ;
L'embarras qu'ils auront l'un et l'autre en ces lieux,
Et sur vous et sur moi lui fermera les yeux,
Et nous serons déja bien loin de leur presence
Avant que quelqu'un d'eux ait apris nôtre absence.
Est-ce qu'en differant, et par précaution,
Vous voulez donner tems à Blaise Bouvillon
De vous épouser ?

ISABELLE,

            Moi ! Que venez-vous me dire ?
De tous les maux pour moi ce seroit là le pire ;
J'aimerois mieux mourir, que le voir mon époux.

LE DESTIN.

Et qui vous retient donc ? parlez ; est-ce, entre nous,
Que ma profession vous tiendroit en balance ?
Ignorez-vous combien on nous estime en France ?
Sans vanité, Madame, il est très-peu de lieux
Où je ne sois en droit d'oser lever les yeux.
Si vous vous deffiez de la foi que j'en donne,
Il faut...

ISABELLE.

        Je n'ay des yeux que pour vôtre personne,
Et n'examine rien que vos seuls interêts.
Madame Bouvillon m'observe ici de près,
Ayant un grand credit sur l'esprit de mon Pere,
Par avance elle prend sur moi des droits de mere ;
A ses ordres mon pere attache mes destins,
Elle vous voit d'un œil qui fait que je la crains.

LE DESTIN.

Ne craignez rien.

ISABELLE.

Allons, elle vient. Ah! que faire?

SCENE VI.

MADAME BOUVILLON, ISABELLE, LE DESTIN.

MADAME BOUVILLON.

Quoi! seul dans l'embarras laissez-vous vôtre
 Pere?
Il veut vous presenter là bas à ses amis;
Allez faire avec lui les honneurs du logis.

Isabelle sort et tire la porte sur elle.

SCENE VII.

MADAME BOUVILLON, LE DESTIN.

MADAME BOUVILLON.

Vous, Mr le Destin, demeurez. L'Etourdye
Je pense en s'en allant, a d'une main hardie
Fermé sur nous la porte ; aveugle à ce
 point-là,
Elle...

LE DESTIN.

Je vais l'ouvrir.

MADAME BOUVILLON.

  Je ne dis pas cela,
Monsieur, mais aujourd'hui la médisance est telle...

LE DESTIN.

Je vais, pour l'empêcher, rapeller Isabelle,
Madame, s'il vous plaît.

MADAME BOUVILLON.

Je ne dis pas cela ;
Mais c'est faire beaucoup qu'en venir jusques là.
Vous sçavez quand les gens sont enfermez ensemble
Tête à tête, qu'ils font tout ce que bon leur semble ;
Tout de même à son gré chacun en peut parler.

LE DESTIN.

Ah ! ce n'est pas des gens qu'on voit vous ressembler,
Qu'on fait impunément des soupçons téméraires,
Vous êtes au-dessus des sentimens vulgaires ;
Mais pour vous garantir de ces mauvais bruits-là,
Je vai me retirer.

MADAME BOUVILLON.

Je ne dis pas cela ;
Mais ce matin Monsieur de la Baguenaudiere,
Dont l'Esprit a des cœurs la connoissance entiere,
Me disoit, en raillant doucement avec moi,
Qu'il croyoit que pour vous certain je ne sçai quoi...
D'un ton malicieux il me faisoit entendre,
Que vous étiez bien-fait ; qu'on avoit le cœur tendre.

LE DESTIN.

Pour ne point confirmer les sentimens qu'il a,
Il faut quitter ces lieux.

MADAME BOUVILLON.

Je ne dis pas cela ;
Mais comme un chaste hymen me doit rendre sa femme,
Que sçais-je ? il craint peut-être.

SCENE VIII.

MADAME BOUVILLON, LE DESTIN, RAGOTIN.

RAGOTIN, *criant de derriere le Théatre.*

Arrête, arrête, infame!

MADAME BOUVILLON.

Qu'entens-je ? à quel malheur le sort nous a livrez! C'est la Baguenaudiere.

RAGOTIN, *frapant à la porte.*
Ouvrez la porte, ouvrez.

MADAME BOUVILLON, *au Destin.*
Ouvrez tôt.

LE DESTIN, *s'embarassant dans les Jupes de Mad. Bouvillon, tombe.*

J'y cours. Ah ! j'ai la jambe rompuë.

MADAME BOUVILLON, *ouvrant elle-même, Ragotin pousse la porte rudement contre elle.*

Ouvrons nous-même. Ah, Ciel ! j'ai la tête fenduë

RAGOTIN, *entrant brusquement, rencontre les pieds du Destin qui le font tomber.*
Il a une grande épée, une bandoüillere où pend un mousqueton, et des bottes retroussées jusqu'aux cuisses.

Et vîte où me cacher ? Ah! j'ai le nez cassé.

MADAME BOUVILLON.

Ah ! la tête.

LE DESTIN.

Je suis brisé.

RAGOTIN, *se relevant.*

Je suis blessé.

MADAME BOUVILLON.

Quel est ce godenot fagoté de la sorte?

LE DESTIN.

C'est Monsieur Ragotin.

MADAME BOUVILLON.

Que la fiévre l'emporte!

Quel coup!

LE DESTIN.

Quelle chute!

SCENE IX.

MADAME BOUVILLON, LE DESTIN,
RAGOTIN, UN CHARTIER, LA RANCUNE.

LE CHARTIER, *à la Rancune.*

Ah! vous m'arrêtez en vain;
Laissez, que je l'assomme.

RAGOTIN.

Ah! Monsieur le Destin,

Separez-nous.

LE DESTIN.

Arrête.

LE CHARTIER.

Oh! je n'ai crainte aucune.

LA RANCUNE, *prenant le Chartier par le bras.*

Si...

RAGOTIN.

Ne le lachez pas, Monsieur de la Rancune.

SCENE X.

MADAME BOUVILLON, Mr DE LA BAGUE-
NAUDIERE, LE DESTIN, LA RANCUNE,
L'OLIVE, RAGOTIN, UN CHARTIER.

L'OLIVE.

 uel tintamare!

RAGOTIN.

A moi, Monsieur l'Olive, à moi!

LA BAGUENAUDIERE, *jettant le chapeau
du Chartier.*

Quel bruit! les armes bas, maraut, de par le Roi!
Aprends, chetif mortel qui devant moi te couvre,
Qu'on doit à mon Château même respect qu'au Louvre.

LE CHARTIER.

Mon pauvre âne, qui vient d'expirer devant vous,
Morguoy! m'a mis l'esprit tout sans dessus dessous.

LA BAGUENAUDIERE.

Et qui l'a fait mourir?

LE CHARTIER.

Cet Avocat sans cause.

LA BAGUENAUDIERE.

Pourquoi?

RAGOTIN.

Mal à propos mon arme a fait la chose,
Mais c'est sans mon aveu, demandez-lui plûtôt.
J'étois parti du Mans, monté sur un courtaut,

La Fontaine. — IV.   16

Comme un petit Saint George avec cet équipage,
Sans avoir le dessein de faire aucun dommage,
Foi d'Avocat. Ayant joint la troupe au fauxbourg,
Nous avons pris d'ici le chemin le plus court;
Tantôt caracolant devant, tantôt derriere,
Et tantôt cajollant l'une ou l'autre portiere,
Faisant couler le tems, gagnant toujours pays,
En propos gaillardins, réjoüissans devis,
Nous nous sommes trouvez proche vôtre avenuë.
D'abord vôtre presence ayant frapé ma veuë,
Pied à terre aussi-tôt j'ai mis avec eux tous;
Vous nous avez receus bras dessus bras dessous.
Pour joüir en chemin de vôtre air amiable,
J'ai voulu remonter à cheval, c'est le Diable!
En montant le matin dans ma cour bien et beau,
Je m'étois dextrement aidé(1) d'un escabeau;
Mais en pleine campagne étant sans avantage,
La pâleur de han han m'est montée au visage.
Toutefois, prenant cœur pour cet exploit guerrier,
J'ai vaillamment porté mon pied à l'étrier;
D'une main empoignant le pommeau de la selle,
Pour porter l'autre jambe en l'autre part d'icelle,
Je me guindois en l'air quand la selle a tourné:
Au crain tout aussitôt je me suis cramponé;
Enfin, cahin-caha, j'avois monté ma bête.
La chose jusques là n'avoit rien que d'honnête;
Mais malheureusement ce maudit mousqueton,
Ayant entortillé mes jambes de son long,
S'est trouvé sur la selle, et juste entre mes fesses.
Pour m'affermir dessus, sensible à ces detresses,
Mes pieds trop courts cherchant mes étriers trop longs,
Ont fait à mon cheval sentir leurs éperons
Dans un endroit doüillet où jamais la Molette
N'avoit piqué cheval. Il part, marche à courbette,
Plus fort que ne vouloit un quasi Phaëton
Dont le corps ne portoit que sur un mousqueton.

1. *Servi,* dans les éditions modernes.

Moi, j'ai soudain serré mes deux jambes de crainte;
L'animal aussi-tôt, à cette double atteinte,
A levé le derriere, et moi je suis glissé
Aussi-tôt sur le col, où je me suis blessé;
Car le cheval mutin, après cete ruade,
A relevé sa tête, et fait une saccade
Qui du col sur la croupe à l'instant m'a placé.
Du maudit mousqueton toujours embarassé,
N'y souffrant rien, il a gambadé de plus belle,
Et m'a fait un pivot du pommeau de la selle.
M'étant saisi du crain, et me tenant serré,
Mon cheval galopoit, quand mon arme a tiré:
Je me suis crû le coup au travers de la pance;
Mon cheval en a craint tout autant, que je pense,
Car il en a du coup si rudement bronché,
Que le maudit pommeau, qui me tenoit bouché
Juste un certain endroit comme un bouchon de liege,
A mon corps chancelant n'a plus servi de siege.
Suspendu donc en l'air, un pied libre et trainant,
L'autre, pour mon malheur, à l'étrier tenant,
Jamais de mon trépas je ne me crus si proche.
Enfin je fais effort, et mon pied se décroche;
Lors on a veu soudain, comme un fardeau de plomb,
Corps, harnois, baudrier, épée et mousqueton,
Bandouillere, enfin bref, tout l'attirail de guerre,
Donner, non sans douleur, de compagnie à terre,
Et tout cela s'est fait, ma foi! sans vanité,
Bien plus adroitement que je n'étois monté.
A peine relevé de cette culebute,
J'avois l'esprit encore étourdi de ma chute,
Quand cet homme à plein poing est venu me charger:
M'étant senti des pieds encor pour déloger,
J'ai promptement cherché du secours dans la fuite;
Mais il s'est jusqu'ici chargé de ma conduite,
Toujours la fourche aux reins.

LE CHARTIER.
Eh mordienne! ai-je tort?

Du coup qu'il a tiré, Monsieur, mon âne est mort;
Il me le doit payer.

RAGOTIN.

L'ai-je fait par malice?

LA BAGUENAUDIERE.

Va songer au bagage, on te fera justice.
Allons tous au-devant des Dames.

B. BOUVILLON.

Les voici.

SCENE XI.

MESDEMOISELLES LA CAVERNE, L'E-
TOILLE; MAD. BOUVILLON, RAGOTIN,
LA BAGUENAUDIERE.

MADEMOISELLE LA CAVERNE.

Ah! Monsieur Ragotin, vous voila, Dieu
merci!
J'avois de vôtre chute une douleur interne.

RAGOTIN.

Je vous suis obligé, Madame la Caverne.

MADEMOISELLE L'ÉTOILLE.

Avez-vous pu tomber ainsi sans vous blesser?

RAGOTIN.

Je ne sçai, je n'ai pas eu le tems d'y penser,
Charmante Etoille; il faut, avant que je l'assure,
Y tâter. Grace au Ciel, ma tête est sans fêlure,
Les Ressorts de mes bras ne sont point fracassez,
Mes jambes et mes pieds se tremoussent assez,
Hem, hem, l'individu fait encor son office,
Et... tout se porte bien, fort à vôtre service.

MADAME BOUVILLON.

Je n'en dis pas de même, et vôtre bras trop prompt
M'a donné de la porte un rude coup au front.

RAGOTIN.

Excusez-en, Madame, une frayeur mortelle.

LA BAGUENAUDIERE.

Allons tous au jardin ; donnez-moi la main, belle.

RAGOTIN.

Souffrez que cette main, pour reparer l'affront
De vous avoir tantôt fait un baignet au front,
Ayde à la promenade à soutenir la vôtre.
Madame la Caverne, approchez, voici l'autre.
Tels jadis les geans, plus grands que moi de corps,
Sous les monts qu'ils trainoient ensevelis...

SCENE XII.

MADAME BOUVILLON, LA CAVERNE,
RAGOTIN, TROIS PORTEURS *chargez de
coffres*.

PREMIER PORTEUR.

Hors, hors !

RAGOTIN.

Cet homme sous ce fais de la porte s'empare ;
Laissons- le là, passons de l'autre.

SECOND PORTEUR.

Gare, gare !

RAGOTIN.

Ces gens ont entrepris de nous embarasser;
Allons.

TROISIEME PORTEUR.

Rangez-vous vîte et me laissez passer.

RAGOTIN.

Encor ! quel embarras ! tous les coffres de France
Se sont ici donnez rendez-vous, que je pense.

PREMIER PORTEUR.

Otez-vous.

SECOND PORTEUR.

Hors d'ici.

MADAME BOUVILLON.

Quittez-moi.

RAGOTIN.

Je sçai bien

L'honneur qui....

TROISIEME PORTEUR.

Boutons bas.

RAGOTIN.

Diable ! n'en faites rien.

PREMIER PORTEUR.

Je n'en puis plus.

SECOND PORTEUR.

Ni moi.

TROISIEME PORTEUR.

Sous ce faids je succombe.

Tous trois se déchargeant.

Hors de là.

MADAME BOUVILLON.

Ah !

La Caverne.

Ah!

RAGOTIN.

Ah! c'est sur moi que tout tombe.
La chute du cheval m'a causé moins d'effroy;
Ah! Ragotin, ce jour n'est pas heureux pour toi.

FIN DU PREMIER ACTE.

ACTE II

SCENE I.

B. BOUVILLON, LA RANCUNE.

B. BOUVILLON.

Mon cher la Rancune, oüy, je vous trouve
    admirable;
Touchez là : vous venez de souper comme
    un Diable;
J'ai pris tant de plaisir en vous voyant manger,
Qu'avec vous d'amitié je me veux engager :
Embrassons-nous encor. Pour vous faire un peu rire,
Aprenez un secret.... c'est.... n'allez pas le dire.

LA RANCUNE.

Oh !

B. BOUVILLON.

Tenez ce flambeau. Vous voyez ce paquet,
Qu'est-ce ?

LA RANCUNE.

C'est un petard.

B. BOUVILLON.

Oüy, mais point de caquet.

LA RANCUNE.

Oh !

B. BOUVILLON.

Venez m'éclairer ; motus au moins, pour cause.

LA RANCUNE.

Oh !

Il cloüe le petard à la porte d'Isabelle.

B. BOUVILLON.

Le voila cloué, Dieu merci ! bouche close.

LA RANCUNE.

Oh !

B. BOUVILLON.

Vous ne sçavez pas pourquoi je le mets là !

LA RANCUNE.

Non.

B. BOUVILLON.

Apprenez-le ; au moins ne dites pas cela.

LA RANCUNE.

Oh

B. BOUVILLON.

Vous venez de voir ma maîtresse Isabelle.

LA RANCUNE.

Oüy.

B. BOUVILLON.

Dites-moi, comment la trouvez-vous ? hem !

LA RANCUNE.

Belle.

B. BOUVILLON.

Demain un las d'hymen me donnera sa foi.

LA RANCUNE.

Peste !

B. BOUVILLON.

A prendre sans verd nous joüons elle et moi :

D'avoir perdu deux fois j'ai déja l'infortune ;
Mais avec ce petard je veux qu'elle en perde une.

LA RANCUNE.

Comment ?

B. BOUVILLON.

Sur le minuit j'y viens mettre le feu.
Isabelle, à ce bruit, oubliant nôtre jeu,
Sortira sans son verd, j'en suis seur ; sa surprise
Fera que pour ce coup elle se verra prise.
Le tour n'est-il pas drôle et bien trouvé ?

LA RANCUNE.

Fort bien.

B. BOUVILLON,

Adieu, je sors sans faire aucun semblant de rien.
Chut.

LA RANCUNE.

Oh !

SCENE II.

LA RANCUNE, *seul.*

Qu'un campagnard est fat ! Son Isabelle
Plaît au jeune Destin ; je le crois aimé
d'elle.
J'admire en verité les femmes d'aujourd'huy ;
J'en voy peu qui ne soient quasi folles de lui.
Du tems que je joüois les premiers personnages,
Il n'auroit pas été propre à joüer les Pages.
Parce qu'il est bien-fait, jeune, et brillant d'appas,
De toute l'assemblée il a les brouhahas.
Je l'ai toujours hay, car il a du mérite.
On vient ; c'est Isabelle et lui : cachons-nous vîte.

SCENE II.

LE DESTIN, ISABELLE, *un flambeau
à la main.*

LE DESTIN.

Sortez de vôtre chambre et venez en ces lieux
De peur d'une surprise, ici nous serons mieux;
Au moindre bruit rendant la lumiere inutile,
Voila vôtre retraite, et voici mon azile.
Apprenez le sujet qui m'amene, en deux mots.
Ce soir, après minuit, lors que par ses pavots
Le sommeil en ces lieux repandra le silence,
Je reviendrai vous prendre, et (1) faisant diligence,
Nous gagnerons la porte où mon valet m'attend;
Et.... Qu'avez-vous encor? ce dessein vous surprend?

ISABELLE.

Je ne le cele point, sur ce fatal voyage
Madame Bouvillon me donne de l'ombrage;
Elle vous aime.

LE DESTIN.

Hé bien! craignez-vous son amour?

ISABELLE.

Une femme à son âge, et la nuit et le jour
Curieuse, et sans cesse attachée à sa suite,
D'un amant qu'elle adore observe la conduite.

1. *En,* dans les éditions modernes.

Pour trouver un tems propre à nous favoriser,
N'avés-vous point quelqu'un qui puisse l'amuser?

LE DESTIN.

Qui?

ISABELLE.

La Rancune est homme à vous rendre service.

LE DESTIN.

Vous le connaissez mal, il a plus de malice
Qu'un vieux singe; envieux, contredisant, menteur,
Et qui s'éborgneroit du meilleur de son cœur
Pour faire perdre un œil à son voisin; faux frere,
Médisant....

LA RANCUNE, *de l'endroit où il est caché.*

Hem! hem!

ISABELLE *éteint la lumiere et fuit, et le Destin se jette dans la caisse.*

Vîte, éteignons la lumiére.

LA RANCUNE.

Le drôle n'ébauchoit pas trop mal mon portrait;
Un pinceau satirique en peignoit chaque trait:
Il étoit en humeur de se donner carriere,
Et m'alloit achever de la belle maniere,
Si je n'avois toussé sortant de mon étuy:
Je ne me croyois pas si bien connu de lui;
Mais sa furtive ardeur, par moi mise en lumiere,
Pourra.... Que veut Monsieur de la Baguenaudiere?

SCENE IV.

LA BAGUÉNAUDIERE LA RANCUNE.

LA BAGUENAUDIERE.

Ah! bonsoir, la Rancune.

LA RANCUNE.

Ah! Monsieur, serviteur.

LA BAGUENAUDIERE.

Vous étes, sur mon ame, un admirable Acteur.

LA RANCUNE.

Monsieur....

LA BAGUENAUDIERE.

Que dites–vous de mon habit de chasse ?

LA RANCUNE.

Qu'il est beau pour jouër un Baron de la Crasse (1).

LA BAGUENAUDIERE.

Je vous en fais present.

LA RANCUNE.

Monsieur, en verité,
Ce surprenant excès de generosité
Merite....

LA BAGUENAUDIERE.

Par ma foi! vos femmes sont fort belles.

LA RANCUNE.

Ah! Monsieur, vous avez trop de bontez pour elles.

LA BAGUENAUDIERE.

Heureux qui peut sauver son cœur de leurs appas!
Ils blessent jusqu'à l'ame.

1. *Le baron de la Crasse*, comédie de Poisson, a pour principal personnage un gentilhomme campagnard.

LA RANCUNE.

Oüy, mais on n'en meurt pas.

LA BAGUENAUDIERE.

Pour moi voudrois-tu bien en aprivoiser une ?
Si tu réüssissois, je ferois ta fortune.

LA RANCUNE.

Mettre un homme d'honneur à des emplois si bas,
C'est choquer sa pudeur, mais que ne fait-on pas
Pour des gens comme vous ? Je dechire le voile
De la mienne : quelle est cette beauté ?

LA BAGUENAUDIERE.

L'Etoille.
Elle a mis dans mon cœur certain trouble intestin.

LA RANCUNE, *bas.*

J'entens. Voici de quoi me vanger du Destin.

LA BAGUENAUDIERE.

La farouche vertu dont le Ciel l'a pourveuë
Me fait aprehender une fâcheuse issuë :
Quand je lui peins le feu dont mon cœur se nourrit,
Ou l'ingrate mè quitte, ou la friponne rit.
Ne sçauroit-on toucher ce miracle des belles ?

LA RANCUNE.

Vous n'êtes pas de mine à faire des cruelles :
Pour voir selon vos vœux réüssir vos desseins,
Vous ne pouviez tomber en de meilleures mains.

LA BAGUENAUDIERE.

Est-ce que..

LA RANCUNE.

Parlons bas. Ce soir, dans cette place,
Par mes soins vous pourrez vous trouver face à face.

LA BAGUENAUDIERE.

Ce soir je....

LA RANCUNE.

Parlez bas, dis-je. Oüy, ce soir, sans bruit,
Dans ce lieu trouvez-vous environ à minuit :
Elle y viendra sans faute.

LA BAGUENAUDIERE.

Ami, que je t'embrasse!

LA RANCUNE.

De peur de quelque obstacle, il faut que je vous chasse;
Sortez.

LA BAGUENAUDIERE.

Jusqu'à tantôt.

LA RANCUNE.

Je vous répons de tout.

LA BAGUENAUDIERE.

Cet habit est pour toi; fais-m'en venir à bout.

LA RANCUNE.

Sortez.

SCENE V.

LA RANCUNE.

De me vanger j'ai trouvé la maniere.
A minuit, ce Monsieur de La Baguenaudiere,
Croyant trouver l'Etoille, en ces lieux se
rendra;
Mais, au lieu de trouver sa belle, il surprendra
Le Destin seduisant sa fille. A ce spectacle...
Mais qu'entens-je?

SCENE VI.

LE DESTIN, ISABELLE, LA RANCUNE.

LE DESTIN, *sortant de la caisse.*

A sortir je n'entens plus d'obstacle.

ISABELLE, *sortant de la chambre.*

Voyons si le Destin est encore en ces lieux.

LA RANCUNE.

Voici nos deux amans, cachons-nous à leurs yeux.

LE DESTIN, *à Isabelle.*

Est-ce vous?

ISABELLE.

Oüy.

LE DESTIN.

*Ragotin chante derriere le Theatre, et vient
avec de la lumiere.*

Mon cœur...

ISABELLE, *s'enfuyant.*

Quelqu'un vient, je vous laisse.

LE DESTIN, *se remettant dans la caisse.*

O Ciel! encor.

LA RANCUNE.

Le Drôle est caché dans la caisse.

SCENE VII.

RAGOTIN, LA RANCUNE.

RAGOTIN.

Bonnassere. Ayant sceu que nous couchions
    nous deux,
    J'ai fait provision d'un Saint-Laurent fu-
    meux,
Pour agréablement achever la journée.

LA RANCUNE.

Ce Bachique dessein part d'une ame envinée.

RAGOTIN.

Avocat plus couvert qu'un jambon de Lauriers,
J'ai toujours dans le vin conceu mes plaidoyers ;
Du Cuisinier François juridique interprête,
On me trouve au barreau bien moins qu'à la buvette.
Dans nôtre chambre allons humer ce piot-ci.

LA RANCUNE.

Nous sommes pour cela tout aussi bien ici ;
Employons cette caisse à nous servir de table.
Le Destin va tout vif enrager comme un Diable.

RAGOTIN, *beuvant.*

Au plus illustre Acteur que l'on voye en ces lieux.

LA RANCUNE, *beuvant.*

Au plus grand Avocat qui soit devant mes yeux.

RAGOTIN.

Pour un homme meublé d'une ame non commune,
J'ai toujours regardé le sçavant la Rancune :
A son genie.

LA RANCUNE, *beuvant à son tour de même.*

En homme au dernier point lettré,
Ragotin s'est toujours à mes regards montré :
A sa science....

RAGOTIN.

Amy, treve d'Apotheose.

LA RANCUNE.

Ah! Monsieur, entre nous, sans loüanges, pour cause.

RAGOTIN.

Ma pudeur à t'oüir souffre terriblement.

LA RANCUNE.

Et la miénne rougit....

RAGOTIN.

Beuvons sans compliment.
Pour t'immortaliser dans un renom extrême,
De tes rares vertus je veux faire un Poëme.

LA RANCUNE.

Quoi! le grand Ragotin, l'ornement d'ici-bas,
Est Poëte !

RAGOTIN.

Et pourquoi ne le serois-je pas ?
Apollon a passé mon esprit sur la meule :
Du Poëte Garnier ma mere étoit filleule,
Et tel que tu me vois j'ai son écritoire.

LA RANCUNE.

Oüy,
C'est pour être Poëte, et Poëte accompli.
N'auriez-vous point pour nous fait une Tragedie ?

RAGOTIN.

Oüy; mais je veux de plus, outre ma poësie,
Etre Comedien.

LA RANCUNE.

Etre Comedien ?

RAGOTIN.

Oüy.

LA RANCUNE.

Que d'honneur pour nous! que d'éclat! que de bien!
Pour voir cet air chez nous en foule on va se rendre.

RAGOTIN.

J'ai du majestueux, du fier, du doux, du tendre,
Du galant.

LA RANCUNE.

Eh! morbleu! soyez Comedien.
Près de vous desormais nous ne serons plus rien.
Ma joye à ce dessein est si peu retenuë,
Que j'en vai boïre à vous razade, et tête nuë.

RAGOTIN.

Je vai jetter en sable à toi ce petit coup,
Avec Ruby sur l'ongle, et la bravoure au bout.

LA RANCUNE.

Quoi! vous sçavez aussi de ces galanteries!

RAGOTIN.

Entre nous, ce ne sont que des badineries.

LA RANCUNE.

Comment? c'est le bon goût; c'est pour marcher du pair
Avec les grands Acteurs. Grondez-vous point un air?

RAGOTIN.

Bon! est-il une voix que la mienne ne morgue?
Je te l'aurois fait voir quand j'accompagnois l'orgue,
Si nôtre Sérénade et nos Musiciens
N'avoient été troublez par quinze ou seize chiens
Qui suivoient à l'envi, marchant de compagnie,
Une chienne coquette et de mauvaise vie,
Qui, pour le bien public, desiroit travailler
A croître son espece et la multiplier.
Comme on voit rarement, quand l'amour les assemble,

Un nombre de rivaux être d'accord ensemble,
Ceux-ci, dans leurs desirs, amans immoderez,
Après s'être grondez, houspillez, dechirez,
Renverserent sur nous, dans leur brute manie,
Orgue, table, treteaux, et toute l'harmonie;
Chacun, pour s'en sauver, fuyant de son côté,
Tant que nôtre concert en fut déconcerté.

LA RANCUNE.

Quel dommage! A propos de cette Sérénade,
Personne n'est ici que nous deux, camarade;
L'assemblage d'une Orgue et d'un Musicien
Comme vous, tout cela ne se fait pas pour rien.
Ne mentez point; c'étoit pour quelque Demoiselle
De nôtre compagnie.

RAGOTIN.
Oüy, tu l'as dit.

LA RANCUNE.
Laquelle?

RAGOTIN.
Je n'en sçais rien.

LA RANCUNE.
Ni moi.

RAGOTIN.
C'est sans comparaison
La plus belle.

LA RANCUNE.
Et qui?

RAGOTIN.
C'est.... c'est....

LA RANCUNE.
Vous avez raison;
C'est une belle fille.

RAGOTIN.

Est-il pas vrai ?

LA RANCUNE.

L'Etoille.

RAGOTIN.

L'Etoille, oüy, oüy, l'Etoille ; à ses regards la moëlle
Bout dans mes os, ainsi qu'un feu bien apprêté
Fait boüillir un boüillon... tout comme... A sa santé.
Au moins il est cassé : rends-lui le témoignage
Que ce verre cassé pour elle est mon ouvrage.

LA RANCUNE.

Touchez là ; je vous veux servir dans vôtre amour,
Et vous verrez.... Beuvons ; demain il sera jour.

RAGOTIN.

Ainsi soit-il. Ami, que sens-je ici ? La caisse
De moment en moment sous mon corps hausse et baisse ;
Que veut dire cela ? je lui resiste en vain ;
Haye, prens garde à toi : prens garde, Ragotin,
Tu vas tomber : adieu la bouteille et le verre.

LA RANCUNE.

Qui vous a donc fait choir ?

RAGOTIN.

Un tremblement de terre,
Assurément.

LA RANCUNE.

Bon ! bon !

RAGOTIN.

C'en est un par ma foi !
Car je sens que tout tourne.

LA RANCUNE.

Appuyez-vous sur moi.

SCENE VIII.

LE DESTIN, *sortant de la caisse.*

S i je n'avois contre eux trouvé cette machine,
Ici jusques au jour ils eûssent pris racine.
Tout est calme; allons prendre Isabelle; il
est tard.

Il frappe à la porte d'Isabelle.

SCENE IX.

BOUVILLON, LE DESTIN, ISABELLE.

BOUVILLON.

A llons mettre le feu promptement au pétard.

LE DESTIN.

Il est tems de partir; venez, belle Isabelle.

ISABELLE.

N'aurons-nous point encor d'avanture nouvelle?

LE DESTIN.

Non.

ISABELLE *entendant tirer le pétard.*

Qu'entens-je?

LE DESTIN.

D'où part ce grand bruit?

ISABELLE.

Il me perd.

Où fuir? je ne vois rien; Ciel!

BOUVILLON, *ouvrant sa lanterne sourde.*

Je vous prens sans vert.
En avez-vous ? montrez, ou j'ai gagné, je jure,

LE DESTIN.

Qu'est-ce ?

BOUVILLON.

A prendre sans verd nous avons fait gageure ;
Elle a perdu.

ISABELLE.

Mon cœur ne reviendra jamais
De la peur qu'il m'a fait ici. Que je vous hais !

BOUVILLON.

C'est à cause qu'elle a perdu, le tour est drole ;
Mais que faisiez-vous là ?

LE DESTIN.

Je repassois un Role.

BOUVILLON.

Comment ? si tard !

LE DESTIN.

La nuit, dans le silence, au frais,
L'esprit ayant du jour dissipé les objets,
Conçoit plus librement.

BOUVILLON.

Achevez vôtre affaire
Sans obstacle, bon soir.

LE DESTIN.

C'est ce que je vai faire.

BOUVILLON.

Enfin vous me devez....

ISABELLE.

Je vais en bonne foi
Songer à vous payer tout ce que je vous doy.

BOUVILLON.

Nous le verrons; adieu.

SCENE X.

LE DESTIN, ISABELLE.

LE DESTIN.

'impertinent! au Diable!

ISABELLE.

Que j'ai tremblé!

LE DESTIN.

De peur d'un contretems semblable,
Ne nous amusons point en discours superflus.

SCENE XI.

LA BAGUENAUDIERE, LE DESTIN, ISABELLE, RAGOTIN.

LA BAGUENAUDIERE.

herchons l'Etoille.

RAGOTIN, *derriere le Theatre*

A l'aide! à moi! je n'en puis plus.

ISABELLE.

Qu'entens-je?

LE DESTIN.

Qu'est-ce encor ?

LA BAGUENAUDIERE.

                    Laquais ! de la lumiere.

Qui crie ainsi ?

On apporte de la lumiere.

ISABELLE.

Que vois-je ? où suis-je ? c'est mon pere !

RAGOTIN, *de même.*

Au secours, au secours !

LA BAGUENAUDIERE.

                    D'où vient donc cette voix ?

ISABELLE.

Elle s'est fait entendre à moi cinq ou six fois,
Mon pere, et je sortois pour en sçavoir la cause.

LE DESTIN.

Ce qui m'ameine ici, moi, c'est la même chose.

RAGOTIN, *encore.*

Je me meurs ! je suis mort !

LA BAGUENAUDIERE.

                    Quel esprit devoyé
Peut crier..... Mais que vois-je ?

RAGOTIN, *en chemise.*

                    Ah ! ah ! je suis noyé.

LA BAGUENAUDIERE.

D'où naissent vos clameurs ? quelle est vôtre infortune ?
De quoi vous plaignez-vous ? de qui ?

RAGOTIN.

                    De la Rancune.

LA BAGUENAUDIERE.

Quoy ?

RAGOTIN.

Nous étions couchez dans un bouge ici près ;
Le lit, qu'aparamment on avoit fait exprès,
Estoit, comme le bouge, étroit et sans ruelle.
M'ayant laissé le soin d'éteindre la chandelle,
La Rancune au milieu s'est couché le premier ;
Je me suis doucement mis au bord le dernier.
J'entonnois, en ronflant, déja mon premier somme,
Alors que, d'une voix douloureuse, mon homme
M'a tiré par le bras, et s'est plaint, en criant,
D'une difficulté d'uriner, me priant
De lui donner le pot de chambre. A sa priére
Je l'ai fait. Après s'être en vain une heure entiére
Efforcé, plaint, crié, juré comme un perdu,
Sans avoir uriné goute, il me l'a rendu.
Moi qui porte un bon cœur que le mal d'autrui touche :
« Je vous plains », ai-je dit alors, ouvrant la bouche
Aussi grande qu'un four, à force de bailler ;
Puis je me suis remis plus fort à sommeiller.
Dans ce somme (1) profond, la matineuse Aurore
M'auroit trouvé gisant, si le perfide encore
Ne m'avoit reveillé, me tirant par le bras,
Pour me redemander, avec de grands helas !
Un seconde fois ce maudit pot du Diable.
Une seconde fois ma pitié charitable
L'a mis entre ses mains ; pestant, mordant ses doigts,
N'ayant rien fait non plus que la premiere fois,
Il me l'a redonné, me priant, hors d'haleine,
De ne plus me donner une semblable peine ;
Qu'elle n'étoit pas juste, et qu'il la prendroit bien :
Et moi qui n'aime pas de contredire à rien,
J'ai dit qu'à ses desirs il pouvoit satisfaire.

---

1. *Sommeil* dans les éditions modernes.

Ayant remis le pot à sa place ordinaire,
J'aurois gagé, sentant le sommeil me saisir,
Qu'autant qu'une marmote on m'alloit voir dormir.
Le maudit la Rancune, homme sans conscience,
N'avoit pas jusqu'au bout lassé ma patience.
Pour reprendre le pot, lui-même ayant porté
Tout son corps hors du lit de force il m'a planté,
Un coude dans le creux de l'estomach, terrible.
M'éveillant en sursaut à cette masse horrible :
« Morbleu ! me suis-je alors écrié, je suis mort.
« Je vous demande excuse, a-t-il dit, et j'ai tort ;
« Mais de peur d'interrompre, en ma douleur extrême,
« Vôtre sommeil encor, j'ai pris le pot moi-même.
« Malepeste ! ai-je dit, m'étouffer, m'accabler,
« M'enfondrer l'estomach, n'est-ce pas le troubler ? »
Mais lui, sans m'écouter, ni craindre ma colére,
Rendoit à la nature un tribut ordinaire.
Je l'en felicitois de mon mieux, quand le sot,
Voulant le mettre à terre, a repandu le pot
Plein jusqu'au bord sur moi, me noyant la poitrine,
La barbe et tout le corps d'un Ocean d'Urine.
Portant bien loin du lit mes pas précipitez,
Je cours, je vais, je viens, tout couvert de....sentez.

LA BAGUENAUDIERE.

Hé bien ! pour vous secher, allez dans la cuisine.
Vous, ma fille, rentrez : je vois à vôtre mine
Que vous voulez dormir ; de vôtre appartement
Je vai prendre la clef.

LE DESTIN.

Moi, je vais promptement
Coucher. O Ciel !

LA BAGUENAUDIERE.

En vain j'ai cru trouver ma bellé :
Ce bruit l'a retenuë ; allons au devant d'elle.

RAGOTIN.

Hé bien ! es-tu content, Sort ? suis-je assez berné ?
Malheureux Ragotin, sous quel astre es-tu né !
Amour, sous ton pouvoir, mon cœur est à la laisse.
Mais cette nuit cherchons un lit dans cette caisse.

FIN DU SECOND ACTE.

ACTE III

SCENE I.

LE DESTIN, L'ETOILLE.

LE DESTIN.

Ma sœur, pour mon dessein ne craignez nul-
      lement ;
Isabelle est d'accord de cet enlevement.
Pour nôtre hymen prochain ma parole est
donnée ;
Son cœur à mes sermens soumet sa destinée ;
Et déja loin d'ici nous nous verrions tous deux
A l'abri des censeurs, au comble de nos vœux,
Si le sort, dont ma flamme attendoit des miracles,
N'avoit depuis fait naître obstacles sur obstacles.
Sa puissance aujourd'hui ne le peut differer :
Tout est bien concerté, je le puis asseurer.
Ce qui me reste à faire est d'instruire Isabelle ;
Mais comme, en m'approchant si souvent auprès d'elle,
Mes desseins d'être sceus pourroient courir hazard,
Rendez-vous-y pour moi, voyez-la de ma part ;
Pour l'obliger à fuir dans cette conjoncture,
Donnez-lui ce billet, dont voici la lecture :

L'incident qui nous sépara hier que nous étions seuls,

et tout prêts de profiter de l'occasion, m'oblige de vous prier que nous nous voyons encore aujourd'hui pour prendre d'autres mesures, et mieux assurer les commencemens d'un bonheur qui doit durer toute nôtre vie. Trouvez un pretexte pour ne point être à la Repetition de la Comedie de Monsieur de la Baguenaudiere : quoi que je doive y representer le principal personnage, on ne laissera pas sans moi de repasser. L'Olive, mon pere, a appris mon Role, et m'excusera sur une raison très-plausible. Je ne lui ai pourtant pas dit nôtre avanture ni nôtre but. Fiez-vous à ma discretion, et ayez la bonté de m'attendre dans vôtre chambre.

LE DESTIN.

Parlez-lui, remettez ce billet en sa main,
Et...

SCÈNE II.

LE DESTIN, L'ETOILLE, LA RANCUNE.

LA RANCUNE.

N'avez-vous point veu le petit Ragotin ?
En vain à le chercher mon ame est empressée.
En même lit couchez tous deux la nuit passée
Etant incommodé, sans doute, il s'est levé ;
Du moins à mon réveil je ne l'ai plus trouvé :
Seulement ses habits ont frapé ma visiére.
Je le cherche, je cours depuis une heure entiére ;
Et, pour moi, dont l'ame est ronde comme un cerceau,
Le petit homme étant Avocat et Manceau,
Je conclus, et la chose est assez vrai-semblable,
Puisqu'il n'est point ceans, qu'il faut qu'il soit au Diable ;
Ne l'avez-vous point veu ?

L'ÉTOILLE.

Moi, non.

La Rancune.

Pour m'éguayer,
Je viens de lui dresser un plat de mon métier :
J'ai tout presentemeut, pour lui donner la fiévre,
Retrecy ses habits. Le tour est assez miévre.

Le Destin.

Il est digne de vous. Adieu. Pour nos amours,
Ma sœur, allez trouver Isabelle.

L'ÉTOILLE.

J'y cours.

Elle laisse tomber sa lettre en s'en allant.

SCENE III.

LA RANCUNE, *ramassant la lettre.*

Quel billet sans dessus se presente à ma veuë ?
La main qui l'a tracé ne m'est pas incon-
nuë.
C'est de l'ami Destin que cette lettre vient ;
Il l'a laissé tomber. Qu'est-ce qu'elle contient ?

Il lit bas.

Ces mots expliquent trop qu'elle est pour Isabelle.
Vangeons-nous du Destin : l'occasion est belle ;
Et, pour jetter entre eux de la division,
Voici tout à propos Madame Bouvillon.

SCENE IV.

MADAME BOUVILLON, LA RANCUNE.

MADAME BOUVILLON.

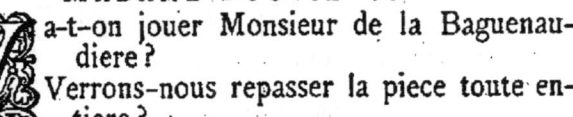a-t-on joüer Monsieur de la Baguenau-
diere ?
Verrons-nous repasser la piece toute entiere ?

LA RANCUNE.

Madame, pour cela, chacun fait ses apprêts,
Et tout ira des mieux au premier role près.

MADAME BOUVILLON.

Est-ce que le Destin a quelque maladie ?

LA RANCUNE.

Non. C'est qu'un grand Acteur bien-fait, d'un beau genie,
Que de mille talens l'astre a voulu doüer,
A souvent en secret plus d'un role à joüer.

MADAME BOUVILLON.

Le Destin voudroit-il priver de sa presence
Une piece admirable, une noble assistance ?

LA RANCUNE.

Quand on se met en tête un commerce amoureux....
Mais pourquoi s'en fier au raport de mes yeux ?
Quoi qu'ils me fassent voir, ils se trompent peut-être.
Le Destin...

MADAME BOUVILLON.

Du Destin ! quoi ? qu'ont-ils vû paroître ?

LA RANCUNE.

Ce billet que sa main, me semble, a sceu tracer,
Et qu'ici sous mes pas je viens de ramasser.

MADAME BOUVILLON.

Montrez-moi.

LA RANCUNE.

Quoi qu'il soit plié sans sallissure,
Quoi qu'il semble frais fait, à voir son écriture,
Quoi qu'il paroisse neuf au blanc de ce feüillet,
Il se peut que ce soit, Madame, un vieux billet.

MADAME BOUVILLON.

Voyons. Ciel! que vois je? Oüy, c'est à moi qu'il s'adresse.
Mais n'en témoignons rien, cachons nôtre allegresse.
A qui donc le Destin peut-il écrire ainsi?

LA RANCUNE.

Ce n'est pas, que je pense, à personne d'ici;
Car, d'aller soupçonner la charmante Isabelle,
Il a trop de respect pour son pere et pour elle.

MADAME BOUVILLON.

Plus je lis son billet, plus je pense trouver
A qui... Tout aujourd'hui je le veux observer,
Et c'est pour cause. Adieu. Trouvons, puis qu'il m'en prie,
Un moyen pour ne pas être à la Comedie,
Et puis allons l'attendre en mon appartement.

SCENE V.

LA RANCUNE.

Comme il faut elle a pris la chose assuré-
ment,
Et j'ai veu ses soupçons tomber sur Isabelle.
Mais la voici qui vient, et l'Etoille avec elle.
De peur pour ce billet je les vois se troubler;
Pour m'éguayer un peu je vais la redoubler.

SCENE VI.

ISABELLE, L'ETOILLE, LA RANCUNE.

ISABELLE.

Il faut le retrouver, ou bien je suis perduë.

L'ETOILLE.

Il faut qu'il soit ici.

ISABELLE.

Rien ne s'offre à ma veuë.

LA RANCUNE.

Peut-on vous demander ce que vous cherchez ?

ISABELLE.

Rien.

LA RANCUNE.

Pourtant, en vous voyant, si je m'y connois bien,
Quelque chose vous trouble.

L'ETOILLE.

Eh ! ce n'est pas grand'chose.

LA RANCUNE.

Sans être un grand devin, j'en croy savoir la cause.

ISABELLE.

Plaît-il ?

LA RANCUNE.

Certain billet.

L'ETOILLE.

Hem ! l'auriez-vous trouvé ?

LA RANCUNE.

L'auriez-vous perdu ? Mais....

SCENE VII.

ISABELLE, L'ETOILLE, LA RANCUNE, RAGOTIN.

RAGOTIN, *dans la caisse.*

M'auroit-on encavé ?
Je ne voy goute. Hola ! quelqu'un ! de la
lumiere !

LA RANCUNE.

C'est Ragotin.

RAGOTIN.

Que sens-je ici ? c'est une biere.
Helas ! sans le sçavoir serois-je trépassé ?

LA RANCUNE.

Il se croit enterré lors qu'il n'est qu'encaissé.

L'ETOILLE à *Isabelle.*

Sans doute il l'a trouvé.

ISABELLE.

Voudra-t-il nous le rendre ?

L'ETOILLE.

Je ne sçai : pour l'avoir, il faut tout entreprendre.

RAGOTIN, *dans la caisse.*

Je suis mal enterré, Messieurs, sortez d'erreur :
C'est par un qui pro quo. Faussoyeur ! Faussoyeur !
Retirez-moi d'ici, rendez-moi la lumiere.

LA RANCUNE.

Quelqu'un, venez m'aider.

RAGOTIN.

Decloüez cette biere.

L'ETOILLE.

Non, restons en ces lieux ; il faut faire un effort
Pour le ravoir.

LA RANCUNE.

Levons la caisse.

RAGOTIN.

Suis-je mort ?

Mais je vois des objets dont mon ame est ravie.
Aurions-nous de concert fait faux bond à la vie ?
Hem ! pour voir, patinons.

L'ETOILLE, *lui donnant un coup de busc*
sur les doigts.

Alte !

RAGOTIN *va à Isabelle, qui lui donne un soufflet.*

Elle frape fort.

ISABELLE.

Insolent !

RAGOTIN.

Je sens bien que je ne suis pas mort.

LA RANCUNE.

Non, puisque vous parlez : mais cette couleur fade,
Ce visage plombé, nous marque un air malade :
L'êtes-vous ?

RAGOTIN.

Attendez, suis-je bien éveillé ?
Je ne sçai.

LA RANCUNE.

La sueur dont vous êtes mouillé
Vient de repletion, suivant la medecine.
Fy, cela sent mauvais.

RAGOTIN.

Oüy, cela sent l'urine.
Ah ! maudit urineur ! il m'en souvient : c'est toi
Dont la main, cette nuit, a répandu sur moi
L'infernale liqueur d'un profond pot de chambre,
Qui n'étoit point rempli de civete ni d'ambre.

LA RANCUNE.

Il faut que cette nuit, rempli de vin sans eau,
Quelque chose vous ait barboüillé le cerveau.
Croyez-moi, rapellez vôtre reminiscence;
Et, prenant vos habits, couvrez vôtre indessence :
Vous vous souviendrez mieux étant rassis.

RAGOTIN, *trouvant son pourpoint trop étroit.*

Point, point.
Mais que vois-je? auroit-on retreci mon pourpoint?
Ou mon corps seroit-il plus gros qu'à l'ordinaire ?
La Rancune, est-il point remployé par derriere ?

LA RANCUNE.

Non.

RAGOTIN.

Il est d'un bon pied par devant trop étroit :
D'où vient ?

LA RANCUNE.

J'ai peur d'avoir touché la chose au doigt,
Et que vous ne soyez malade.

RAGOTIN.

Moi, malade !

Helas !

LA RANCUNE.

Cette grosseur encore le persüade.
Mettez le haut de chausse, on verra.

RAGOTIN.

C'est bien pis.

LA RANCUNE.

Ne vous trompez-vous point? sont-ce là vos habits?

RAGOTIN.

Ce sont eux. Quelle enflure! ah! j'ai l'ame saisie,
La Rancune, et d'où vient cela?

LA RANCUNE.
 D'hidropisie (1).

RAGOTIN.
En meurt-on ?

LA RANCUNE.
Rarement on en rechape.

RAGOTIN.
 Helas !
La Rancune, au besoin ne m'abandonne pas.

LA RANCUNE.
Non, non, jusqu'au tombeau je vous escorte.

RAGOTIN.
 A l'aide !
LA RANCUNE.
Allons, courons, cherchons promptement du remede.

RAGOTIN, *sortant.*
Qu'on me soutienne.

L'ETOILLE, *arrêtant la Rancune.*
 Avant que de vous en aller,
De grace...

LA RANCUNE.
 Du billet vous me voulez parler :
Vous le croyez perdu, vôtre ame est à la gêne;
Il ne l'est point, cesséz de vous en mettre en peine;
Sous ses pas en ce lieu marchant sans y penser,

1. Cette cruelle plaisanterie étoit fort goûtée au XVIIe siècle; non-seulement on en trouve le récit dans le *Roman comique*, mais Tallemant des Réaux raconte dans ses *Historiettes* (3e éd., tome II, p. 492) une aventure toute semblable arrivée, dans l'hôtel de Rambouillet, au maréchal de Gramont, alors comte de Guiche, à qui l'on fit croire qu'il avoit été empoisonné par des champignons. Il ne fut guéri que par l'ordonnance suivante : « *Recipe* de bons ciseaux et descous ton pourpoint. »

Madame Bouvillon vient de le ramasser :
Il est entre ses mains, vous l'y pouvez reprendre.
Je vous en donne avis.

SCENE VIII.

ISABELLE, L'ETOILLE.

ISABELLE.

Ciel ! que viens-je d'apprendre ?
Madame Bouvillon par là va tout sçavoir.

L'ETOILLE.

Pour sçavoir sa pensée, allons, il faut la voir :
Je m'en vai de ce pas la chercher et j'espere
Tirer adroitement d'elle...

ISABELLE.
Voici mon pere.

SCENE IX.

Mr LA BAGUENAUDIERE, ISABELLE, L'ETOILLE.

LA BAGUENAUDIERE.

Comment ! en quel état vous rencontrai-je
ici ?
Vous n'êtes pas encor habillée ? Est-ce
ainsi
Qu'à repasser ma piece entre vous on s'aprête ?

L'ETOILLE.

On n'a qu'à commencer ; pour moi rien ne m'arrête :
La repetition n'a pas besoin d'habits.

LA BAGUENAUDIERE.

Pardonnez-moi, j'en veux : quatre de mes amis
Par mon ordre en ces lieux sont venus pour l'entendre ;
A ce qu'ils en diront je suis prêt de me rendre ;

Mais je veux qu'elle soit dans tous ses agrémens.
Allez donc vous orner de vos ajustemens;
Ne perdez point de tems; volez, Mademoiselle :
Déja de mes amis je vois briller le zéle.

SCENE X.

LA BAGUENAUDIERE, Mr DE PRERAZÉ,
Mr DES LENTILLES, Mr DE BOISCOUPÉ,
Mr DE MOUSSEVERTE.

DE PRERAZÉ.

A vos ordres, Monsieur, soumis et disposé...

LA BAGUENAUDIERE.

Je vous suis obligé, Monsieur de Prerazé.

DES LENTILLES.

Je viens benir le sort qui joint vos deux familles.

LA BAGUENAUDIERE.

Très-humble serviteur à Monsieur des Lentilles.

DE BOISCOUPÉ.

Pour me rendre à vos loix mon zéle a galopé.

LA BAGUENAUDIERE.

Ah! je suis tout à vous, Monsieur de Boiscoupé...

DE MOUSSEVERTE.

Lors que vous commandez, tout le monde est alerte.

LA BAGUENAUDIERE.

Que ne vous dois-je point, Monsieur de Mousseverte!
Messieurs, voyez ma piece : on va la repasser;
On n'attendoit que vous ici pour commencer.
Plaçons noùs donc, Messieurs. De grace, qu'on commence.

SCENE XI.

Mʳˢ LA BAGUENAUDIERE, DE PRERAZÉ, ETC., L'OLIVE.

L'OLIVE.

Quel contretems !

LA BAGUENAUDIERE.

Comment ! qui vous tient en balance ?
Repasse-t-on ma piece ou bien ne le peut-on ?
Qu'est-ce ?

L'OLIVE.

On ne le peut pas, et l'on le peut, selon.
Mon fils, à qui l'on vient de plier la toillette,
Pique après le voleur une vieille mazette,
Et ne peut être ici de retour d'aujourdhui.
Si, pour joüer la piece, on veut que ce soit lui
Qui de deffunt Antoine imite la parole,
On ne le peut pas ; mais, comme l'on sçait son rôle,
Qu'on peut, ainsi que lui le joüer, si l'on veut
Que l'on le représente à sa place, on le peut.

LA BAGUENAUDIERE.

Quel malheur ! Qu'est-ce encor ?

SCENE XII.

Mʳˢ LA BAGUENAUDIERE, DE PRERAZÉ, ETC., L'OLIVE ET LE DECORATEUR.

LE DECORATEUR.

Sauvez-moi du caprice.

LA BAGUENAUDIERE.

Comment ! vons n'avez pas vôtre habit de
nourrice !
Qui vous détourne ainsi ?

LE DECORATEUR.

C'est Monsieur Ragotin.
Ce petit Avocat aussi fou que mutin,
Croyant être attaqué de quelque hidropisie,
S'alloit faire saigner, bouffi de frénésie,
Et des bras et des pieds. Moi, bonnement, j'ai dit
Que pour rire on avoit retreci son habit,
Car Monsieur La Rancune avoit fait cet ouvrage.
Le petit glorieux, sensible à cet outrage,
M'ayant pris à partie, et m'en croyant l'auteur,
S'est acharné sur moi dans sa brusque fureur.
Mais le voici.

SCENE XIII.

M^rs LA BAGUENAUDIERE, DE PRERAZÉ, ETC., L'OLIVE, LE DECORATEUR, RAGOTIN.

RAGOTIN, *un chenet à la main.*

Je veux qu'il meure à coups de barre.
Où donc se cache-t-il ? Le voila ! garre,
garre !

LA BAGUENAUDIERE.

Prenez garde.

DE MOUSSEVERTE.

Arrêtez.

DE BOISCOUPÉ.

Sauvons-nous de ce fol.

DE PRERAZÉ.

Morbleu ! n'allez pas prendre ici Pierre pour Paul.

RAGOTIN, *toujours le chenet levé.*

Qu'on le livre, ou ma main va, sans que rien l'arrête,
Avecque ce chenet fendre plus d'une tête.

DES LENTILLES.

Attendez.

RAGOTIN.

C'en est fait.

TOUS ENSEMBLE *baissant la tête.*

Ah!

SCENE XIV.

M^rs LA BAGUENAUDIERE, DE PRERAZÉ, ETC., L'OLIVE, LE DECORATEUR, RAGOTIN, LA RANCUNE.

LA RANCUNE, *le saisissant par derrière.*

Vous n'en ferez rien.

RAGOTIN, *se debatant.*

Chien!

LA BAGUENAUDIERE.

Ne le lâchez pas!

DE PRERAZÉ.

Monsieur, tenez-le bien.

RAGOTIN.

Ah! j'enrage.

LA RANCUNE.

Il me mord, le méchant petit homme.

LA BAGUENAUDIERE.

Il m'égratigne.

LE DECORATEUR.

Allons, il faut que je l'assomme.

DE BOISCOUPÉ.

Laissez.

LA BAGUENAUDIERE.
Ce coup de poing, asséné bien et beau,
A jusqu'à son menton enfoncé son chapeau.

RAGOTIN, *le visage dans son chapeau.*
Oh! oh!

DES LENTILLES, *lui voulant ôter de force.*
Quels hurlemens! empêchons qu'il ne creve.

RAGOTIN.
Oh! oh!

DE MOUSSEVERTE.
C'est pis.

LE DECORATEUR.
Voici de quoi lui donner trêve:
Avecque ces ciseaux il faut couper.

RAGOTIN.
Donnez.

LA BAGUENAUDIERE.
Par devant! vous allez lui taillader le nez.

RAGOTIN.
Oh!

LA RANCUNE.
Coupons par ici.

DE PRERAZÉ.
Dépêchez, il étouffe.

LA RANCUNE.
Soyez sage au moins.

RAGOTIN.
Oüy.

LA RANCUNE, *coupant le chapeau par derriere.*
Voyez la lumiere.

RAGOTIN.

Ouffe.

LA RANCUNE.

Rappellez vos esprits; reprenez tous vos sens :
Courage.

SCENE XV.

Mrs LA BAGUENAUDIERE, DE PRERAZÉ,
ETC., L'OLIVE, LA RANCUNE, RAGOTIN,
LE DECORATEUR, B. BOUVILLON.

B. BOUVILLON.

Or, écoutez, Messieurs, petits et grands,
L'Etoille, en ce moment, cette charmante
fille,
S'est de son propre pied disloqué la che-
ville.

LA BAGUENAUDIERE.

Quoi ! l'Étoille est blessée ? ô malheur inoüy !

RAGOTIN.

L'ai-je bien entendu ? l'Etoille est blessée ?

B. BOUVILLON.

Oüy.

RAGOTIN.

Messieurs, soutenez-moi. Par un recit funeste,
Funeste messager, instruisez-moi du reste :
Après je veux mourir.

B. BOUVILLON.

Pour venir babiller
Son rôle dans la piece, elle alloit s'habiller;
Mais un vilain caillou s'est trouvé devant elle,
Qui par terre a fait choir la pauvre Demoiselle.

Ma mere dans sa chambre est à la secourir.
Voila le recit fait, et vous pouvez mourir.

RAGOTIN.

Vous êtes donc blessée, objet que j'idolatre!

LA BAGUENAUDIERE.

Et que va devenir ma piece de Theatre ?
S'est-il veu sous le Ciel Auteur plus malheureux ?
Où trouver une Actrice ? ô sort trop rigoureux !

RAGOTIN.

Je serois vôtre fait, Monsieur, si j'étois femme :
Le rôle de l'Etoille est gravé dans mon ame,
Pour l'avoir fait au Mans repasser plusieurs fois.

LA BAGUENAUDIERE.

Vous sçavez Cleopatre ?

RAGOTIN.

Oüy : j'ai sa même voix,
J'ai tout son même ton, comme elle je declame ;
J'ai même geste enfin, mais je ne suis pas femme.

L'OLIVE.

Bon : la necessité prend le dessus des loix ;
La Comedie étoit sans femmes autrefois ;
Même encore un garçon fait la fille au College :
Nous pouvons au besoin user du privilege.
Il reste encor un Page.

LA BAGUENAUDIERE.

Ô sort ingrat pour moi !

L'OLIVE.

Monsieur de Bouvillon peut prendre cet emploi :
Il est bien facié, sa voix est agréable,
Et pour un Page il est d'une taille admirable.

B. BOUVILLON.

Ferois-je bien cela tout de bon ?

L'Olive.

Oüy, vrayment.

B. Bouvillon.

Est-ce un grand rôle ?

L'Olive.

Il est de deux Vers seulement.

B. Bouvillon.

Sont-ils en prose ?

L'Olive.

Non ; je vai vous les apprendre
En un moment.

B. Bouvillon.

Irai-je ? ô beau pere !

La Baguenaudiere.

Ah ! mon gendre,
Tout ceci me fatigue.

B. Bouvillon.

Allons donc, menez m'y.

La Baguenaudiere.

Que ne vous dois-je point, ô Blaise, mon ami !
Pour nous déterminer, suivons-les tous, de grace ;
Et si l'on peut joüer, nous viendrons prendre place.

FIN DU TROISIÉME ACTE.

ACTE IV

SCENE I.

Mrs LA BAGUENAUDIERE, DE BOISCOUPÉ, DE PRERAZÉ, DE MOUSSEVERTE, DES LENTILLES.

LA BAGUÉNAUDIERE.

Vous qu'on nomme à bon droit les doctes du pays,
Qui, frapez en naissant au coin des beaux esprits,
Sçavez parfaitement faire un heureux triage
Du beau, du laid, du bon, du mauvais d'un ouvrage,
A l'aspect de celui que l'on va déclamer,
Contre tous ses défauts n'allez pas vous armer;
Temperez la censure, ayez de l'indulgence
Pour la fragilité d'un Auteur qui commence,
D'un novice rampant dans le sacré Valon,
Qui, quoi que vieux, est jeune au métier d'Apollon.

DES LENTILLES.

Autant qu'Argus eut d'yeux je voudrois des oreilles,
Pour de ce grand ouvrage entendre les merveilles.

DE BOISCOUPÉ.

Je voudrois le loüer avec autant de voix
Que le grand Briarée eut de bras autrefois.

DE PRERAZÉ.

De savourer vos Vers mon esprit est avide.

DE MOUSSEVERTE.

Je les croy d'un sçavoir où le bon sens préside.

LA BAGUENAUDIERE.

Ah ! Messieurs, vous parlez en amis de l'Autheur.
Revêtus d'un esprit facile admirateur,
Vous chantez son triomphe, enflez sa Renommée
Avant qu'on ait encor la chandelle allumée.

DES LENTILLES.

Au fleurer, à l'odeur, on connoît le poisson.

DE BOISCOUPÉ.

Le bon terroir produit l'excellente moisson.

DE PRERAZÉ.

La beauté du Ruisseau se juge par sa source.

DE MOUSSEVERTE.

La bonté du cheval se connoît à la course.

LA BAGUENAUDIERE.

Trêve d'encens, Messieurs, cessez de me loüer :
Un Autheur n'est que trop facile à s'engoüer.
La Piece que j'expose à vos doctes genies
Est un beau composé de ces rares saillies,
De ce bon goût nouveau, digne ouvrage du tems,
Où l'esprit prend partout le dessus du bon sens.
Fy ! fy ! de ces Autheurs enchainez par les regles,
Qui, venant sur nos mœurs fondre comme des aigles
Pensent, en beau discours nous peignant la vertu,
Nous donner de l'horreur pour le vice abatu.
Il est vrai que jadis, respectant leurs ouvrages,

Le cœur étoit touché de leurs doctes images ;
Les vives passions s'y faisoient admirer ;
On étoit assez sot pour y venir pleurer.
Mais les tems ont changé. La triste Tragedie
Pour plaire maintenant, en farce travestie,
Des jolis quolibets, et des propos bouffons,
Préfére l'agrément à ses graves leçons :
Elle va ramasser dans les ruisseaux des halles
Les bons mots des courtaux, les pointes triviales,
Dont au bout du Pont neuf, au son du tambourin,
Monté sur deux treteaux, l'illustre Tabarin
Amusoit autrefois et la Nimphe et le Gonze
De la cour de miracle et du cheval de bronze.
Voila le veritable aimant des beaux esprits ;
Voila, Messieurs, aussi le chemin que j'ai pris.
Antoine et Cleopatre à vos yeux vont paroître,
Non pas tels qu'ils étoient, ni comme ils devroient être,
Mais tels qu'il faut qu'ils soient pour captiver les cœurs,
Par la main des fripiers vêtus en bâteleurs ;
Vous sçavez bien, Messieurs... Mais j'entens qu'on s'avance.
Messieurs, un petit air avant que l'on commence.

Les violons joüent ; et, les violons joüant, les Messieurs
prennent place.

SCENE II (1).

CLEOPATRE, CHARMION

CLEOPATRE, *representée par Ragotin.*

N on, non, je veux mourir ; ne m'en empêche
pas.
Ha ! ha !

CHARMION, *representée par le Decorateur.*
Le vilain ton ! prenez-le un peu plus bas.
Ce n'est point là pleurer, c'est miauler, Princesse.

1. Cette scène et les suivantes, jusqu'à la XIᵉ, sont une

CLEOPATRE.

Je veux miauler, moi.

CHARMION.

D'où vient cette tristesse ?
Quelle raison vous fait negliger vos appas ?
En quel état ici paroissez-vous ? helas !
Une reine d'Égipte en habit d'Espagnole !
On va vous prendre ainsi pour Jeanneton la folle.
Allez couvrir ce corps d'un autre acoutrement ;
Dans vôtre garderobe entrons vîte un moment ;
Venez vermillonner ce visage de plâtre.

CLEOPATRE.

Nourrice, au nom des Dieux, laisse là Cleopatre ;
Elle ne pense plus qu'à mourir.

CHARMION.

A mourir ?

CLEOPATRE.

De noirs pressentimens viennent m'en avertir.
J'ai songé cette nuit un songe épouventable :
En tombant, mon miroir s'est cassé sur ma table ;
Mon lacet s'est rompu, mon collier deffilé ;
Antoine, étant venu chez moi, s'en est allé ;
Je me suis mise au bain, l'eau paroissoit bourbeuse
Le Ciel brilloit d'éclairs ; la mer étoit grondeuse ;
De funestes oiseaux frapoient l'air de leurs cris ;
J'ai veu des Loups garoux, des Hiboux, des Esprits ;
Octave s'est rendu maître d'Alexandrie ;
Moi, pour me dérober à sa juste furie,
J'ai couru me cacher dans ces fameux tombeaux
Où de feu mes ayeux sont les tristes lambeaux.

parodie de la tragédie de *Cléopâtre*, de La Chapelle, qui fut
représentée pour la première fois le 12 décembre 1681, et
eut un très grand succès.

Tu me suivois partout, lors que, las de combatre,
Antoine m'a crié : Je me meurs, Cleopatre !
Et vîte à moi, je suis vilainement blessé ;
D'un grand coup de canon j'ai l'intestin percé ;
A séparer nos cœurs le sort têtu s'acharne.
J'ai mis à ces grands cris, la tête à la lucarne :
Charmion, qu'ai-je veu ? j'ai veu ce Conquerant,
Ce Heros invalide, affreux, pâle et mourant,
Ranimer à mes yeux ses forces languissantes,
Sangloter, et vers moi tendre ses mains sanglantes.
Que te dirai-je enfin ? tes soins officieux
Ont reduit en cordons nos voiles précieux ;
On l'en a garoté : les chemises trempées,
A le tirer à nous nous étions occupées ;
Courbant sous ce fardeau, les ampoules aux mains,
Chacun, en maugreant, accusoit les Destins
De voir en l'air pendu ce grand foudre de guerre,
Quand la corde se rompt : crac, pouf, il tombe à terre.
Voila mon songe.

CHARMION.

Ah, Ciel ! j'en frissonne pour vous ;
Mais renguaînez vos pleurs, Antoine vient à nous.

SCENE III.

ANTOINE, CLEOPATRE, CHARMION.

CLEOPATRE.

Que presage à mes yeux ce teint brun, cet œil louche ?
Qui vous fait larmoier ? Antoine, ouvrez la bouche ;
Qu'avez-vous ?

ANTOINE, *representé par l'Olive.*

De tintoins mon esprit est rongé :
Par Octave de près je me trouve assiegé.
Ce petit sot me taille ici de la besogne,
Et m'en voila camus comme un chien de Boulogne.
Mais Eros vient à nous.

CLEOPATRE.

Ciel ! qu'il paroît troublé !

SCENE IV.

ANTOINE, CLEOPATRE, EROS,
CHARMION.

EROS.

A ce coup vous voila comme un baudet sanglé,
Sire. Nous nous étions rangés sur les murailles
Pour ouïr un Zero, qui nous a dit : « Canailles,
« Écoutez-moi. Je viens de la part de Cesar,
« Qui vous époustera comme il faut, tôt ou tard,
« Si vous ne lui livrez cette Reine fichuë,
« Pour qui le grand Antoine a si fort la berluë,
« Et qui l'a debauché. Sauvez-vous à ce prix. »

CLÉOPATRE.

Il a dit cela ?

EROS.

Bon ! il a dit cent fois pis.
De tous les vilains noms qu'attire sur sa tête,
Au milieu de la Halle, une bourgeoise en Crête,
Les nommant, sans tourner tout droit autour du pot,
Il n'en a pas perdu le moindre petit mot.
Dame, à ce compliment, prenant, gratant sa tête,

Chacun a mis de l'eau dans son vin.: « La requête
« Est juste, a-t-on crié. Qu'Antoine au berniquet,
« En voyant Cleopatre, abaisse son caquet :
« Rompre avec une femme est une bagatelle. »

ANTOINE.

Moi, quitter ses beaux yeux ! que ferois-je sans elle ?
M'arracher de son lit ! moi, moi, la planter là ;
On me verra plutôt, j'en jure, avant cela,
Cul de jatte, Estropiat, Impotent ; c'est tout dire.
Je vous défendrai mieux que je n'ai fait l'Empire.

ÉROS.

« Assotté comme il est de ses folles amours,
« Antoine est assez fat pour la garder toujours »,
A-t-on dit. A ces mots, tous vos Romains gendarmes,
Degringolant les murs, et boutant bas les armes,
Ont du Camp de Cesar couru comme des chiens :
Il ne vous reste plus que vos Egiptiens,
Encor ont-ils bien peur.

ANTOINE.

            Mon nom leur doit suffire ;
Ils ne sont point vaincus, puisqu'Antoine respire.
Tant que dans l'Univers il pourra respirer,
Il vivra : de cela courez les assurer ;
Et pour chasser la peur dont leur ame est saisie,
Qu'on leur donne à chacun pour un sou d'eau de vie.
Allez.

SCENE V.

ANTOINE, CHARMION, CLEOPATRE.

ANTOINE.

l n'est plus tems de rien dissimuler :
Pour la derniere fois nous allons nous parler,
M'amour ; il faut crever, et ma perte est
    certaine.

CLÉOPATRE.

Quoi ! Toinon...

ANTOINE.

    Par vos pleurs n'augmentez point ma peine ;
Je n'en veux pourtant pas fermer les reservoirs ;
C'est ici que sied bien l'usage des mouchoirs.
Pleurons, pleurons. Ah, sort ! quelle est pour moi ta
    haine !
Adieu, ma chere enfant ; adieu, ma pauvre Reine ;
Nous ne nous verrons plus. Avant que de partir,
J'ai crû de vôtre sort vous devoir avertir.
Le Romain est brutal ; il viole.

CLÉOPATRE.

          Qu'importe ?

ANTOINE.

Vous m'attendrissez trop ; il est temps que je sorte.
Adieu.

CLÉOPATRE.

Quoi ! mon bouchon...

ANTOINE.

          Ne suivez point mes pas.
Je vais là-bas, avant que de voir mes soldats,
Boire un coup de vin pur pour rassurer mon ame,
Et noyer dans ce jus le trouble... Adieu, Madame.

SCENE VI.

CLEOPATRE, CHARMION.

CLEOPATRE.

H elas ! ah Ciel ! Sort ! Dieux !

CHARMION.

Que de termes divers !
En voila pour orner au moins quarante Vers
Des Poëtes du temps ; Madame, êtes-vous folle ?

CLEOPATRE.

Le ciseau des douleurs me coupe la parole.

CHARMION.

Le sort, dont vôtre cœur est si favorisé,
Ne va donner taloche à cet amant usé,
Que pour vous en donner un autre jeune et brave,
Octave en un mot...

CLEOPATRE.

Moi, je charmerois Octave !

CHARMION.

Pourquoi non ? tout vous flate, et c'est vôtre destin
D'avoir toujours en poche un Empereur Romain.

CLÉOPATRE.

L'amour fait dans mon cœur d'étranges caprioles.
Mais ne me fais-tu point de promesses frivoles ?

CHARMION.

Non. Pour plaire à Cesar allez vous ajuster.
Poudrez-vous les cheveux, faites-les frisotter.
Vôtre Page paroît : je prens soin de l'ouvrage :
Soyez triste, et sortez tôt.

SCENE VII.

CLEOPATRE, CHARMION, LE PAGE.

CLEOPATRE.

Soutenez-moi, Page.

LE PAGE, *ou Bouvillon.*

Madame, entrez chez vous, je crains que
  vous tombiez :
Vous ne me semblez pas trop ferme sur vos jambes.

LA BAGUENAUDIERE, *se levant.*

Pieds, ignorant !

B. BOUVILLON.

Hé bien ! pieds ou jambes, qu'importe ?
L'un vaut l'autre.

LA BAGUENAUDIERE.

A-t-on veu rimer de cette sorte,
Boureau ?

B. BOUVILLON.

Je m'en bats l'œil. Suis-je un Comedien ?
Qu'un autre fasse mieux.

LA BAGUENAUDIERE.

Poursuivez, ce n'est rien.

CHARMION, *riant.*

Je n'en suis plus.

B. BOUVILLON.

On rit de moi-même à ma face.
Messieurs les baladins, avant que le jour passe,
J'étrillerai quelqu'un, et sur un autre ton.

LA BAGUENAUDIERE.
Coquin, veux-tu rentrer ? si je prens un bâton...
Poursuivez.

SCENE VIII.

CHARMION, EROS.

CHARMION.

Eros vient, qui cherche Cleopatre.
Que fait Antoine ?

ÉROS.
Antoine est battu comme plâtre.

CHARMION.
Et Cleopâtre est morte, adieu.

ÉROS.
Bon soir, quel cas...

SCENE IX.

ANTOINE, EROS.

ANTOINE.

Vous m'ôtez mon épée; ah ! coquins ! sce-
lerats !
Eros, que fait la reine ? où faut-il que ma
gloire...

ÉROS.
La reine Cleopatre a passé l'onde noire.

ANTOINE.
Elle est morte ?

ÉROS.

A peu près.

ANTOINE.

Est-il vrai, ce malheur ?

Ciel !

ÉROS.

Elle-même a dit qu'elle l'étoit, Seigneur.
Je la vis l'autre jour aiguiser une dague :
Elle a pû dans son sein, en faisant zague, zague...

ANTOINE.

Mourons donc, cher Éros. Près d'Antoine assidu,
Il te souvient du jour où l'on t'auroit pendu
Pour avoir deserté. Je te donnai la vie,
Pour me faire mourir quand j'en aurois l'envie.
Frape donc. Tu pâlis ! quelle peur te retient ?
Ne te souvient-il plus...

ÉROS.

Oüy dà, il m'en souvient.
Non qu'à vôtre beau corps je veüille faire brêche ;
Mais, tenez, faites-vous un licol de ma mêche ;
Dans un endroit bien haut je vous attacherai,
Puis après par les piez je vous brandoüillerai,
Et vous deviendrez mort.

ANTOINE.

Non ; il faut ton épée.
Frape, Éros, ne rends pas mon attente trompée.

ÉROS.

Vous donner le trépas, c'est vous faire mourir ;
Je vous dois seulement l'exemple de courir :
Imitez-moi.

ANTOINE.

Demeure, acheve ton ouvrage.

ÉROS.

Eh bien ! detournez donc cet auguste visage :

Me voila prêt, Seigneur, selon votre desir,
A vous assassiner pour vous faire plaisir;
N'ayez point peur, je vais vous percer la bedaine.

ANTOINE.

Arrête, il ne faut pas ensanglanter la scene;
La régle le défend, il m'en souvient, hola!

ÉROS.

Qu'importe si la régle...

SCENE X.

ANTOINE, EROS, CLEOPATRE, Mrs DE LA BAGUENAUDIERE, ETC.

CLEOPATRE.

a, ha, ha, ha, ha, ha!
La pauvre Cleopatre est bien défigurée;
Vous voyez comme on l'a dans ces lieux
acoutrée.

LA BAGUENAUDIERE.

Et qui donc?
CLEOPATRE.

Un belier alteré de mon sang.
Au scandale des loix, au mépris de mon rang,
Insensé, du respect ayant franchi les bornes,
Entre les deux yeux juste il m'a planté ses cornes.
J'en demande vangeance.

SCENE XI.

M^{rs} DE LA BAGUENAUDIERE, DE PRERAZÉ, ETC., RAGOTIN, ISABELLE.

ISABELLE.

h ! mon pere ! au jardin,
Monsieur Bouvillon vient d'attaquer le
Destin :
Ils sont aux mains.

LA BAGUENAUDIERE.
Allons empêcher ce carnage.

RAGOTIN.
Oh ! juste Ciel ! j'ai fait un bel apprentissage.

FIN DU QUATRIÉME ACTE.

ACTE V

SCENE I.

RAGOTIN, LA RANCUNE.

RAGOTIN.

Le Destin s'est, dit-on, battu comme un lion;
Et, ma foi ! c'étoit fait de Blaise Bouvillon,
Si d'une prompte fuite il n'avoit pris la voye.

LA RANCUNE.

S'il eût été tué, que j'aurois eu de joye !

RAGOTIN.

Est-ce que Bouvillon te choque ou t'a rendu...

LA RANCUNE.

Non, c'est que le Destin auroit été pendu.
Depuis que d'un soufflet il m'a donné la touche,
Pour quelque démenti prononcé par ma bouche,
Quoi qu'à nous embrasser on ait veu ma ferveur,
Ce soufflet m'est toujours demeuré sur le cœur;
Et sans cesse en secret sensible à cette offense...

RAGOTIN.

Ah ! pour un tems, ami, suspens cette vengeance,

Jusqu'à ce que tes soins, propices à mon cœur,
A m'être favorable accoutument sa sœur.
Je l'aime, et si tu n'as pitié de ma souffrance,
Dans deux jours il n'est plus de Ragotin en France.

La Rancune.

Pour vous servir je veux oublier mon courroux,
Et pour vous témoigner combien je suis à vous,
Je vais vous en donner la marque la plus tendre
Que d'un cœur genereux un ami puisse attendre.

Ragotin.

De trop d'honnêteté c'est me favoriser.

La Rancune.

Je n'en userois pas comme j'en vais user,
Si je ne vous aimois autant que je vous aime,
Et ne vous regardois comme un autre moi-même.

Ragotin.

Je te suis obligé.

La Rancune.

Ce que vous allez voir
Vous montrera sur moi quel est vôtre pouvoir.

Ragotin.

Parle, acheve, mon cher, de me combler de joye.

La Rancune.

N'auriez-vous point sur vous dix écus de monnoye ?
Prêtez-les-moi. Parbleu ! je suis garçon de cœur ;
Je ne les prendrois pas d'un aut re

Ragotin.

Trop d'honneur !

La Rancune.

Si je n'avois pour vous une ardeur singuliere,
Je ne vous ferois pas une telle priere.

RAGOTIN, *tirant d'un bourson.*

Je le croy. Tien, voila déja demi Loüis.

LA RANCUNE.

Les amis, au besoin, sont toujours les amis :
Je n'emprunterois pas d'aucun autre une obole.

RAGOTIN, *tirant d'une bourse de sa poche.*

Oh ! ce demi Loüis avec cette pistole,
Et puis ces trente sols, cela fait six écus.

LA RANCUNE.

Est-elle de poids ?

RAGOTIN.

Oüy.

LA RANCUNE.

Dans deux jours tout au plus,
Employant tous mes soins près de vôtre maîtresse,
Vous entendrez parler pour vous de mon adresse.

RAGOTIN, *tirant de l'autre poche.*

Voilà trois écus blancs qui font neuf justement.

LA RANCUNE.

Ma foi ! vous m'avez plû tantôt infiniment.
Dans le Role. .

SCENE II.

RAGOTIN, LA RANCUNE, UN LAQUAIS.

LE LAQUAIS.

Monsieur de La Baguenaudiere
De le venir trouver vous fait une priere.

RAGOTIN.

J'y cours. Ah ! que n'ai-je eu plus tôt cet
ordre-ci !

SCENE III.

LA RANCUNE, *à Ragotin qui s'en va.*

u moins vous me devez un écu, songez-y.
Je voi venir l'Etoille, et son frere avec elle :
De bien près, ce me semble, il obsede Isa-
    belle.
Seroit-il assez fou pour oser l'enlever ?
Tout aujourd'hui de près je le veux observer.

SCENE IV.

L'ETOILLE, LE DESTIN.

L'ETOILLE.

uy, je n'ai feint tantôt que je m'étois blessée,
Qu'afin qu'en se rangeant dans ma cham-
    bre, empressée,
Madame Bouvillon m'expliquât en effet
Tout ce qu'elle pensoit de vous et du billet.
Heureusement, vous dis-je, elle l'a pris pour elle;
Elle vous cherche.

LE DESTIN.

Allons, entrons chez Isabelle ;
Tantôt, sans Bouvillon, j'eusse été loin de vous.
Ses coups, que j'imputois à son dépit jaloux
De voir entre mes mains l'objet qui sçait lui plaire,
M'ont fait....

L'ETOILLE.

Songez à vous, je voy venir sa mere.
La Fontaine. — IV.
                                    20

SCENE V.

MADAME BOUVILLON, L'ETOILLE,
LE DESTIN.

MADAME BOUVILLON.

Pour sçavoir le détail de ce qui s'est passé,
Je vous cherche. Et, mon Dieu! n'êtes-vous
point blessé?
Contre ce fils ingrat juste est votre colére;
Mais ne la faites point passer jusqu'à sa mére.

LE DESTIN.

Je pouvois aisément lui donner le trépas,
Mais mon respect pour vous a retenu mon bras.

MADAME BOUVILLON.

Helas! dans ce moment je m'amusois à lire
Certain billet galant que vous veniez d'écrire.
Vous rougissez! Non, non, bien loin d'être perdu,
Au gré de vos souhaits le hazard l'a rendu;
Il est entre des mains qui vous sont favorables.
Vous devez quelque grace à mes soins charitables;
Venez, pour dissiper le trouble où je vous voy,
Parler de ce billet, au jardin avec moi.

LE DESTIN.

J'ai de vous obéïr une ardeur singuliere;
Mais je crains....

MADAME BOUVILLON.
Quoi?

LE DESTIN.
Monsieur de La Baguenaudiere.
Vous sçavez quels travers il s'est mis dans l'esprit;
J'en suis la seule cause, et vous me l'avez dit.

MADAME BOUVILLON.

Ne craignez rien. Monsieur de La Baguenaudiere,
Sur qui mon bien me donne une puissance entiere,
Dans un moment ou deux, va, par mon ordre, au Mans,
Inviter un parent de se rendre ceans.
J'ai sceu trouver exprès ce devoir de famille;
Il va dans un moment partir avec sa fille.

LE DESTIN.

Avec Isabelle ?

MADAME BOUVILLON.

Oüy, sans crainte, desormais....

LE DESTIN.

Mais, Madame, ceans vous avez des valets....

L'ETOILLE.

Et bien ! pour vous parer tous deux d'une surprise,
En allant au jardin que chacun se déguise.

MADAME BOUVILLON.

Elle a raison.

L'ETOILLE.

Prenez quelques voiles épais,
Qui vous puissent cacher aux yeux de vos valets;
Moi, j'aurai soin aussi de déguiser mon frere.

MADAME BOUVILLON.

Aux yeux des surveillans peut-on mieux se soustraire ?
J'y cours.

SCENE VI.

LE DESTIN, L'ÉTOILLE.

LE DESTIN.

Ah! Ciel, à quoi m'engagez-vous, ma sœur?

L'ETOILLE.

Pour servir vôtre amour, je flate son erreur :
De ce deguisement j'ai trouvé le mistere,
Afin de l'obliger à nous laisser mon frere.

SCENE VII.

ISABELLE, LE DESTIN, L'ETOILLE.

ISABELLE.

Je vous cherchois : mon pere, en mon apar-
            tement,
            D'aller au Mans sans lui m'a fait comman-
dement.
D'où vient qu'à ce voyage ainsi seule il m'expose?
Est-ce pour m'éprouver?.....

L'ETOILLE.

Non; en voici la cause :
Il m'est venu prier d'une collation
Qu'il vouloit me donner au petit pavillon.

LE DESTIN.

Quel bonheur! ce voyage enfin nous favorise;
Il va me donner lieu d'achever l'entreprise,
Puis que vous allez seule.

ISABELLE.

Ah ! ne vous trompez pas ;
Une vieille parente accompagne mes pas ,
Et Monsieur Ragotin pareillement. Mon pere
L'a prié de cela : je ne puis m'en défaire ;
Il m'attend au carosse , et va venir ici
Si je tarde un moment encore, et..... le voici.

LE DESTIN.

A l'arrêter ici mettez tout en usage ,
Ma sœur, n'épargnez rien.....

L'ETOILLE.

A cela je m'engage :
Sortez, allez attendre Isabelle ici près ,
Courez, et vous , songez à le suivre de près.

ISABELLE.

Juste Ciel ! la frayeur s'empare de mon ame.

SCENE VIII.

ISABELLE, L'ETOILLE, RAGOTIN.

RAGOTIN.

Le carosse attelé de trois chevaux, Madame,
Et la Tante , après vous attendent pour
partir.
Elle m'envoye exprès pour vous en avertir.

L'ETOILLE. *Elle fait signe à Isabelle de s'en aller,*
et arrête Ragotin.
Vous allez donc au Mans ?

RAGOTIN.

Oüy, beauté printanniere.
De la part de Monsieur de La Baguenaudiere ,
Je......

L'ETOILLE.

Monsieur Ragotin part, et ne me vient pas
Demander, lui qu'on voit charmé de mes appas,
Si je n'ai point besoin au Mans de quelque emplette.
Quel galant!

RAGOTIN.

En cela si ma bouche est muëtte,
C'est que chaque pays pour tout ne sont pas bons.
Du Mans il ne vient rien d'exquis que des chapons;
Ce n'est pas vôtre fait.

L'ETOILLE.

J'ai besoin de dentelles;
J'en vis chez un Marchand l'autre jour de fort belles;
Faites-les acheter.

RAGOTIN.

Isabelle est là bas,
Elle m'attend, j'y cours: sans tout cet embarras,
Vôtre commission occuperoit mon ame.
Une autre fois au Mans, exprès pour vous, Madame,
Je me rendrai.

L'ETOILLE.

Comment! j'en ai besoin ce soir;
Je m'en vai vous donner de l'argent pour l'avoir.
Tirez-moi ma cassette, elle est dans cette caisse.

RAGOTIN.

Volontiers, mais en vain je la cherche et me baisse.
La cassette à mes yeux ne s'offre point ici.

L'ETOILLE, *le voyant à demi corps dans la caisse.*

Cherchez bien. Du dessus du coffre que voici,
Faisons un trebuchet au pauvre petit homme;
Qu'il s'en retire après.

RAGOTIN.

Ce couvercle m'assomme,
Mademoiselle, et tôt, levez-le, il peze fort.

SCENE IX.

LA BAGUENAUDIERE, RAGOTIN.

LA BAGUENAUDIERE, *envelopé d'un manteau.*

P our me servir, Amour, fais de grace un
effort.
Madame Bouvillon me croit loin du village :
De ce vaste manteau couvrons-nous le
visage ;
Allons prendre l'Etoïlle.

RAGOTIN, *dans la caisse.*

Aye ! ouf ! je vai mourir.

LA BAGUENAUDIERE.

Qu'entens-je ?
RAGOTIN.

Et vîte à moi ! tôt.

LA BAGUENAUDIERE.

Sans nous découvrir,
Allons débarasser ce pauvre petit homme.

RAGOTIN, *sortant de la caisse.*

Si..... Que vois-je ? l'Etoïlle est changée en fantôme !
Ne seroit-ce point lui qui vient de me cofrer ?
Que n'ai-je un instrument propre pour balafrer !
Mais vangeons-nous des poings. Ah ! le traître m'accable
Sauvons-nous ; ce n'est pas un homme, c'est un Diable.

SCENE X.

LA BAGUENAUDIERE.

vant qu'aller au Mans, ce fat s'est enyvré.
Parbleu ! si ce bâton ne m'en eut delivré ,
De mon déguisement il eut percé le voille :
Mais pour notre repas allons chercher
l'Etoille.

SCENE XI.

MADAME BOUVILLON,
LA BAGUENAUDIERE.

MADAME BOUVILLON, *avec un voille.*

e Destin au berceau n'a point frapé mes
    yeux,
Et son retardement me rameine en ces
    lieux.

LA BAGUENAUDIERE.
Que j'aurai de plaisir !... Mais la voici ; c'est elle.

MADAME BOUVILLON.
Le voila ; j'avois tort de soupçonner son zele.

LA BAGUENAUDIERE.
Est-ce vous ?

MADAME BOUVILLON.
Oüy, c'est moi. Mais, vous-même, est-ce vous ?

LA BAGUENAUDIERE.
C'est moi-même, ravi d'avoir ce rendez-vous.
Souffrez que mon amour à vos yeux se déploye.

MADAME BOUVILLON.

Souffrez que vos regards soient témoins de ma joye.

LA BAGUENAUDIERE, *ôtant son manteau.*

Sincere est mon ardeur.

MADAME BOUVILLON, *ôtant son voile.*

Pure est ma passion.

LA BAGUENAUDIERE.

Ah!

MADAME BOUVILLON.

Ah!

LA BAGUENAUDIERE.

Ah! c'est donc vous, Madame Bouvillon?

MADAME BOUVILLON.

Ah! c'est donc vous, Monsieur de La Baguenaudiere?
Vous croyiez voir ici l'Etoille poussiniere.
Sçachant bien que pour elle on me manquoit de foi,
J'ai feint exprès ainsi pour en juger par moi.

SCENE XII.

LA BAGUENAUDIERE,
MADAME BOUVILLON, RAGOTIN.

RAGOTIN, *le pied dans un pot de chambre.*

Ne trouverai-je ici qu'outrage sur outrage?
Maudit château! maudit amour! maudit
voyage.

LA BAGUENAUDIERE.

Qui vous oblige donc d'avoir ce pied d'estal?

RAGOTIN.

Ah!

MADAME BOUVILON.

Qui vous fait marcher sur ce pied de metal,
Et pourquoi fuïr Monsieur de La Baguenaudiere ?

RAGOTIN.

C'est qu'un Diable tantôt fait de même maniere,
Mais mille fois plus grand, a chargé sur mon dos
Cent millions de coups d'un baton court et gros;
J'ai fuy, croyant l'avoir incessamment en queuë,
Faisant à chaque pas un demi quart dé lieuë,
Tout herissé de peur, lorsque j'ai rencontré
Un maudit pot de chambre où mon pied est entré.
Aux cris que j'ai poussé, gemissant de foiblesse,
Un chien est survenu qui m'a mordu la fesse,
Mais je n'ai point songé qu'à ce pied empotté,
Que si vilainement la fortune a botté.
Je mettois vainement ce pied à la torture
Pour chercher les moyens d'ôter cette chaussure,
Quand un homme est venu dé la part du Destin,
Et d'Isabelle aussi, pour me remettre en main
Le billet que voila. Surpris à sa lecture,
Oubliant tous les maux de ma triste avanture,
J'ai fait de vous chercher mes plus fortes raisons
Pour vous en faire part. Tenez, lisez.

LA BAGUENAUDIERE.

Lisons.

*Monsieur Ragotin, ne vous donnez point la peine de
me chercher pour vous charger de ma conduite. Si mon
pere vous demande compte de la commission qu'il vous
en a donnée, aprenez-lui que je suis entre les mains de
M^r le Destin, à qui j'ai donné ma foi, comme au seul
homme qui s'est offert, pour me délivrer du joug où m'alloit jetter le mariage de Blaise Bouvillon, pour qui
j'ai une aversion insurmontable.*

Je suis, etc.

Je croi que ce perfide est de l'intelligence.

Ton zéle a ménagé cette furtive absence,
De ma fille tantôt tu m'avois répondu ;
Tu m'as trahi, Judas ; mais tu seras pendu.

RAGOTIN.

Pendu ! moi ?

MADAME BOUVILLON.

      Toi, pendu : diffamer ma famille,
M'enlever une bru, faire un rapt de sa fille :
Pendu, pendu, pendu !

RAGOTIN.

      Je suis tout éperdu !

LA BAGUENAUDIERE.

Il faut l'épouvanter ; pendu, pendu, pendu !

RAGOTIN.

Quelle grêle de maux ! Ciel ! pour les autres, passe,
Mais me voici tombé de fievre en chaud mal ; grace !

LA BAGUENAUDIERE.

Abus.

RAGOTIN.

    Ayez pitié d'un Avocat.

MADAME BOUVILLON.

      Chansons.

LA BAGUENAUDIERE.

Aprens-moi leur retraite à l'instant, dépêchons,
Ou...

RAGOTIN.

   Moi, je n'en sçai rien.

LA BAGUENAUDIERE.

      Pour changer de langage,
Holà ! quelqu'un. Allez, qu'on le pende.

RAGOTIN.

      A mon âge !

Avant que de me pendre, ayez de moi pitié,
Tirez-moi, s'il vous plaît, cette épine du pied ;
Je cours risque autrement, foi d'homme qui vous prie,
D'en être estropié le reste de ma vie.

LA BAGUENAUDIERE.
Puisqu'il ne parle pas, pendez-moi ce coquin.

SCENE XIII.

LA BAGUENAUDIERE, MADAME
BOUVILLON, RAGOTIN, LA RAN-
GUNE.

LA RANCUNE.
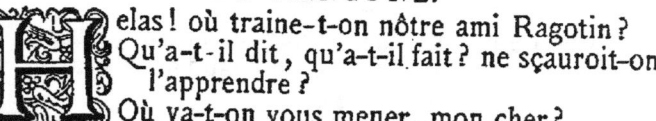elas ! où traine-t-on nôtre ami Ragotin ?
Qu'a-t-il dit, qu'a-t-il fait ? ne sçauroit-on
l'apprendre ?
Où va-t-on vous mener, mon cher ?

RAGOTIN.
On me va pendre ;
Et je ne sçai comment me tirer de là.

LA RANCUNE.
Quoi !
J'ai deux mots importans à dire ; écoutez-moi.
Suspendez jusques-là la sentence mortelle.

LA BAGUENAUDIERE.
Pourquoi ?

LA RANCUNE.
Nous nous aimons d'une amour fraternelle,
Et je voudrois bien voir la grace qu'il aura
Au bois patibulaire alors qu'on le pendra.

LA BAGUENAUDIERE.
Ce coquin, au mépris de toute ma famille,
A servi le Destin pour enlever ma fille.

LA RANCUNE.

Si ce n'est que cela qui peut l'avoir perdu,
De l'entendre au supplice, et de le voir pendu,
Nous n'aurons pas la joye.

LA BAGUENAUDIERE.
Et d'où vient?

LA RANCUNE.

Aprenez-le :
Sçachant que le Destin poursuivoit Isabelle,
Et que de l'enlever le drôle avait l'orgueil,
Sur eux autour d'ici j'ai fait la guerre à l'œil ;
Suivi de paysans, au bout de cette plaine,
Comme ils alloient gagner la campagne prochaine,
Je les ai fait saisir et ramener ici,
Où vous allez bientôt les voir, et... les voici.

SCENE XIV.

LA BAGUENAUDIERE, MADAME BOUVIL-
LON, LE DESTIN, ISABELLE, RAGOTIN,
LA RANCUNE.

LA BAGUENAUDIERE.

ApProche, scelerat, approche, ingrate fille,
Indigne rejetton d'une illustre famille ;
Suivre un homme inconnu ! toi, seduire un
enfant !
Un échaffaut t'est seur ; une guimpe t'attend.

MADAME BOUVILLON.

C'est trop peu qu'un Couvent pour sa peine afflictive ;
Il faut dans un cachot l'enterrer toute vive.

LE DESTIN.

Si nôtre amour merite un supplice éternel,
C'est moi qu'il faut punir, je suis seul criminel.

LA BAGUENAUDIERE.

C'est de toi seul aussi que je prendrai vangeance.

ISABELLE.

Ah ! mon pere, songez que j'ai part à l'offence.

MADAME BOUVILLON.

Il faut, sans balancer, qu'ils soient tous deux punis ;
Mais qui vient nous troubler ?

SCENE XV.

Mr DE LA BAGUENAUDIERE, MADAME
BOUVILLON, LE DESTIN, ISABELLE,
LA RANCUNE, RAGOTIN, LE DECO-
RATEUR.

LE DECORATEUR.

Madame, vôtre fils,
Avecque son fusil, d'une audace assassine,
Au malheureux l'Olive a percé la poitrine.

LE DESTIN.

A mon Pere ?

MADAME BOUVILLON.

D'ennuy ceci me va combler.

LE DECORATEUR.

Il se fait apporter ici pour vous parler,
Ayant à vous parler d'une affaire importante.
Mais le voici.

SCENE DERNIERE.

Mr LA BAGUENAUDIERE, etc., L'OLIVE.

L'OLIVE.

Madame, en un mot comme en trente,
De grace écoutez-moi, si proche du trépas,
Ayant à vous parler, ne m'interrompez pas.
A défunt vôtre époux il prit un jour envie,
Dans la maison des champs d'avoir la Comedie;
Le mal d'enfant vous prit, et Monsieur vôtre époux
Fut pere d'un garçon ou crut l'être. Chez vous
Accoucha le jour même une Comedienne;
Cette femme accouchée aussi c'étoit la mienne :
Elle fit un garçon, et je le crus de moi,
Car la défunte étoit laide; et, de bonne foi,
Quoi qu'elle vit en moi sans cesse un beau modelle,
Le fils qu'elle me fit étoit aussi laid qu'elle.
Je pestois de bon cœur contre cette souillon,
Quand je vis remüer le petit Bouvillon,
Qui parut à mes yeux d'aussi belle structure
Que mon magot étoit de laide regardure.
Il me prit de troquer une tentation.
Vôtre avare nourrice, en cette occasion,
A l'or de mes Loüis sensible plus qu'une autre,
Se chargea de mon fils et me donna le vôtre :
Moi, dès le même instant, de peur qu'on en vît rien,
J'emportai vôtre fils et vous laissai le mien;
Si bien que cet ingrat, dont la fureur impie
Par un coup detestable a fusillé ma vie,
Est mon fils; et le vôtre, élevé de ma main,
A qui j'ai façonné l'esprit, c'est le Destin.

MADAME BOUVILLON.

Le Destin est mon fils! mon cœur en pâme d'aise;
Il faut que tout mon soû je le baise et rebaise.

LA BAGUENAUDIERE.

Mais qui sçait si cet homme a dit la verité ?

L'OLIVE.

La nourrice, avec qui j'avois tout concerté,
Est encore en ces lieux ; elle peut vous le dire.

MADAME BOUVILLON.

J'en croi ce que pour lui la nature m'inspire.

LE DESTIN.

Mais il faut vous penser : où vous a-t-on blessé ?

L'OLIVE.

Mon ami, j'ai le cœur d'outre en outre percé.

LA RANCUNE.

Je ne vois point de sang en nul endroit.

L'OLIVE.

           N'importe.

LA RANCUNE.

Il n'est point blessé.

LE DESTIN.

Non !

LA RANCUNE.

         Non, le Diable m'emporte !

L'OLIVE.

Est-il vrai ?

LA RANCUNE.

Chose seure.

L'OLIVE.

          Il faut donc que la peur
M'ait fait tourner la tête en me frappant au cœur.

LA RANCUNE.

Juste.

ISABELLE.

Cette avanture est rare et surprenante.

MADAME BOUVILLON.

Vous n'avez pas sujet d'en être mécontente.

LE DESTIN.

Isabelle !

LA BAGUENAUDIÈRE.

En discours ne perdons point de tems,
Allons nous éclaircir sur tous ces incidents ;
Que chacun fasse voir son ardeur à me suivre.
Allons.

LA RANCUNE, *à Ragotin.*

D'être pendu mon secours vous délivre.

RAGOTIN.

Il est vrai, cher ami, sans toi ces hape-chair
M'alloient faire dancer un entrechat en l'air ;
Mais mon pied emboisté dans ce pas detestable
Implore à l'en tirer ta pitié charitable.
O Ciel ! à quel malheur m'avez-vous attaché !
Heureux de n'avoir pas pourtant été branché.

FIN.

LE FLORENTIN

COMÉDIE — 1685

ACTEURS

HARPAJESME, Florentin.
HORTENSE, Pupille d'Harpajême.
TIMANTE, Amant d'Hortense.
AGATHE, Mère d'Harpajême.
MARINETTE, Servante d'Harpajême (1).
UN SERRURIER.
UN EXEMPT.
DES RECORDS (2).

La Scene est à Florence.

1. Suivante d'Hortense. (Édition de 1734.
2. L'EXEMPT ET SES ARCHERS. (Édition de 1734.)

LE FLORENTIN

COMÉDIE (1)

ACTE PREMIER

SCENE I.

TIMANTE, MARINETTE.

MARINETTE.

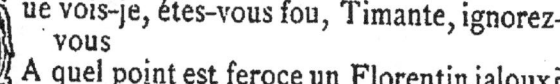ue vois-je, étes-vous fou, Timante, ignorez-vous
A quel point est feroce un Florentin jaloux?
Vous étes son rival, transporté de colere,

1. Cette comédie a été jouée pour la première fois le lundi 23 juillet 1685. Nous suivons ici en général le texte des *Pièces de theatre de Monsieur de La Fontaine* (voyez ci-dessus page 230, note). Les variantes sont tirées des *Œuvres diverses* de 1729, et des *Pièces dramatiques choisies et restituées par Monsieur ****, — Amsterdam, F. Changuion, 1734, in-12 ; recueil attribué à J.-B. Rousseau, et comprenant *Le Cid*, *Don Japhet* de Scarron, *Mariane* de Tristan et *Le Florentin*. L'édition du *Florentin* qui en fait partie a servi

Il fait de vous tuer sa principale affaire ;
Et, loin d'envisager ces perils évidens,
Vous venez dans sa chambre! Où donc est le bon sens?

TIMANTE.

Oüy, je sçai tout cela, Marinette, mais j'aime.
Voyant sortir d'ici le brutal Harpajême,
J'ai voulu profiter...

MARINETTE.

    Vous ne sçavez donc pas
Qu'à peine il est sorti, qu'il revient sur ses pas ?
Occupé seulement de l'âpre jalousie,
Rien ne peut l'asseurer ; de tout il se défie.
S'il faut, en revenant, qu'il vous trouve en ces lieux...

TIMANTE.

Va, va, j'ai mes raisons pour paroître à ses yeux.
Mais, de grace, instruis-moi de ce que fait Hortense,
De tout ce qu'elle dit, de tout ce qu'elle pense.

---

de base au texte de M. de Walckenaër ; il s'est surtout
fondé pour s'y attacher sur ce passage de l'Avertissement :
« Il ne s'en voit point (de comédie) qui ait été jusqu'ici aussi
maltraitée sur le papier, par les altérations, les fautes de
langue, les omissions et les barbarismes, que l'ignorance
des Éditeurs y a laissé glisser presque d'un bout à l'autre.»
C'est précisément là ce qui nous a décidé à n'employer ce
recueil que pour les variantes. On sait ce que c'est que les
corrections de certains éditeurs. Celui-ci, du reste, ne nous
laisse pas ignorer sa façon d'agir : dans *Le Cid* il supprime le
rôle de l'infante et ajoute quatre vers de sa façon ; pour *Ma-*
riane, il annonce que son travail n'a consisté « que dans le
retranchement, la correction ou le supplément de cent cinquante ou cent soixante vers tout au plus. » Cela laisse à
penser ce qu'il a pu faire pour *Le Florentin*. Dans l'avertissement la pièce est attribuée à Champmeslé. Il est probable
qu'il faut le considérer seulement comme l'auteur du cane-
vas, mais que les vers, du moins dans les morceaux principaux, appartiennent à La Fontaine.

Harpajême toujours poursuit-il ses projets ?
La tient-il enfermée encor ?

MARINETTE.

Plus que jamais.
Pour la soustraire aux yeux de vôtre Seigneurie,
Il met tout en usage, artifice, industrie.
Une chambre, où le jour n'entre que rarement,
Est de la pauvre enfant l'unique appartement ;
Autour règne une épaisse et terrible muraille,
De briques composée, et de pierre de taille.
Un labirinthe obscur, penible à traverser,
Offre, avant que d'entrer, sept portes à passer ;
Chaque porte, outre un nombre infini de ferrures,
Sous differens ressorts a quatre ou cinq serrures,
Huit ou dix cadenats, et quinze ou vingt verroux.
Voila le plan du fort où ce bouru jaloux
Enferme avec grand soin la malheureuse Hortense ;
Encor ne la croit-il pas trop en asseurance.
Pour mettre sa personne à l'abry du danger,
Seul il la voit, l'habille et lui sert à manger ;
Seul il passe en tout tems la journée avec elle,
A la voir tricotter, ou blanchir sa dentelle.
Par fois, pour lui fournir des passe-tems plus doux,
Il lui dit les devoirs de l'épouse à l'époux ;
Ou bien, pour l'égayer, prenant une guithare,
Il lui racle à l'oreille un air vieil et bizarre.
La nuit, pour empêcher qu'on ne le trompe en rien,
Une cloison separe et son lit et le sien.
Le bruit d'une araignée, alors qu'elle tricotte,
Une mouche qui vole, une souris qui trotte,
Sont élephans pour lui, qui l'allarment soudain.
Du haut jusques en bas, un pistolet en main,
Ayant par ses clameurs éveillé tout le monde,
Il court, il cherche, il rode, il fait par tout la ronde.
Non, le Diable, ennemi de tous les gens de bien,

Le Diable bien nommé Diable, et qui ne vaut rien (1),
Est moins jaloux, moins fol, moins méchant, moins bizarre,
Moins envieux, moins loup, moins vilain, moins avare,
Moins scelerat, moins chien, moins traître, moins lutin,
Que n'est, pour nos pechez, ce maudit Florentin.

TIMANTE.

Le malheureux! on sçait comment il traite Hortense;
Par mes soins la Justice en a pris connoissance.
Je puis par un arrêt tromper sa passion;
Mais je crains de le mettre en execution.

MARINETTE.

S'il falloit qu'il en eût la moindre connoissance,
Le poignard aussi-tôt vous priveroit d'Hortense.
Parlant sur ce chapitre, il nous a dit cent fois
Qu'avant que se soumettre à la rigueur des loix,
Il choisiroit plûtôt le parti de la pendre,
Et qu'il aimeroit mieux l'étouffer que la rendre.

TIMANTE.

Cette lettre pourra traverser ses desseins.
Je feindrai de la mettre à ses yeux en tes mains,
Te priant de la rendre entre celles d'Hortense;
Toi, pour ne point marquer (2) aucune intelligence,
Tu la refuseras avec emportement.

MARINETTE.

J'entens. Mais gardez-vous de lui en ce moment.
Il fait faire, dit-on, un ressort qu'il nous cache;
A l'achever dans peu son serrurier s'attache.
Déja...

TIMANTE.

Le serrurier s'en est ouvert à moi.
C'est un homme d'honneur; il m'a donné sa foi
Moyennant quelqu'argent que j'ai sçû lui promettre.
De concert avec lui j'ai dicté cette lettre.

1. Ce vers manque dans les éditions de 1702 et de 1729.
2. *Pour ne témoigner*, dans l'édition de 1734.

Pour punir d'un jaloux les desirs dereglez,
Je viens exprés... il entre...

SCENE II.

HARPAJESME, AGATHE, MARINETTE, TIMANTE.

MARINETTE.

Allez au Diable, allez!
Pour qui me prenez-vous, et quelle est
  vôtre attente?
Mercy diantre! ai-je l'air d'une fille intri-
gante?

HARPAJESME.

Que vois-je!

TIMANTE.

Hé! Marinette, un mot, écoute-moi!

MARINETTE.

Ne m'approchez pas!

HARPAJESME.

Bon!

TIMANTE.

          Cent Loüis sont pour toi;
Les voila.

MARINETTE.

Je n'ai point une ame interessée.

TIMANTE.

Quoi!...

MARINETTE.

      Ces poings puniront vôtre infame pensée
Si vous restez.

TIMANTE.

Hortense est commise à tes soins ;
Pour m'obliger, rends-lui ce billet sans témoins.

HARPAJESME *se jette sur la lettre.*

Ah ! ah ! perturbateur du repos du ménage,
Tu veux donc la seduire et me faire un outrage !

TIMANTE, *l'epée à la main.*

Redonne-moi la lettre, ou ce fer que tu vois..

HARPAJESME.

Barthelemi, Cristophle, Ignace, Ambroise, à moi !

SCENE III.

HARPAJESME, AGATHE, MARINETTE.

MARINETTE.

Comme il fuit !

HARPAJESME.

Il fait bien ; car cette mienne épée
Dans son infame sang alloit être trempée.
Mais de le voir ici me voila tout outré :
Comment est-il venu ? comment est-il entré ?

MARINETTE.

J'étois là-bas au frais quand je l'ai vû paroître;
Je suis soudain rentrée : il m'a suivie en traître,
Me disant qu'il vouloit m'enrichir pour toujours ;
Que je prisse le soin de servir ses amours ;
Et, faisant succeder les effets aux paroles,
Il m'a voulu couler dans la main cent pistoles.
Mais j'aurois moins souffert s'il avoit mis dedans,
Ou des cailloux glacez, ou des charbons ardens.
e créve quand je pense aux offres insolentes...

HARPAJESME.

Ah! ma mere! voila la perle des servantes!
Embrasse-moi, ma fille... Auriez-vous crû cela?
Hé bien! avec ses soins, ma mere, et ces clefs-là,
La garde d'une femme est-elle si terrible,
Et croyez-vous encor cette chose impossible (1)?

AGATHE.

Mon fils, bouleverser l'ordre des élemens,
Sur les flots irritez voguer contre les vents,
Fixer selon ses vœux la volage Fortune,
Arrêter le soleil, aller prendre la lune :
Tout cela se feroit beaucoup plus aisément
Que soustraire une femme aux yeux de son amant,
Deussiez-vous la garder avec un soin extrême,
Quand elle ne veut pas se garder elle-même.

HARPAJESME.

Il n'est pas question d'aller contre les vents,
Ni de bouleverser l'ordre des élemens,
Mais de garder Hortense ; et j'ay, pour y suffire,
De bons murs, des verrous, et des yeux : c'est tout dire.

AGATHE.

Abus. Lors que l'amour s'empare de deux cœurs,
Pour rompre leur commerce et vaincre leurs ardeurs,
Employez les secrets de l'art et la nature (2),
Faites faire une tour d'une épaisse structure,
Rendez les fondemens voisins des sombres lieux,
Elevez son sommet jusqu'aux voûtes des Cieux,
Enfermez l'un des deux dans le plus haut étage,
Qu'à l'autre le plus bas devienne le partage,
Dans l'espace entre deux, par differens détours,
Disposez plus d'Argus qu'un siecle n'a de jours,
Empruntez des ressorts les plus cachez obstacles :

1. *Possible*, mais à tort, dans les éditions de 1702 et de
1729.
2. *Les secrets de l'art, de la nature* (édition de 1734).

Plus grands sont les revers, plus grands sont les miracles;
L'un pour descendre en bas osera tout tenter,
L'autre aiguillonera ses esprits pour monter.
Sans s'être concertés pour une fin semblable,
Tous deux travailleront d'un concert admirable.
A leurs chants seducteurs Argus s'endormira;
Des verrouls, par leurs soins, le ressort se rompra;
De moment en moment, enjambant l'intervalle,
Enfin ils feront tant, au milieu du dédale,
Qu'imperceptiblement (1) ensemble ils se rendront,
Et, malgré vos efforts, mon fils, ils se joindront :
C'est un coup seur. Mon âge et mon experience
Doivent dans vôtre esprit inspirer ma science (2,.
Je sçai ce qu'en vaut l'aune, et j'ai passé par là.
Vôtre pere vouloit me contraindre à cela,
Mais, s'il n'eût mis un frein à cette ardeur trop prompte,
Il se seroit trompé seurement dans son compte,
Mon fils...

HARPAJESME.

    Oh! mieux que lui j'ai calculé le mien.
Je ne suis pas si-tôt (3)... Suffit, je ne dis rien.
Mais ouvrons le poulet du Damoiseau Thimante;
Apprenons ses desseins, et voyons ce qu'il chante.

Il lit.

    *Pour punir vôtre jaloux, je me suis rendu maître de
la maison qui est voisine de la vôtre, où j'ai trouvé le
moyen de me faire un passage sous terre, qui me condui-
ra jusqu'à vôtre chambre. J'espere que la nuit ne se passera pas sans que vous m'y voyez. Je vous en avertis, afin*

1. Dans l'édition de 1734 le *que*, au lieu de précéder *imperceptiblement*, est placé avant *au milieu*.
2. Dans l'édition de 1734 :

   Vous peuvent sur ce point garantir ma science.

3. *Sot* dans l'édition de 1734.

que vôtre surprise ne vous fasse rien faire qui soit enten-
du de vôtre bourru. Le même passage vous servira pour
vous faire sortir de l'esclavage, et vous mettre au pouvoir de
la personne qui vous aime le plus.

Il verra, s'il y vient, un plat de mon métier ;
Et je sors pour cela de chez le serrurier.
Ma foi, Monsieur Thimante, on vous la garde bonne !
Oüy, pour joindre en repos Hortense à ma personne,
J'ai besoin de sa mort. À tout examiner,
Le moyen le plus seur est de l'assassiner.
J'ai donc pour cela (1) fait construire une machine :
Je la ferai poser dans la chambre voisine.
Pressé par son amour Thimante s'y rendra (2) ;
Mais, au lieu d'y trouver Hortense, il s'y prendra.
Alors tout à mon aise, ayant en main ma dague,
Je vous la plongerai dans son sein, zague, zague,
Et le tuerai, ma mere, avec plaisir, Dieu sçait !
Ensuite on le mettra en (3) ma cave : *hic jacet.*

AGATHE.

Quoi ! de tuer un homme auriés-vous conscience ?
Loin que vôtre dessein vous fasse aimer d'Hortense,
Ce coup augmentera sa haine, il est certain.

HARPAJESME.

Bon ! bon ! morte est la bête, et mort est le venin.
Depuis que dans ces lieux Hortense est enfermée,
Qu'à ne plus voir Timante elle est accoutumée,
Elle est déja soumise à vouloir m'épouser.
Pour l'y fortifier, j'ai sçû la disposer

1. Éditions de 1729 et de 1734 :
    Pour cela j'ai donc fait...

2. Édition de 1734 :
    Notre Amoureux transi cette nuit s'y rendra.

3. *Dans,* dans l'édition de 1734.

A voir un sien cousin, Magistrat, homme sage,
Qu'elle connoît de nom, et non pas de visage :
Elle sçait seulement qu'il est en grand credit.
Étant de ses parens, et de sublime esprit,
Elle ne craindra pas d'ouvrir à sa prudence
Les secrets de son cœur, et tout ce qu'elle pense,
Et comme ce grand homme est de mes bons amis,
Afin de m'obliger, ma mere, il m'a promis
Que, selon mes desirs, il tournera son ame.

AGATHE.

Ce cousin entreprend de changer une femme!
Il est donc assez sot (1) pour presumer de soi;
Et quel est donc ce sot entrepreneur?

HARPAJESME.

C'est moi.

AGATHE.

Vous?

HARPAJESME.

    Moi... De ce cousin j'avois la fantaisie :
Depuis, prenant conseil d'un peu de jalousie,
Qui m'apprend que de tout il faut se défier,
J'ai crû plus à propos de me la confier (2).
Ce soir, l'obscurité devenant favorable,
Ayant la barbe et l'air d'un homme venerable,
En habit, et des pieds en tête revêtu
Du fastueux dehors d'une integre vertu (3),
Je pretens, selon moi, pétrir le cœur d'Hortense,
Et par même moyen sçavoir ce qu'elle pense.

1. *Fou*, dans l'édition de 1734.
2. Édition de 1734 :

    Qui m'apprend qu'on ne doit s'assurer que sur soi,
    J'ai cru plus à propos de prendre tout sur moi.

3. Édition de 1734 :

    En habit, et de pied en cap tout revêtu
    Du grave extérieur d'une integre vertu.

AGATHE.

Gardez-vous d'accomplir ce dessein dangereux.
Afin qu'en son ménage un homme soit heureux,
Bannissant de chez lui toute la défiance,
Loin de vouloir sçavoir ce que sa femme pense,
Il doit fuir avec soin, comme on fuit un forfait,
L'occasion d'apprendre ou voir ce qu'elle fait.

HARPAJESME.

Chansons. Rien ne me peut détourner de la chose.
Afin d'executer ce que je me propose,
Faisons venir Hortense en cet appartement.

On ouvre plusieurs portes.

AGATHE.

Le Ciel le punira de cet entêtement...
Que de portes! quel bruit de clefs! quel tintamarre!

MARINETTE.

De faire voir sa femme un jaloux est avare.

AGATHE.

Oüy; mais qui la confie à la foi des verrous,
Est trompé tôt ou tard.

SCENE IV.

HARPAJESME, HORTENSE, AGATHE, MARINETTE.

HARPAJESME.

Hortense, approchez-vous;
Monsieur vôtre Cousin en ces lieux va se rendre.
Avec un cœur ouvert ayez soin de l'entendre:
Il est ici tout proche, et je cours l'avertir.

SCENE V.

HORTENSE, AGATHE, MARINETTE.

AGATHE.

utant qu'à vos debats on m'a vû compatir,
Autant ma joye éclate à vôtre intelligence,
Ma bru. Je vais agir de toute ma puissance
Pour porter de mon fils l'esprit à la dou-
ceur :
Vous, à le caresser contraignez vôtre cœur.
Nos petites façons amolissent les ames,
Et les hommes ne font que ce qui plaît (1) aux femmes.

SCENE VI.

HORTENSE, MARINETTE.

MARINETTE.

Harpajême, ce soir, sera donc vôtre époux ?

HORTENSE.

Un jaloux furieux, les astres en courroux,
L'horreur d'une prison longue, obscure,
ennuyante,
Le repos de mes jours, tout l'ordonne.

MARINETTE.

                        Et Timante ?
Voulez-vous pour jamais renoncer à le voir ?
D'être un jour vôtre époux il conserve l'espoir :
Même il a, m'a-t-il dit, en tête un stratagême
Qui vous délivrera des rigueurs d'Harpajême.

1. *Ne sont que ce qu'il plaît,* dans l'édition de 1734.

HORTENSE.

Hé ! que pourra-t-il faire ? Hélas ! plus que le mien,
Son intérêt me porte à ce triste lien.
Il m'aime, et m'aimera tant qu'il verra mon ame
Libre, et dans un état de répondre à sa flamme :
Harpajème le hait, sa vie est en danger.
Peut-être quand l'himen aura sçû m'engager,
Qu'étouffant un amour que l'espoir a fait naître,
Il n'y songera plus, je l'oublierai peut-être :
J'y ferai mes efforts, du moins. Pour commencer
D'ôter de mon esprit Timante, et le chasser,
Au Cousin que j'attends je vais ouvrir mon ame,
Implorer ses conseils pour éteindre ma flamme,
Et, si je ne profite enfin de sa leçon,
Je parlerai du moins de ce pauvre garçon.

MARINETTE.

D'accord ; mais ce Cousin n'est autre qu'Harpajème,
Je vous en avertis.

HORTENSE.

Que dis-tu ? Lui ?

MARINETTE.

Lui-même.
Poussé par un esprit curieux et jaloux,
Sçachant que ce Cousin n'est point connu de vous,
Sous un déguisement et de voix et de mine,
Vous donnant des conseils de cousin à cousine,
Il prétend vous tirer de vos égaremens,
Et, par même moyen, sçavoir vos sentimens.
Pour punir ce bourru, c'est à vous de vous taire,
Et de dissimuler le commerce...

HORTENSE.

Au contraire :
Pour punir dignement sa curiosité,
Je lui vais de bon cœur dire la verité.
Puis qu'il ose en venir à cette extravagance,

Je vais lui découvrir, sans nulle répugnance,
Tout ce que sent mon cœur, et réduire le sien
A fuir de mon himen le dangereux lien.
Bien mieux qu'il ne souhaitte il s'en va me connoître :
Je m'en ferai haïr par cet aveu, peut-être ;
Ou, sçachant de quel air je l'estime aujourd'hui,
S'il veut bien m'épouser encor, tant pis pour lui.

MARINETTE.

Il entre... Ah ! que sa barbe est rebarbarative !

HORTENSE.

Il se repentira de cette tentative.

SCENE VII.

HARPAJESME, HORTENSE, MARINETTE.

HARPAJESME, *en Docteur.*
à part.   à Marinette.

Feignons, pour l'abuser... En ces lieux envoyé
Pour mettre au bon sentier vôtre esprit devoyé...

MARINETTE.

Ce n'est pas moi.

HARPAJESME.

Qui de vous deux (1) est ma parente
Hortense ?

MARINETTE.

Je ne suis, Monsieur, que la servante (2).

1. Edition de 1734 :
   Qui donc de vous est ma parente ?
2. *Suivante*, dans l'édition de 1734.

HARPAJESME, *à Hortense.*

Est-ce vous ?

HORTENSE.

Oüy, Monsieur.

HARPAJESME.

à Marinette.   *à Hortense.*

Des sieges... Seiez-vous.

à Marinette.

Regardez–moi... Fermez ce faux jour... Laissez-nous.

SCENE VIII.

HARPAJESME, HORTENSE.

HARPAJESME.

Ma Cousine, en ces lieux, de la part d'Har-
   pajême,
Je viens pour vous porter à l'himen. Il vous
   aime.
Dès vos plus jeunes ans on vous marqua ce choix :
Vôtre pere, en mourant, vous imposa ces loix (¹);
Mais vous, d'une amour folle étant préoccupée,
Vous rendez du défunt la volonté trompée ;
Et le pauvre Harpajême, au lieu d'affection,
Na vû que haine en vous et que rebellion.

HORTENSE.

Il est vrai, son humeur a rebutté la mienne :
Mais, Monsieur, ce n'est pas ma faute ; c'est la sienne.

HARPAJESME.

Comment ?

1. *Vous en dicta les loix,* dans l'édition de 1734.

HORTENSE.

Nous demeurions à huit mille d'ici.
Je n'avois jamais vû que lui seul d'homme : ainsi,
Je me contois toujours compagne de sa couche,
Quoiqu'il me parût froid, noir, bizare et farouche (1),
Sans amour, il est vrai ; toutefois sans ennuy,
Presumant que tout homme étoit fait comme lui ;
Mais, loin de me tenir dans cette erreur extrême,
A me desabuser il travailla lui-même ;
Et j'appris par ses soins, avec quelque pitié,
Qu'il étoit des mortels le plus disgracié.

HARPAJESME.

Quoi ! lui-même ? Comment ?

HORTENSE.

Vous le savez, mon pere
De son pouvoir sur moi le fit dépositaire,
Et mourut peu de temps après la mort du sien ;
Harpajême, heritier et maître d'un grand bien,
D'avoir place au Senat conceût quelque esperance ;
Il voulut faire voir son triomphe à Florence,
M'y traînant avec lui, malgré moi. Dans ces lieux,
Mille gens bien tournez s'offrirent à mes yeux,
Qui, de me plaire tous, prirent un soin extrême.
Faisant reflexion sur eux, sur Harpajême,
Qu'y vis-je ? Ah ! mon cousin, quelle comparaison !
L'erreur en mon esprit fit place à la raison :
Mon jaloux me parut d'un dégout manifeste ;
Et je pris sa personne en haine.

HARPAJESME, bas.

Je deteste...

HORTENSE.

Quoi donc ! ce franc aveu vous déplaît-il ? Comment !
Est-ce que je m'explique à vous trop hardiment ?

1. Dans l'édition de 1734 ces deux vers sont transposés.

HARPAJESME.

Non pas, non pas.

HORTENSE.

Je vais me contraindre.

HARPAJESME.

Au contraire.
De ce que vous pensez il ne faut rien me taire.
Si vous voulez, pesant l'une et l'autre raison,
Que je fonde une paix stable en vôtre maison,
Vous devez me montrer vôtre ame toute nuë,
Ma Cousine.

HORTENSE.

Oh ! vrayment j'y suis bien resoluë.
Avant que d'épouser Harpajême aujourd'hui,
Afin que vous jugiez si je dois être à lui,
De tout ce que j'ai fait, de tout ce qu'il m'inspire,
Je ne vous tairai rien, mais n'allez pas lui dire.

HARPAJESME.

Oh ! non, non. Revenons à la reflexion.
Vous fîtes dès ce tems le choix d'un galant ?

HORTENSE.

Non :
Jamais d'en choisir un je n'eusse eu la pensée ;
Mais Harpajême, épris d'une rage insensée,
Poussé par un esprit ridicule, importun,
A son dam, malgré moi, m'en fit découvrir un.

HARPAJESME.

Vous verrez que cet homme aura tout fait.

HORTENSE.

Sans doute ;
Car, me voulant contraindre à prendre une autre route,
Pour m'ôter du grand monde, il me fit enfermer.
J'étois à ma fenêtre à prendre souvent l'air :

D'un logis prés, un homme en faisoit tout de même :
Je ne le voyois pas d'abord, mais...

HARPAJESME.

Harpajême
Vous le fit découvrir, n'est-ce pas ?

HORTENSE.

Justement.
Il me dit, tourmenté par son temperament,
Que sans doute cet homme étoit là pour me plaire,
Et m'ordonna surtout, fulminant de colere,
De ne me plus montrer lorsque je l'y verrois.
Instruite à ce discours de ce que j'ignorois,
A me montrer encor je me plû davantage ;
Et je vis qu'Harpajême avoit dit vrai.

HARPAJESME.

J'enrage !

HORTENSE.

Cet homme, enfin, Monsieur, dont Timante est le nom,
Me fit voir en ses yeux qu'il m'aimoit tout de bon.
Il est jeune, bien-fait ; sa personne rassemble
Dans sa perfection tous les bons airs ensemble ;
Magnifique en habits, noble en ses actions,
Charmant...

HARPAJESME.

Passez, passez sur ses perfections ;
Il n'est pas question de vanter son merite.

HORTENSE.

Pardonnez-moi, Monsieur. Dans l'ardeur qui m'agite,
Il me semble à propos de vous bien faire voir
Que celui pour qui seul j'ai trahi mon devoir,
Possedant dignement tout ce qu'il faut pour plaire,
A de quoi m'excuser de ce que j'ai pû faire.
Timante est en vertus (et j'en suis caution)
Tout ce qu'est Harpajême en imperfection.

HARPAJESME.

Que nature pâtit ! Mais poursuivons... Peut-être
Cet amant vous revit encore à la fenêtre ?

HORTENSE.

Non, je ne le vis plus : mon bourru, mécontent,
Fit, de dépit, fermer ma fenêtre à l'instant.

HARPAJESME.

Eh ! le bourru ! Mais...

HORTENSE.

            Mais, pour punir sa rudesse,
Timante en un billet m'exprima sa tendresse,
Et me le fit tenir, nonobstant mon jaloux.

HARPAJESME.

Comment ?

HORTENSE.

           Prenant le frais tous deux devant chez nous,
Deux petits libertins, qui mangeoient des cerises,
Vinrent contre Harpajême, à diverses reprises,
Riant, chantant, faisant semblant de badiner.
Ils jettoient leurs noyaux l'un après l'autre en l'air :
Un noyau vint fraper Harpajême au visage.
Il leur dit de n'y plus retourner davantage.
Eux, sans daigner l'oüir en jettant à l'envy,
Cet agassant noyau de plusieurs fut suivi ;
Harpajême à chacun redoubla ses menaces.
Riant de lui sous cape, et faisant des grimaces,
Malitieusement ces petits obstinez
Ne visoient plus qu'à lui, prenant pour but son nez.
Transporté de colere et perdant patience,
Harpajême après eux courut à toute outrance,
Quand d'un logis voisin Timante étant sorti,
De cet heureux succez aussi tôt averti,
Il me donna sa lettre, et rentra dans sa cage.
Harpajême revint, ésoufflé, tout en nage,

Sans avoir joint ces deux espiegles : enroüé,
Fatigué, detestant de s'être vû joüé,
Il en pensa crever de rage et de tristesse.
Comme je ne veux rien vous cacher, je confesse
Que je livrai mon ame à de secrets plaisirs
De voir que ce jaloux fût, malgré ses desirs,
La fable d'un rival, et la dupe...

HARPAJESME.

Ah ! je créve...
De répondre au billet vous n'eutes pas de tréve ?

HORTENSE.

D'accord ; mais il falloit trouver l'invention
De le pouvoir donner.

HARPAJESME.

Vous la trouvâtes ?

HORTENSE.

Bon !
Harpajême y pourvût. Pressé par sa foiblesse,
Il voulut consulter une Devineresse
Pour voir s'il seroit seul maître de mes appas.
Il m'y fit, un matin, accompagner ses pas.
A peine sortions-nous, que j'apperçois Timante.
Harpajême, à sa veuë, aussi-tôt s'épouvante,
Nous observe de près, me tenant une main ;
Dans l'autre étoit ma lettre. Inquiette en chemin
Comment de la donner je pourrois faire en sorte,
Un homme qui fendoit du bois devant sa porte
A faire un joli tour me fit soudain penser.
Dans les buches, exprès, je fus m'embarasser :
Je tombe, et, par l'effet d'une malice extrême,
J'entraîne avecque moi rudement Harpajême.
Timante, à cette chute, accourt à mon secours :
Moi, qui mettois mon soin à l'observer toujours,
Comme il m'offroit sa main pour soutenir la mienne,
Je coulai promptement mon billet dans la sienne ;

Puis je fus du jaloux relever le chapeau,
Qui dans ce tems cherchoit ses gans et son manteau,
M'injuriant, pestant contre la destinée :
Mais, comme heureusement ma lettre étoit donnée,
Il ne put me fâcher. Crotté, gonflé d'ennui,
Il revint sur ses pas : j'y revins avec lui,
Non sans rire en secret, songeant à cette chutte,
De mon invention et de sa culebutte.

HARPAJESME.

Ouf... Et qu'arriva-t-il de l'un et l'autre tour?

HORTENSE.

Timante, instruit par moi, pressé par son amour,
Pour me pouvoir parler usa d'un stratagême.
Il fit secrettement avertir Harpajême,
Par un homme aposté, qu'il vouloit m'enlever;
Qu'un soir à ma fenêtre il devoit me trouver,
Et que nous ménagions le moment favorable
Pour m'arracher des mains d'un jaloux detestable.
Cet avis fit l'effet que nous avions pensé :
Par cette fausse allarme Harpajême offensé,
Voulant assassiner l'auteur de cet outrage,
Etant accompagné de Spadacins à gage,
Fit quinze nuits le guet sous mon appartement;
Et je vis quinze nuits de suite mon amant
Dans celui du jardin, au bas de ma fenêtre.
Par des transports charmans que nos cœurs laissoient
Sans crainte du jaloux exprimant nos amours, [naître,
Nous cherchions les moyens de le fuïr toujours(1),
Et ne nous arrachions de ce lieu de delices
Qu'au moment que du jour on voyoit les premices.
Je me mettois au lit, où, feignant de dormir,
J'entendois mon bourru tousser, cracher, fremir.;
Tantôt, venant moüillé jusques à sa chemise;
Tantôt, soufflant ses doigts, transi du vent de Bize;
Toujours incommodé, toujours tremblant d'effroi.
C'étoit, je vous l'asseure, un grand plaisir pour moi.

1. Édition de 1734 : *de le fuir pour toujours.*

HARPAJESME, *à part.*

Quelle pillulle!

HORTENSE.

Helas! ce tems ne dura guere.
Et ce ne fut pour nous qu'une fleur passagere :
De perdre ainsi ses pas nôtre bizare outré,
Voyant l'an du trépas de mon pere expiré,
De son authorité pressa nôtre hymenée.
A refuser son choix me voyant obstinée,
Il fit faire un cachot où j'ai passé six mois,
Et j'en sors aujourd'hui pour la premiere fois.
Avec ces sentiments et cette haine extrême,
Jugez-vous que je doive épouser Harpajême?

HARPAJESME.

C'est mon avis. Timante est d'aimable entretien,
Il est vrai; beau, bien-fait, d'accord, mais il n'a rien.
Harpajême est jaloux, j'y consens; il est chiche
De ces tons doucereux; ouy, mais il est trés-riche.
Pour en ménage avoir du bon tems, de beaux jours,
Croyez-moi, la richesse est d'un puissant secours (1).
Le cœur qui penche ailleurs en sent quelque amertume;
Mais parmi l'abondance à tout on s'accoutume.
Vaincre une passion funeste à son devoir,
C'est une bagatelle; on n'a qu'à le vouloir.
Par exemple, étouffez cette flamme imprudente;
N'envisagez jamais qu'avec horreur Timante;
Oubliez tout de lui, même jusqu'à son nom.
Ça, ma Cousine, allons, promettez-le-moi?

HORTENSE.

Non.

HARPAJESME.

Comment! non? Et pourquoi?

HORTENSE.

Je connois ma foiblesse :
Je ne pourrois jamais vous tenir ma promesse.

1. Édition de 1734 :
Croyez-moi, de grands biens sont un puissant secours.

HARPAJESME.

Harpajême fait donc des efforts superflus?

HORTENSE.

Il sera mon époux : et que veut-il de plus?

HARPAJESME.

Mais vous devez au moins lui montrer quelque estime.

HORTENSE.

Epouser un mari sans qu'on l'aime, est-ce un crime?

HARPAJESME.

Il vous déplaît donc?

HORTENSE.

Plus qu'on ne peut exprimer.

HARPAJESME.

Peut-être, avec le tems, vous le pourrez aimer.

HORTENSE.

Le tems n'éteindra pas l'ardeur qui me domine,
Je n'aimerai jamais que Timante.

HARPAJESME.

Ah! coquine!

Je n'y puis soutenir (1). Connoissez vôtre erreur;
Et craignez les effets de ma juste fureur (2).

HORTENSE.

Ah! ah! c'est vous, Monsieur? quelle metamorphose!
Pourquoi? Si vous étiez en doute de la chose,
Vous étes redevable à ma sincerité
De ne vous avoir point fardé la verité.
Voila quelle je suis par vôtre humeur jalouse,
Et quelle je serai, si je suis vôtre épouse.

HARPAJESME.

Vôtre malice en vain s'applique à l'éviter;

1. Dans l'édition de 1734 : *Je n'y puis plus tenir.*
2. Ce vers manque dans les éditions de 1702 et de 1729.

Je serai vôtre époux pour vous persecuter,
Pour vous rendre odieux et Timante et la vie :
A vous faire enrager je mettrai mon genie...
Marinette !

SCENE IX.

HARPAJESME, HORTENSE, MARINETTE.

MARINETTE.

Harpajême (¹) !

HARPAJESME.

Hé bien ! le serrurier
Travaille-t-il ?

MARINETTE, *le voyant en robe.*
Ah ! ah !.....

HARPAJESME.

Cesse de t'effrayer.
Je viens, sous cet habit, d'apprendre (²) son histoire,
J'ai découvert par là ce qu'on ne pourra croire.
Malgré ma défiance exacte, en tapinois,
L'aurois-tu crû, ma fille ? ils m'ont trompé cent fois.

MARINETTE.
Ah ! les méchantes gens !

HARPAJESME.

Mais j'en tiens la vengeance.
Timante doit venir pour enlever Hortense ;
Le piége ici l'attend... Oüy, traîtresse, à vos yeux

1. *Monsieur*, dans l'édition de 1734.
2. *Apprendre*, mais à tort, dans les éditions de 1702 et de 1729.

Vous verrez poignarder ce qui vous plaît le mieux.
Nous allons bien-tôt voir l'essai de cet ouvrage.

SCENE X.

HARPAJESME, HORTENSE, MARINETTE,
LE SERRURIER.

HARPAJESME.

Est-ce fait?

LE SERRURIER.

Oüy, Monsieur; et pour en voir l'usage,
Je vais, tout de ce pas, à vos yeux l'essayer.

HARPAJESME.

Non, non, ce n'est qu'à moi que je veux m'en fier :
J'en veux faire l'essay moi-même.

LE SERRURIER.

Et! que m'importe?
Sortez donc par ici : passez par cette porte :
Marchez, venez à moi sans apprehender rien.
Hé bien! n'êtes-vous pas pris comme un sot?

HARPAJESME *est dans une machine comme*
une cage.

Fort bien.
On ne peut l'être mieux. La peste! quelle étreinte!
Otez-moi promptement; la posture est contrainte.

LE SERRURIER.

Vous délivrer n'est plus en mon pouvoir.

HARPAJESME.

Pourquoi?

LE SERRURIER.

Je n'en suis plus le maître.

HARPAJESME.

Et qui l'est donc ?

SCENE XI.

HARPAJESME, HORTENSE, MARINETTE,
TIMANTE.

TIMANTE.

C'est moi.

HARPAJESME.

Comment! on me trahit!

TIMANTE.

Non, on te fait justice.
Par cette invention tu forgeois mon supplice ;
Et j'en ai fait le tien pour tirer d'embarras
La belle Hortense.

HARPAJESME.

Hortense! Ah! ne le croyez pas :
Songez qu'à m'épouser vôtre foi vous engage,
Ou bien que du Démon vous serez le partage.

HORTENSE.

Je l'étois sans ressource en vous donnant la main ;
Mais je croy qu'avec lui l'oracle est moins certain.

HARPAJESME.

Ah! Marinette, à moi! délivre-moi, dépêche!

MARINETTE.

Je n'oserois, Monsieur ; Timante m'en empêche!

TIMANTE.

Vos parens et les miens vont combler nôtre espoir :
Allons, Hortense.... Adieu, Seigneur, jusqu'au revoir.

HARPAJESME.
Arrête....

HORTENSE.
Adieu, Monsieur; vôtre servante.

HARPAJESME.

Hortense!

Songez!...

MARINETTE.
Adieu; *pigliate* (1) un peu de patience.

HARPAJESME.
Arrête! arrête! arrête! Holà? quelqu'un, holà!
A moi! tôt!

SCENE XII.

HARPAJESME, AGATHE.

AGATHE.

é! bon Dieu! qui vous a huché là,
Mon fils?

HARPAJESME.
Moi-même.

---

1. Ainsi dans l'édition de 1734. Il faut prononcer *pigliate* en deux syllabes; cela est facile à cause de l'élision de la dernière. Les éditions de 1702 et de 1729 portent *adieu Pilate*, ce qui n'a point de sens ; les éditions modernes : *prenez un peu de patience*, leçon que rien n'autorise.

AGATHE.

Vous.

HARPAJESME.

Ah! ma mere! on m'outrage.
Dans mes propres panneaux j'ai donné : j'en enrage!
Soulagez-moi; brisez ce trebuchet maudit.

AGATHE.

Hé bien! mon fils, hé bien! je vous l'avois bien dit :
De vos malins vouloirs voila la digne issuë;
Vous ne seriez pas là, si j'en eusse été cruë.

HARPAJESME.

Cette moralité sied bien à ma douleur!.... (1).
Au meurtre, mes voisins! au secours! au voleur!

SCENE XIII.

HARPAJESME, AGATHE, un Exempt,
des Records.

L'EXEMPT.

uel bruit ai-je entendu ?

HARPAJESME.

Monsieur l'Exempt, de grace,
Commandez de ces nœuds que l'on me debarasse.

---

1. Ceci rappelle les vers si connus de la fable intitulée
l'Enfant et le Maistre d'Ecole :

Hé, mon amy, tire-moy du danger,
Tu feras aprés ta harangue.

SCÈNE XV.

L'EXEMPT.

Enfans, prenez ce soin.

AGATHE.

C'en est fait.

HARPAJESME.

Grand mercy !

Courons aprés les gens qui causent mon soucy.

L'EXEMPT.

Mon ordre est de venir m'assurer de vous-même.
Le Senat, qui connoit vôtre rigueur extrême,
Vous ordonne à l'instant que, sans égard à rien,
Vous lui rendiez raison d'Hortense et de son bien.

HARPAJESME.

Le Senat le prend mal.

L'EXEMPT.

La resistance est vaine :

Allons.

HARPAJESME.

Je n'irai pas.

L'EXEMPT.

Hé bien donc, qu'on l'y traîne.

FIN.

LA
COUPE ENCHANTÉE

COMÉDIE — 1688

ACTEURS.

ANSELME.
LELIE, Fils d'Anselme.
JOSSELIN, Gouverneur de Lelie.
BERTRAND, Fermier d'Anselme.
M. GRIFFON, ⎱ Beaux freres.
M. TOBIE, ⎰
LUCINDE, Fille de M. Tobie.
THIBAUT, Fermier de M. Tobie.
PERRETTE, Femme de Thibaut.

La Scene est dans la cour du Château d'Anselme.

LA

COUPE ENCHANTÉE

COMEDIE (¹)

SCENE PREMIERE.

BERTRAND, LUCINDE, PERRETTE.

ERTRAND. Non mordienne, vous dis-je,
je ne me laisserai pas enjoller davantage.
LUCINDE. Hé, mon pauvre garçon !
BERTRAND. Je n'en ferai rien.

1. Cette comédie, tirée de deux contes de notre poëte, *Les Oyes de frère Philippe* et *La Coupe enchantée*, fut jouée pour la première fois au Théâtre-François le vendredi 16 juillet 1688 et figure encore au répertoire. Publiée en 1710 sans nom d'auteur, elle fut recueillie en 1735, dans les *OEuvres de Monsieur de Champmeslé.* Elle est cependant attribuée à La Fontaine seul par les frères Parfait, qui, il est vrai, au tome XIV, page 527, de leur *Histoire du Théâtre françois*, modifient ainsi leur première assertion : « Des personnes dignes de foi, qui ont connu Champmeslé très particulièrement, nous ont assuré que cet acteur avoit beaucoup de part aux pièces que nous marquons ici (*Le Florentin, La Coupe enchantée, Le Veau perdu, Je vous prends sans vert*), quoiqu'elles passent pour être entièrement de M. de La Fontaine. » Nous suivons le texte de 1710. Les variantes que nous indiquons sont tirées des éditions modernes.

PERRETTE. Auras-tu bien le cœur si dur (¹), que...

BERTRAND. Je l'aurai dur comme un caillou.

LUCINDE. Laisse-nous (²) ici seulement jusqu'à ce soir.

BERTRAND. Je ne vous y laisserai pas un iota davantage, ventregoine! Si quelqu'un vous alloit trouver enfarmées dans ma logette, et que diroit-on?

PERRETTE. Ardé! ce qu'on en diroit seroit-il tant à ten desavantage?

BERTRAND. Testigué! si notre Maître, qui hait les Femmes, venoit à vous trouver, où en serois-je?

LUCINDE. Quand il sçaura que je suis une jeune fille persécutée par une Belle-mère, abandonnée à la sollicitation (³) et à l'inimitié de mon propre Pere, et qui fuit la maison paternelle, de crainte d'épouser un Magot qu'elle me veut donner parce qu'il est son neveu, mes larmes le toucheront; il aura pitié de moi, sans doute.

BERTRAND. Morgué! je vous dis qu'il n'est point pitoyable; je le connois mieux que vous.

PERRETTE. Et moi, je gage que ses larmes le débaucheront comme elles m'ont débauchée; je ne les vis pas plustost couler, que je me resolus d'abandonner mon ménage pour aller courir les champs avec elle, quoyqu'il n'y ait qu'onze mois que je sois mariée à Thibaut, le Fermier de son Pere, qui est le meilleur homme du monde, et de la meilleure humeur. Est-ce que ton Maître sera plus rebarbatif que moi?

1. Var.: *Auras-tu le cœur si dur...*

2. Dans les *Œuvres de Champmeslé*, 1735, et dans les éditions modernes : *Laissez-nous*, mais à tort, car dans tout le reste de la pièce Lucinde tutoie Bertrand.

3. A la garde, à la surveillance; sens qu'indique cette observation de Vaugelas : «On dit tous les jours à Paris parmy le peuple, qu'*il faut donner une garde à un malade pour le solliciter*, c'est-à-dire *pour en avoir soin, et pour le servir*. (*Remarques sur la langue françoise*, 1647, page 473). Les éditions modernes portent : «abandonnée, à sa sollicitation, à l'inimitié... »

BERTRAND. Ventredié! vous me feriez enra‑
ger. Est-ce que je ne sçavons pas bien ce que je sça‑
vons ?

LUCINDE. Fais-moi parler à ce jeune homme que
tu dis qui est son fils ; je le toucherai, je m'assûre, et
je ne doute point qu'il ne fasse quelque chose auprès
de son Pere en notre faveur.

BERTRAND. Hé bien! hé bien! ne voila-t-il pas ?
Palsangoi! n'an dit bian vrai, qu'il n'y a rian de si
dur que la tête d'une femme. Ne vous ai-je pas dit,
cervelle ignorante, que ce Fils est le *Tu Autem* du su‑
jet pourquoi on reçoit ici les Femmes comme un
chien dans un jeu de quilles ; que le Pere ne veut
point que le Fils en voye aucune ; que le Fils n'en
connoît non plus que s'il n'y en avoit point au monde,
et qu'il ne sçait pas seulement comme on les appelle ;
que le Pere, sottement, lui apprend tout cela ; que le
Fils croit tout cela sottement, et que... que... Que
Diable! ne vous ai-je pas dit tout cela ?

PERRETTE. Hé bien! oüi ; mais d'où vient qu'il ne
veut pas que son Fils connoisse des Femmes ? Est-ce
une si mauvaise connoissance ?

BERTRAND. D'où vient... d'où vient... Eh! l'es‑
prit bouché (1), ne vous souvient-il pas que, de fil en
aiguille, je vous ai conté que le Pere avoit épousé une
femme qui en sçavoit bien long ? et que pour empêcher
qu'il (2) n'ait comme li le même malancombre qu'il a
li, comme bien d'autres, il a juré son grand juron que
jamais Femme ne seroit de rien à ce Fils ? Et voilà ce
qui fait justement que... Mais, véntreguienne! que de
babil! est-ce que vous ne voulez donc pas vous taire,
et me tourner les talons ?

LUCINDE, *lui donnant de l'argent.* Mon ami! mon
pauvre ami!

BERTRAND. Mon ami, mon pauvre ami!.. Jarnigué!

1. Var. : *Eh! esprit bouché.*
2. Var. : *que son fils.*

ne vlà-t-il pas encore la chanson du ricochet, avec
vos pieces d'or ?

PERRETTE. Eh! va, va, prends toujours.

BERTRAND. Ventrégué! que veux-tu que j'en fasse ?

LUCINDE, *lui en donnant encore*. Mon pauvre garcon!

BERTRAND. Tastigué! n'avez-vous point de honte
de me tanter comme ça ?

PERRETTE. Prends, te dis-je.

BERTRAND. Morgué! c'est être bien Satan.

LUCINDE. Bertrand...

BERTRAND. Jarni! cela est cause que je vous ai
déja fait passer la nuit dans ma cahute.

PERRETTE. Le grand malheur!

BERTRAND. Morgué! cela va encore être cause
que je vous y ferai passer le jour.

LUCINDE. Mon cher Bertrand!

BERTRAND. Mort de ma vie! que vous ai-je fait ?

PERRETTE. Eh! prends, prends.

BERTRAND. Prends, prends. Morguoi! prends
toi-même.

PERRETTE. Eh bien! donne-le-moi, je le prendrai.

BERTRAND. Tu as bien envie de me voir frotter.

PERRETTE. La, la, prends courage; il ne t'est
point arrivé de mal cette nuit, il ne t'en arrivera pas
cette journée. Ramene-nous dans la logette (1).

BERTRAND. Oüi; mais, morgué! notre petit Maître est un charcheur de midi à quatorze heures; il a
toujours le nez fourré par tout. S'il vient à vous trouver! hem ?

LUCINDE. Peut-être sera-t-il bien aise de nous
voir et de nous parler.

BERTRAND. Testigué! ne vous y fiez pas. C'est
un petit babillard qui ne manqueroit pas de l'aller
dire à son Pere. Il vaut mieux que je vous boute
dans queuque endroit où il n'aille pas vous charcher.
Attendez, je vai voir si personne ne nous en empêche (2).

1. Var. : *Remène-nous dans ta logette.*
2. Var. : *Ne nous empêche.*

SCENE II.

LUCINDE, PERRETTE.

LUCINDE. Enfin, Perrette, nous resterons ici jusqu'à ce soir.

PERRETTE. Oüi; mais je ne sommes guere loin du Châtiau de votre Pere : j'ai peur que je ne soyons pas long-tems ici sans qu'on vienne nous y charcher.

LUCINDE. Nous y serons bien cachées. Mais en conscience, Perrette, voudrois-tu partir d'ici sans avoir la charité de tirer ce pauvre petit jeune homme de l'erreur où l'on le fait vivre ?

PERRETTE. Ouais! vous vous interessez bien pour lui! Si j'osois, je croirois quelque chose.

LUCINDE. Et que croirois-tu ?

PERRETTE. Je croirois que vous ne seriez pas fâchée de l'avoir pour mari.

LUCINDE. Tu ne sçais ce que tu dis.

PERRETTE. Oh! par ma foi, j'ai mis le nez dessus.

LUCINDE. Que veux-tu dire ?

PERRETTE. Mon gueu! je ne sis pas si sotte que j'en ai la mine. Quand je vous le vis regarder hier avec tant d'attention par le trou de la sarrure, je me dis(1) à par moi : Vlà notre Maîtresse Lucinde qui se prend; et si ce grand dadais que n'an lui veloit bailler pour époux avoit eu aussi bonne mine que ce petit étourniau-ci, je ne serions pas sorties de la maison.

LUCINDE. Tu vois plus clair que moi, Perrette. Je t'avoüe que je formai dès hier la résolution de faire tout mon possible pour détromper ce pauvre petit homme, et que c'est à quoi j'ai pensé toute la nuit ; mais jusques à present je ne m'aperçoi pas que mon cœur agisse par un autre mouvement que par celui de la compassion.

1. Var. : *je dis.*

Perrette. Eh! oüi, oüi, vous autres grosses Dames vous n'allez point tout d'abord à la franquette : vous faites toujours semblant de vous déguiser les choses ; pour moi, je n'y entends point tant de façons ; et quand Thibaut me prit la main pour la premiere fois pour danser, qu'il me la serrit de toute sa force, je devinai tout du premier coup c'en que chela vouloit dire... Mais qu'entens-je(1) ?

SCENE III.

THIBAUT, LUCINDE, PERRETTE.

THIBAUT, *derriere le Theatre.* Haye, haye, haye !

LUCINDE. Quelle voix a frappé mon oreille ?

THIBAUT. Ho, ho, ho !

PERRETTE. Ah ! Madame, c'est la voix de notre Mari Thibaut ; nous vlà perdus.

LUCINDE. Courons promptement nous cacher.

SCENE IV.

LUCINDE, PERRETTE, BERTRAND, THIBAUT.

BERTRAND. Où courez-vous ? fuyez, fuyez de ce côté.

LUCINDE. Thibaut, le Mari de Perrette, vient par ici.

BERTRAND. Josselin, le Gouverneur de notre petit Maître, vient par ila.

THIBAUT. Hola, quelqu'un, hola.

PERRETTE. Entends-tu ? c'est fait de nous, s'il nous trouve.

1. Var. : *je devinai du premier coup ce que ça vouloit dire... Eh mais ! qu'entends-je ?*

SCENE V.

LUCINDE, PERRETTE, JOSSELIN, BER-
TRAND, THIBAUT.

JOSSELIN, *dans le Château.* Bertrand ! hé !
Bertrand !

BERTRAND. Oyez-vous ? nous sommes
flambez, s'il nous voit.

LUCINDE. Où nous cacher ?

BERTRAND. Rentrez dans ma logette, et n'en ouvrez point la porte (1) à personne.

SCENE VI.

JOSSELIN, BERTRAND, THIBAUT.

JOSSELIN. Qui est-ce donc qui crie de la
sorte ?

BERTRAND. Il faut que ce soit quelque
passant qui s'est égaré... Mais le vlà.

THIBAUT. Hé ! parlez donc, vous autres ; êtes-vous
muets ?

JOSSELIN. Non.

THIBAUT. Vous êtes donc sourds ?

JOSSELIN. Encore moins.

THIBAUT. Et pourquoi donc ne répondez vous pas ?

JOSSELIN. Parce qu'il ne nous plaît pas.

THIBAUT. Palsangué ! vous êtes trop drôles ! Puisque vous n'êtes ni sourds ni muets, il faut que je vous
embrasse ; oüi, morgué ! je sis votre serviteur.

JOSSELIN. Est ce que nous nous connoissons ?

THIBAUT. Je ne sçai pas ; mais je croi que nous
ne nous sommes jamais vûs.

JOSSELIN. C'est ce qui me semble.

1. Var. : *N'en ouvrez la porte.*

THIBAUT. Palsangué! vous vlà bian étonnai!

JOSSELIN. Et qui ne le seroit pas? nous ne nous connoissons point, et vous m'embrassez comme si nous nous étions vûs toute notre vie.

THIBAUT. Tastigué! vous avez biau dire, je vois à votre mine que vous êtes un bon vivant, et que vous m'enseignerez ce que je charche.

JOSSELIN. Et que cherchez-vous?

THIBAUT. Je charche ma Femme; ne l'avez-vous point vûë?

JOSSELIN. Ah! vraiment oüi, c'est bien ici qu'il faut chercher des Femmes!

THIBAUT. Elle a nom Parrette; elle s'en est enfoüie de cheux nous, palsangué! chela est bian drôle, pour courir les champs avec la Fille de Mr Tobie, notre Maître, que l'on vouloit marier maugré elle au Fils de Mr Griffon, neveu de notre Maîtresse. Je ne sçai, morgué! comme ces (1) masques ont fagoté tout chela; mais la nuit Parrette se couchi auprès de moi, et pis je ne li trouvis plus le lendemain: avez-vous jamais rien vû de plus plaisant que chela?

JOSSELIN. Cela est fort plaisant.

THIBAUT. Oh! ce qu'il y a de plus recreatif, c'est qu'elles sont toutes fines seules; et commes elles sont, morguoi! bian jolies, si elles alloient rencontrer queuque gaillard qui voulit en faire comme des choux de son jardin, elles seroient bien attrapées! Tout franc, quand je songe à chela, je n'en ris, morgué! que du bout des dents.

JOSSELIN. Que craignez-vous?

THIBAUT. Je crains... et que sçais-je, moi? je crains... Est-ce que vous ne sçavez pas ce qu'on craint quand on ne sçait où diable est sa femme?

JOSSELIN. Si vous aviez envie de sçavoir ce qui en est, on pourroit vous donner satisfaction.

THIBAUT. Bon! est-ce qu'on sçait jamais ça? Pour s'en douter, passe, mais pour en être sûr, nifle.

1. Var. : les.

J'aurois, morgué! biau le demander à Parrette, elle ne l'avouëroit jamais; elle est trop dessalée.

JOSSELIN. Nous avons ici un moyen sûr pour en sçavoir la verité.

THIBAUT. Et qu'est-ce encore?

JOSSELIN. C'est une Coupe qui est entre les mains du Seigneur de ce Château : quand elle est pleine de vin, si la Femme de celui qui y boit lui est fidelle, il n'en perd pas une goute; mais si elle est infidelle, tout le vin répand à terre.

THIBAUT. Cela est bouffon! Et où diable a-t-il pêché chela?

JOSSELIN. Il l'a achetée d'un Arabe qui, soit par composition ou par enchantement, y avoit attaché cette vertu.

THIBAUT. Et pourquoi ce Monsieur acheta-t-il ce joyau-là?

JOSSELIN. Par curiosité.

THIBAUT. Est-ce qu'il étoit marié?

JOSSELIN. Oüi.

THIBAUT. J'entends, j'entends; il vouloit voir si sa Femme... n'est-ce pas?

JOSSELIN. Justement.

THIBAUT. D'abord qu'il eut la Coupe, il y but, je gage?

JOSSELIN. Vous l'avez dit.

THIBAUT. Elle répandit?

JOSSELIN. Non (1).

THIBAUT. Morgué! c'est être bien plus heureux que sage! il s'en tint là?

JOSSELIN. Non.

THIBAUT. Il y rebut?

JOSSELIN. Oüi.

---

1. On lit ici dans les éditions modernes :
THIBAUT. Non?
JOSSELIN. Non.
Cette répétition, d'un effet assez piquant, a peut-être été ajoutée par les acteurs.

THIBAUT. Tastigué ! vlà un sot homme.

JOSSELIN. Plus encor que vous ne le dites.

THIBAUT. Et comment donc ? contez-moi cela, pour rire.

JOSSELIN. Il voulut éprouver sa femme.

THIBAUT. Le benêt !

JOSSELIN. Il lui écrivit sous un nom supposé.

THIBAUT. Le jocrisse !

JOSSELIN. Il lui envoya des presens.

THIBAUT. L'impertinent !

JOSSELIN. Il lui donna un rendez-vous.

THIBAUT. Elle y vint ?

JOSSELIN. Est-ce qu'on résiste (1) aux presens ?

THIBAUT. Et comment cela se passa-t-il ?

JOSSELIN. En excuses du côté de la Dame ; en soufflets de la part du Mari.

THIBAUT. Elle les souffrit patiemment ?

JOSSELIN. Oüi ; mais quelques jours après...

THIBAUT. Il but encore dans la Coupe ?

JOSSELIN. Oüi.

THIBAUT. Et que fit la Coupe ?

JOSSELIN. Elle répandit.

THIBAUT. Quand on n'a que ce qu'on mérite, on ne s'en doit prendre qu'à soi.

JOSSELIN. Il s'en prit à tout le monde, et vint de dépit se loger dans ce Château écarté, pour ne plus entendre parler de femme de sa vie.

THIBAUT. Avec la Coupe ?

JOSSELIN. Avec la Coupe.

THIBAUT. Et dequoi lui sert-elle ? (2)

JOSSELIN. Elle lui sert à voir qu'il a beaucoup de confrères, et cela le console.

THIBAUT. Et comment le voit-il ?

JOSSELIN. Il engage tous les passants, que le hazard conduit ici, d'en faire l'épreuve.

---

1. Var. : *Est-ce qu'on peut résister...*

2. Les éditions modernes ajoutent : *puisqu'il n'a plus de femme.*

THIBAUT. Et depuis quand fait-il ce métier-là ?

JOSSELIN. Depuis quatorze ou quinze ans (1).

THIBAUT. En a-t-il bien vû depuis ce tems-là ?

JOSSELIN. Oh ! en quantité (2).

THIBAUT. Par ma fique ! vlà tout fin droit ce qu'il faut pour bouter notte Maître et son Biaufrere à la raison. L'un est un bon Normand qui a épousé une Languedocienne, sœur de l'autre ; et l'autre est un Gascon qui a épousé une Parisienne : comme ils sont logez vison visu, ils se tarabustent toujours sur le chapitre de leurs Femmes. Je vais leur dire que la Coupe les mettra d'accord. Ils rôdont autour de cette montagne, pour apprendre des nouvelles de leur fille... Mais quel est ce vilain Monsieur là ?

JOSSELIN. C'est le Maître de la Coupe, et le Seigneur de ce Château.

SCENE VII.

ANSELME, JOSSELIN, THIBAUT.

ANSELME. Ah ! Monsieur Josselin, mon pauvre Monsieur Josselin !

JOSSELIN. Qu'y a-t-il de nouveau, Monsieur ?

ANSELME. Je suis dans le plus grand de tous les embarras. Mon... Qui est cet homme-là ?

JOSSELIN. C'est un honnête Païsan qui est en quête de sa Femme ; elle s'est échapée de chez lui avec une jeune fille ; et, pour les retrouver, il est avec une paire de Messieurs qu'il va chercher pour faire l'essai (3) de vôtre Coupe.

1. Var. : *Depuis quatorze à quinze ans.*

2. On lit ici dans les éditions modernes :

THIBAUT. S'en est-il trouvé bieaucoup qui aient bu dans la coupe sans qu'elle ait répandu ?
JOSSELIN. Cela est si rare que je m'en souviens quasi pas.

3. Var. : *Pour venir faire l'essai.*

THIBAUT, Je vai vous amener de la pratique; laissez faire (1).

SCENE VIII.

ANSELME, JOSSELIN, BERTRAND.

NSELME. Ah! vraiment, de la Coupe! j'ai bien d'autres tintoüins dans la tête.

JOSSELIN. Qu'avez-vous donc ?

ANSELME. J'ai vû... Ouf!

BERTRAND. Auroit-il vû ces masques de Femmes? Écoutons.

ANSELME, *lui donnant un soufflet.* Je viens de voir.. Que fais-tu là ?

BERTRAND. Rien.

ANSELME. Va à ta besogne, et ne revien point qu'on ne t'appelle.

SCENE IX.

ANSELME, JOSSELIN.

NSELME. Je viens de voir mon Fils. Le petit pendart me fait des questions qui m'ont pensé mettre l'esprit sans dessus dessous. Il lui prend des curiositez toutes contraires au chemin que je veux qu'il tienne.

JOSSELIN. Ma foi! Monsieur, si vous voulez que je vous parle franchement, il vous sera bien difficile de l'élever toujours dans l'ignorance où vous voulez qu'il soit ; je crains bien que toutes ces (2) précautions ne deviennent inutiles, et que cette démangeaison qui vous tient de lui vouloir cacher qu'il y a des Femmes au monde ne porte davantage son petit genie aux connoissances du beau sexe.

ANSELME. Et qui l'instruira qu'il y a des femmes ?

1. Var. : *laissez-moi faire.*
2. Var. : *vos.*

JOSSELIN. Tout, Monsieur; le bon sens premiere-
ment : oüi, ce certain bon sens qui vient avec l'âge ;
à cet âge qui nous retire insensiblement des bras de
l'enfance pour nour conduire à la puberté. L'esprit
se porte à la conception de bien des choses : la raison
vient, et, parmi plusieurs curiositez, nous fait apper-
cevoir que l'homme ne vient point sur la terre (1) comme
un champignon ; que c'est une petite machine où il y
a bien des ressorts. Ces ressorts viennent à se mou-
voir par le moyen du cœur ; ce mouvement du cœur
échauffe le cerveau (2); cette cervelle échauffée se forme
des idées qu'elle ne connoît (3) pas bien d'abord ; l'amour
se met quelquefois de la partie ; il explique toutes ces
idées, il prend le soin de les rendre intelligibles ; et
voilà comme la connoissance vient aux jeunes gens,
ordinairement malgré qu'on en ait.

ANSELME. Tous ces raisonnemens sont les plus
beaux du monde ; mais je m'en mocque, et j'empêche-
rai bien que mon fils... Le voici : je ne suis pas en
état de lui parler ; mon desordre paroîtroit à sa vûë.
Fortifiez-le dans mes pensées pendant ce que je vai me
remettre.

SCENE X.

LÉLIE, JOSSELIN.

LÉLIE. D'où vient que mon Pere me fuit (4) ?
JOSSELIN. Il a des affaires en tête. Lui
voulez-vous quelque chose ?
LELIE. Je ne sçai.
JOSSELIN. Vous ne sçavez ?
LELIE. Non, je ne sçai ce que je lui veux ; je ne

1. Var. : *Sur la terre.*
2. Var. : *La cervelle.*
3. Var. : *Conçoit.*
4. Var. : *D'où vient que mon père fuit.*

La Fontaine. — IV.   24

sçai ce que je me veux à moi-même. Je sens que je m'ennuye ; et je ne sçai pourquoi je m'ennuye.

JOSSELIN. C'est que vous êtes un petit indolent, qui n'avez pas l'esprit de joüir des beautez qui se presentent à vous.

LELIE. Et! quelles sont ces beautez?

JOSSELIN. Le Ciel, la terre, le feu, l'eau, l'air, le jour, la nuit, le Soleil, la Lune, les Étoiles, les arbres (1), les prez, les fleurs, les fruits.

LELIE. Oüi, tout cela est fort divertissant! Ah! mon cher Mr Josselin, je voudrois bien...

JOSSELIN. Quoi?

LELIE. Vous ne le voudrez (2) pas, vous?

JOSSELIN. Qu'est-ce encore?

LELIE. Promettez-moi que vous le voudrez.

JOSSELIN. Selon.

LELIE. Je voudrois bien aller me promener autre part qu'ici.

JOSSELIN. Plaît-il?

LELIE. Ah! je sçavois bien que vous ne le voudriez pas.

JOSSELIN. Avez-vous oublié que votre Pere vous l'a défendu?

LELIE. Et c'est parce qu'il me l'a défendu que je meurs d'envie de le faire. Car, enfin, je m'imagine qu'il y a dans le monde des choses qu'il ne veut pas que je sçache ; et ce sont ces choses-là (3) que je m'imagine, que je brûle de sçavoir.

JOSSELIN. Le petit fripon!

LELIE. Oh! çà, Monsieur Josselin, en bonne verité, dites-moi ce que c'est que ces choses-là.

JOSSELIN. Qu'est-ce à dire, ces choses-là?

LELIE. Oüi ; qu'est-ce qu'il y a dans le monde qui n'est point ici?

JOSSELIN. Rien.

1. Var. : *les herbes.*
2. Var. : *voudriez.*
3. Var. : *ces choses.*

LÉLIE. Vous mentez, Monsieur Josselin.

JOSSELIN. Point du tout.

LÉLIE. On me cache bien des choses, Monsieur Josselin; vous lisez dans des Livres, et mon Pere y sçait lire aussi. Pourquoi ne m'a-t-on pas appris à y lire?

JOSSELIN. On vous l'apprendra; donnez-vous patience.

LÉLIE. Je ne puis plus vivre comme cela, et c'est une honte d'être si ignorant que je le suis à mon âge.

JOSSELIN. Voilà un petit drôle qu'il n'y aura plus moyen de retenir.

LÉLIE. Et si mon Pere venoit à mourir, Monsieur Josselin, car je sçai bien qu'on meurt, que deviendrai-je?

JOSSELIN. Vous deviendrez (1) mon Fils, et je serois votre Pere pour lors.

LÉLIE. Vous vous mocquez de moi, Monsieur Josselin. Ce n'est pas comme cela que cela se fait; et ce seroit à mon tour d'être Pere de quelqu'un.

JOSSELIN. Et bien! vous sériez le mien, si vous vouliez, et je serois votre Fils, moi.

LÉLIE. Oh! ce n'est pas comme cela que cela se fait, assûrément. Vous ne voulez pas me le dire, mais je le sçaurai, vous avez beau faire.

JOSSELIN. Oh! vous sçaurez, vous sçaurez que vous êtes un petit sot, et que vos discours me fatiguent.

LÉLIE. Monsieur Josselin, si vous ne me menez promener, j'irai me promener tout seul, je vous en avertis.

JOSSELIN. Oüi! et je vais moi, tout de ce pas, avertir votre Pere de vos extravagances, et vous verrez après où je vous menerai promener. Oh! oh! voyez-vous le petit impudent, avec ses promenades!

LÉLIE. Il a beau dire, je sortirai d'ici, quand je devrois mourir sur les pas (2) de la porte.

1. Var. : *Que deviendrois-je. — Vous deviendriez…*
2. Var. : *le pas.*

SCENE XI.

LUCINDE, LELIE, PERRETTE.

PERRETTE. Madame, le voilà tout seul.

LUCINDE. Approchons-nous, pour voir ce qu'il dira en nous voyant.

LELIE. Mon Pere n'est pourtant pas un bon Pere, de ne me pas montrer tout ce qu'il sçait, et c'est ce qui fait que je n'ai pas de peine à me resoudre à le quitter.

PERRETTE. Il ne faut pas (1) lui dire d'abord qui nous sommes; mais je gage bien qu'il le devinera.

LELIE. Je m'imagine que tout ce qu'on ne veut pas que je sçache est cent fois (2) plus beau que ce que je sçai. Je pense je ne sçai combien de choses, toutes plus jolies les unes que les autres, et je meurs d'impatience de sçavoir si je pense juste... Mais que vois-je? Voilà deux jeunes garçons joliment habillez; je n'en ai point encore vû comme ceux-là. Je voudrois bien les aborder; mais je suis tout hors de moi-même, et je n'ai pas presque (3) la force de parler. Ils se baissent et puis se (4) haussent, qu'est-ce que cela signifie?

LUCINDE. Nous hesitons à vous aborder.

LELIE. Ils parlent comme moi; que de questions je vai leur faire!

LUCINDE. Vous paroissez étonné de nous voir?

LELIE. Oüi, je n'ai jamais rien vû de si beau que vous, ni qui m'ait tant fait de plaisir à voir.

PERRETTE. Oh! mort de ma vie, que la nature est une belle chose!

LELIE. D'où venez-vous? qui vous a conduits ici?

1. Var. : *point.*
2. Var. : *cent mille fois.*
3. Var. : *presque pas.*
4. Var. : *ils se.*

Est-ce mon Pere ou moi que vous y cherchez? (1) De grace, ne parlez point à mon Pere, et demeurez avec moi.

LUCINDE. A ce que je puis juger, vous n'êtes point fâché de nous voir ?

LELIE. Je n'ai jamais eu tant de joye.

PERRETTE. Cela est admirable! Et que croyez-vous de nous, s'il vous plaît (2)?

LELIE. Les deux plus belles créatures du monde. Je n'ai jamais rien vû; mais je ne connois rien de plus parfait que vous, et je n'ai plus de curiosité pour tout le reste. Demeurez toujours avec moi, je vous en conjure! je demeurerai toujours ici, et mon Pere et Monsieur Josselin en seront ravis.

LUCINDE. Vous en jugeriez autrement, si vous sçaviez ce que nous sommes.

LELIE. Et n'êtes-vous pas des hommes comme nous?

PERRETTE. Oh! vrayment non : il y a bien à dire.

LELIE. Hors les habits et la beauté, je n'y vois point de difference.

PERRETTE. Oüi-dà! c'est bien tout un; mais ce n'est pas de même.

LELIE. Il est vrai que je sens, en vous voyant, ce que je n'ai jamais senti. Ah! si vous n'êtes pas des hommes, dites-moi ce que vous êtes, je vous en conjure.

LUCINDE. Votre cœur ne peut-il pas vous l'expliquer tout à fait ?

LELIE. Non; mais ce n'est pas la faute de mon cœur, c'est la faute de mon esprit.

---

1. Var. : *que vous cherchez.*

2. Dans les éditions modernes on lit ici ce qui suit :

LÉLIE. Ce que j'en crois ?

LUCINDE. Oui, qui nous sommes?

De la sorte tout se suit plus grammaticalement; mais l'ellipse se comprend fort bien, et a quelque chose de plus vif.

PERRETTE. Eh bien ! tenez, mon pauvre enfant, bien loin d'être des hommes, nous en sommes tout le contraire.

LELIE. Je ne vous entends point.

PERRETTE. Vous nous entendrez avec le tems ; mais qui aimez-vous mieux de nous deux ? Là, parlez franchement, n'est-ce pas (1) moi ?

LELIE. Je vous aime beaucoup ; mais je l'aime infiniment davantage.

LUCINDE. Tout de bon ?

LELIE. Tout de bon.

PERRETTE. C'est à cause que vous êtes la plus brave.

LELIE. Non, non, je ne regarde point aux habits ; je ne sçaurois vous dire (2) ce qui fait que je l'aime plus que vous.

LUCINDE. Vous m'aimez donc ?

LELIE. Plus que toutes les choses du monde.

PERRETTE. Mais que pensez-vous en l'aimant ?

LELIE. Mille choses que je n'ai jamais pensées.

LUCINDE. N'en avez-vous point à me dire (3) ?

PERRETTE. Et que seriez-vous prêt à faire pour lui prouver que vous l'aimez ?

LELIE. Tout.

LUCINDE. Voudriez-vous quitter ces lieux pour me suivre ?

LELIE. De tout mon cœur, pourvû que je vous suive toujours.

---

1. Var. : *point,*

2. Var. : *mais je ne saurois vous dire...*

3. Il n'y a nulle réponse à cette question dans les éditions originales. Voici ce que portent les éditions modernes :

LÉLIE. Oh! qnantité ; mais je ne sais comment m'exprimer.

SCENE XII.

JOSSELIN, LUCINDE, PERRETTE, LELIE.

LELIE. Ah! mon cher Monsieur Josselin, vous allez être ravi.

LUCINDE. Ah! Ciel!

JOSSELIN. Que vois-je? tout est perdu. Ah! vrayment, voici bien pis que la promenade.

LELIE. Je n'en avois jamais vû, et je le sçavois bien, moi, qu'il y avoit dans le monde quelque chose qu'on ne me disoit pas.

JOSSELIN. Paix!

PERRETTE. Qu'il a la mine rebarbative!

JOSSELIN. Eh! d'où diantre ces deux carognes (1) sont-elles venuës?

LELIE. Monsieur Josselin...

JOSSELIN. Taisez-vous.

PERRETTE. Comme il nous regarde!

LUCINDE. Le vilain homme que voilà!

JOSSELIN. Qui vous a conduites ici, impudentes que vous êtes? Qu'y venez-vous faire?

PERRETTE. C'est pis qu'un loup-garou.

LELIE. Monsieur Josselin, ne les effarouchez pas.

JOSSELIN. Comment, petit fripon! vous osez.... Qu'elles sont belles (2)!

LUCINDE. Si c'est un crime pour nous de nous trouver ici, il n'est pas difficile de le réparer, et notre dessein n'est pas d'y faire un long séjour.

JOSSELIN. Le beau visage qu'a celle-là! (3)

PERRETTE. Je n'y serions pas venuës, si j'ussions crû qu'on nous eût si mal reçûës.

1. Var. : *ces deux carognes-là.*
2. Var. : *jolies.*
3. Var. : *celle-ci.*

JOSSELIN. Le drôle de petit air qu'a celle-ci! (1)

LELIE. N'est-il pas vrai, Monsieur Josselin, qu'il n'y a rien au monde de plus beau ?

JOSSELIN. Non, cela n'est pas vrai. Vous ne sçavez ce que vous dites. Les deux jolis bouchons (2) que voilà!

PERRETTE. Il est enragé. Comme il roüille les yeux !

LELIE. Monsieur Josselin, menons-les à mon Pere.

JOSSELIN. Comment! petit effronté, à votre Pere! Tournez-moi les talons, et ne regardez pas derriere vous.

LELIE. Je veux demeurer içi, moi.

JOSSELIN. Tournez-moi les talons, vous dis-je.... Et vous, détallez au plus vite.

LELIE. Je ne veux pas qu'ils s'en aillent.

JOSSELIN. Et je le veux moi. Allez vîte... Allez vous cacher dans ma chambre, au bout de cette allée. Voilà la clef.

PERRETTE. Comme il se radoucit! ferons-je bien d'y aller?

JOSSELIN. Si vous ne dépêchez (3)... Entrez dans le petit cabinet, à main gauche... Allez vite, allez.

LELIE. Demeurez ici, je vous en conjure !

JOSSELIN. Je vous l'ordonne, partez promptement.

LELIE. Pour la dernière fois, Monsieur Josselin... (*Aux deux femmes*) Attendez-moi, je vous prie : je cours trouver mon Pere; j'obtiendrai de lui que je vous aye (4) ici, et Monsieur Josselin se repentira de vous avoir grondés. Je reviendrai dans un moment (5).

---

1. Var. : *celle-là.*
2. Var. : *jolis petits bouchons.*
3. Var. : *Si vous ne vous depêchez.*
4. Var. : *que vous demeuriez.*
5. Dans les éditions modernes : *Attendez-moi, au moins, je reviendrai dans un moment.*

SCÈNE XIII.

LUCINDE, PERRETTE, JOSSELIN.

JOSSELIN. Ah! malheureuses petites femelles! sçavez-vous bien où vous êtes, et le malheur qui vous talonne ?

LUCINDE. Nous sçavons tout ce que vous pouvez nous dire, mais nous esperons tout de votre bonté.

JOSSELIN. Que vous êtes heureuses d'être belles! Sans cela... Écoutez, n'allez pas vous entêter de ce petit vilain-là : ce seroit gâter toutes vos affaires.

PERRETTE. Oh! je ne nous boutons rian dans la tête que de la bonne sorte.

JOSSELIN. Son Pere veut enterrer toute sa famille (1) avec lui, et ne consentira jamais...

LUCINDE. Mettez-nous en lieu où nous puissions vous apprendre notre infortune, et sçavoir de vous le conseil que nous devons suivre.

JOSSELIN. Ma chambre est l'endroit où vous puissiez être le mieux cachées dans ce Château, et j'en veux bien courir les risques pour l'amour de vous ; à condition que, pour l'amour de moi...

PERRETTE. Allez, mon bon Monsieur, vous voyez deux pauvres orphelines qui ne sont nullement entichées du vice d'ingratitude.

JOSSELIN. Venez, suivez-moi.

_____

1. Var. : _race._

SCENE XIV.

LUCINDE, PERRETTE, JOSSELIN, BERTRAND.

BERTRAND. Oh! palsangué! je vous prends sur le fait : je n'en suis plus que de moitié.

JOSSELIN. Voilà un maroufle qui vient bien mal-à-propos.

BERTRAND. Testiguenne! puisque vous voulez les fourrer dans votre chambre, je ne serai pas pendu tout seul pour les avoir boutées dans ma cahute; vous le serez avec moi; je ne m'en soucie guere!

JOSSELIN. Veux-tu te taire?

BERTRAND. Morgué! je ne me tairai point, à moins que je ne retire mon épingle du jeu.

JOSSELIN. Qu'entends-tu par-là?

BERTRAND. J'entends que vous soyez pendu tout seul.

JOSSELIN. Que veut dire cet animal-là?

BERTRAND. Je veux dire qu'à moins que vous ne disiez que c'est vous qui les avez cachées (1), je vai tout apprendre à notre maître.

JOSSELIN. Et bien! oüi, je dirai que c'est moi.

BERTRAND. Mais, morgué! point de tricherie au moins (2).

PERRETTE. J'entends quelqu'un.

BERTRAND. Rentrez dans ma logette, et ne vous montrez plus, sur les yeux de votre tête (3).

JOSSELIN. Chut! ou je te rendrai complice.

BERTRAND. Motus! ou je découvrirai le pot au rose.

---

1. Les éditions modernes ajoutent ici : *par la sanguoi!*

2. Var. : *Eh bian! je ne lui dirai donc rien; mais, morgué! point de tricherie.*

3. Var. : *et ne vous montrez plus, au moins.*

SCENE XV.

ANSELME, LELIE, JOSSELIN, BERTRAND.

LELIE. Oui, mon Pere, il est impossible que vous me refusiez, quand vous les aurez vus. Venez seulement..... Où sont ils ? Qu'en avez-vous fait, Monsieur Josselin ?

JOSSELIN. Que veut-il dire ?

ANSELME. Je ne sçai ce qu'il me vient conter.

LELIE. Que sont-ils devenus, Bertrand ?

BERTRAND. A qui en veut-il donc ?

LELIE. Répondez-moi, Monsieur Josselin, ou, malgré la présence de mon Pere...

JOSSELIN. Doucement, petit drôle ! (1)

LELIE. Éclaircis-moi de ce que je veux sçavoir, coquin !

BERTRAND. Haye ! ahy ! vous m'étranglez... Est-il devenu fou ?

LELIE. Ah ! mon Pere ! commandez qu'on me les fasse retrouver, ou j'en mourrai de désespoir.

ANSELME. Quoi ? qu'y a-t-il ? que veux-tu qu'on te rende ? Te voilà bien échauffé !

LELIE. Cherchons par tout. Si je ne les retrouve, je sçai bien à qui je m'en prendrai.

BERTRAND. Et ! attendez, attendez. Ce ne sont pas des moigniaux que vous charchez ?

LELIE. Non, traître ! ce ne sont pas des moineaux.

BERTRAND. Hé bien ! morgué, quoi que ce puisse être, allons les charcher nous deux. M'est avis que j'ai entendu queuque chose groüiller (2) de ce côté-là.

LELIE. Courons-y. Mon pauvre Bertrand, ne me quitte point... Monsieur Josselin, malheur à vous si je ne les retrouve !

1. Les éditions modernes ajoutent : *Sur quelle herbe a-t-il marché ?*

2. Les éditions modernes suppriment ce mot.

SCENE XVI.

ANSELME, JOSSELIN.

JOSSELIN. Des menaces! Vous voyez comme il perd le respect.

ANSELME. Qu'on l'arrête.

JOSSELIN. Non, non : il vaut mieux qu'en courant il aille dissiper ces vapeurs qui lui troublent l'imagination.

ANSELME. Mais je croi qu'en effet il est devenu fou : quel galimatias m'a-t-il fait?

JOSSELIN. C'est justement une suite de ce que je disois tantôt. Ce sont des idées qui lui passent par la cervelle, et je ne jurerois pas trop que ce ne fussent (1) des idées de femmes.

ANSELME. Des idées de femmes! Vous vous moquez, Monsieur Josselin! Peut-on avoir des idées de ce qu'on n'a jamais vû?

JOSSELIN. Belles merveilles! Et ne vous est-il jamais arrivé de faire des songes?

ANSELME. Oüi.

JOSSELIN. Et de voir en dormant des choses que vous n'aviez jamais vûës, et que vous ne vous seriez jamais imaginées si vous n'aviez dormi!

ANSELME. D'accord; mais ce petit garçon-là ne dort pas (2).

JOSSELIN. Non, vrayment; au contraire, je ne l'ai jamais vû si éveillé.

ANSELME. Hé bien?

JOSSELIN. Hé bien! il rêve tout éveillé; et c'est justement ce qui fait (3) qu'il fait des contes à dormir debout.

---

1. Var. : *et je jurerois que ce sont.*
2. Var. : *point.*
3. Var. : *est cause.*

ANSELME. Mais pourquoi lui vient-il des idées de femmes plutôt que d'autres ?

JOSSELIN. C'est que ces animaux-là se fourrent par tout, malgré qu'on en ait.

ANSELME. Cela seroit bien horrible que toutes mes précautions fussent inutiles.

JOSSELIN. Elles le seront à coup sûr, et dès à present, je vous en donne ma parole.

ANSELME. Il n'importe ; et si je ne puis lui cacher absolument qu'il y ait des femmes, il ne les connoîtra du moins que pour les haïr (1).

JOSSELIN. Il ne les haïra point.

ANSELME. Il les détestera en apprenant ce qu'elles sçavent faire... Mais qu'est-ce ci ?

JOSSELIN. Et c'est ce bon Paysan qui vous amène ces deux personnes, pour faire essai (2) de votre coupe.

SCENE XVII.

ANSELME, JOSSELIN, LUCINDE, PER-
RETTE; Mrs TOBIE ET GRIFFON, THI-
BAUT.

PERRETTE, *à la fenêtre avec Lucinde.* Le petit homme n'y est pas, vous dis-je.

LUCINDE. Il n'importe. Voyons d'ici ce qui se passe, puisque nous pouvons voir sans être vûës.

GRIFFON. Oüi, cadédis ! je bous le dis, et bous (3) le soutiens ; bous êtes un von sot, veau frere

THIBAUT. Ah ! ah ! Monsieur, au mari de Madame votre sœur !

PERRETTE. Madame, c'est Thibaut.

1. Var. : *faire l'essai.*
2. Var. : *Il ne les connoîtra que pour les haïr mortellement.*
3. Var. : *et je bous.*

THIBAUT. Sot ! Et qu'est-ce ? Queu terminaison est chela ?

LUCINDE. Mon Pere et mon Oncle sont ici.

TOBIE. Nous sommes gens de bien de notre race ! je (1) serois marri qu'elle fût entichée des reproches qu'on fait à la vôtre.

THIBAUT. Eh ! eh ! Monsieur, le Frere de Madame votre femme ! Vous n'y songez pas.

GRIFFON. Tu fais vien de m'appartenir.

TOBIE. C'est le plus vilain endroit de ma vie.

THIBAUT. Messieurs, Messieurs, venez m'aider, s'il vous plaît, à mettre le hola entre deux beaux-freres qui se vont couper la gorge.

ANSELME. Qu'est-ce que c'est donc ? Qu'avez-vous, Messieurs, qui vous oblige à en venir aux invectives ?

GRIFFON. Eh ! Messieurs (2), serbiteur : je vous fais Juges de ceci. Boici le fait. J'ai fais l'honneur à ce Monsieur de donner mon fils, qui est novle Monsieur (3) comme moi, mordi ! en mariage à sa fille, qui n'est qu'une simple Roturiere, et, parce que la beille des nôces la sotte s'éclipse de la case paternelle, il a l'insolence de dire que c'est ma faute, et qu'elle a eu peur d'entrer dans mon alliance, à cause que je suis sebere dans ma famille, et que je ne beux pas souffrir qu'aucun godeluriau approche mon domaine de la van-lieuë.

TOBIE. Qu'est-ce ? je donne ma fille, qui aura dix mille livres de rente, au fils de ce Monsieur, qui est gueux comme un rat ; et parce qu'elle s'en est enfuye de chez moi pour éviter ce mariage, il me dira, en me traitant comme un je ne sçai qui, que c'est parce que je suis trop bon dans mon domestique, à cause que ma femme est toujours autour de moi à m'étouffer de caresses, et que je souffre qu'elle m'appelle son

1. Var. : et je.
2. Var. : Ah ! messieurs.
3. Ce mot ne se trouve pas dans les éditions modernes.

petit papa, son petit fanfan, son petit camuset ; ce qui fait que ma maison est ouverte à tous les honnêtes gens.

JOSSELIN. Voilà un different qu'il est assez facile d'accommoder. Ces Messieurs se disent les choses de si bonne foi, qu'on ne peut s'empêcher de les croire : mais, pour sçavoir lequel des deux s'est le plus fait aimer de sa femme par ses manieres, vôtre Coupe enchantée sera d'un secours merveilleux, et je suis sûr qu'elle les mettra d'accord ; je vai l'apporter (1).

ANSELME. Allez, Monsieur Josselin, cela finira la dispute.

GRIFFON. Cet homme nous a fait recit de cette coupe, et je serai rabi de connoître par elle lequel est le fat de nous deux : je suis sûr que ce n'est pas moi.

TOBIE. Nous en allons voir tout à l'heure un bien penaut ! je sçai bien qui ce ne sera pas.

ANSELME. Voici la Coupe.

TOBIE. Donnez, donnez. Je serois bien fâché (2) de n'en pas faire essai le premier, pour vous montrer combien je suis sûr de mon fait.

Le vin se répand.

JOSSELIN. Ah ! ah !

TOBIE. Que vois-je ? le vin est répandu, je pense ?

JOSSELIN. Oh ! par ma foi ! le petit papa, le petit fanfan, le petit camuset en tient.

GRIFFON Hé (3), qui de nous dus est le fat ? hem ? Cadedis, mon veau frere, bous me ferez raison de la conduite de ma sœur.

TOBIE. Voîlà une méchante creature ! je ne l'aurois jamais cru.

JOSSELIN. Quand elle viendra vous étouffer de ca-

1. Var. : *Je vais vous l'apporter.*
2. Var. : *Je serois fâché.*
3. Var. : *Eh ! donc.*

resses, je vous conseille de l'étrangler par bonne amitié.

TOBIE. C'est chez vous qu'elle a succé ce mauvais lait-là.

GRIFFON. Oüi, oüi, cadedis, l'absynthe n'est pas plus amere que le lait que je leur fais succer; bersez, bersez, veau Ganimede... Bous allez boir, veau frere. A la santé de la compagnie.

La Coupe répand.

JOSSELIN. Ahy, ahy, ahy.

GRIFFON. Boüais! c'est que je ne la tiens pas droite.

La Coupe répand.

JOSSELIN. Prenez donc garde.

ANSELME. Voyez, voyez.

GRIFFON. La main me tremble.

Tout répand.

JOSSELIN. Ah! l'on a approché de votre domaine plus près (1) que de la ban-lieuë (2).

GRIFFON. Ma foi! je n'y comprends plus rien. Monsieur est bon; on le trahit. Je suis sebere (3) et l'on me trompe. Sandis! comment faut-il donc faire avec ces diantres d'animaux-là? Allons, on s'en mordra les doigts (4). Sans adieu.

---

1. Var. : *Oh! l'on approche votre domaine de plus près....*
2. Dans les éditions modernes on lit en plus ce qui suit :

TOBIE Je savois que ce n'étoit pas ma faute. Je n'ai garde de donner ma fille à vôtre fils : il n'en feroit qu'une vraie rien qui vaille.

PERRETTE. Madame, à quelque chose le malheur est bon.

3. Var. : *rigide.*
4. Var. :

Comment faut-il donc faire avec ces diantres d'animaux-là?

THIBAUT. Morgué! ça est embarrassant.

M. GRIFFON. On s'en mordra les doigts.

SCENE XVIII.

ANSELME, TOBIE, THIBAUT, JOSSELIN; LUCINDE ET PERRETTE.

ANSELME. Jusques au revoir.

JOSSELIN. Vous plaît-il boire encore un coup ? ô çà ! à vous le dez, pays !

THIBAUT. A moi ?

LUCINDE. Perrette, ton mari va boire.

PERRETTE. A quoi s'amuse-t-il ? Ce n'est pas que je craigne rien ; mais le cœur me tape.

JOSSELIN. A cause que vous êtes un bon frere, en voilà razade : buvez.

THIBAUT. Palsangué, je n'ai pas soif.

JOSSELIN. Il ne s'agit pas d'avoir soif, et c'est seulement par curiosité, et pour sçavoir si vous êtes aimé de votre femme : buvez.

THIBAUT. Non, morgué ! je ne boirai point. Et si le vin alloit répandre (1), par hazard ? Testigué, voyez-vous, je suis maladroit de ma nature. Quand je sçaurois ça, en serois-je plus gras ? en aurois-je la jambe plus droite ? en dormirois-je plus que des deux yeux ? en mangerois-je autrement que par la bouche ? Non, pargué ! C'est pourquoi, frere, je suis votre sarviteur, je ne boirai point (2).

JOSSELIN. Voilà un rustre d'assez bon sens.

ANSELME. C'est ce qui me semble ; et je suis quasi fâché de n'avoir pas été de son humeur.

1. Var. : *alloit se répandre.*

2. Les éditions modernes ajoutent ici :

LUCINDE, à *Perrette.* Je ne croyois pas que votre homme fût si avisé.

Cette addition est des plus maladroites : *votre homme*, n'appartient pas au langage de Lucinde, et d'ailleurs elle tutoie Perrette dans toute la pièce.

TOBIE. Oh! pardi, mon Fermier, vous avez plus d'esprit que votre Maître (1).

THIBAUT. Jarni! je ne sçai pas si je fais bien; mais je sçai bien que je serois fâché de faire autrement. J'aime Parrette : elle est ma femme; quand elle seroit la femme d'un autre, elle ne me plairoit pas davantage. Je ne sçai si je lui plais finfirmement (2), alle en fait le semblant, du moins; je ne rentre de fois chez moi, que je ne la retrouve tintelle que je l'ai laissée; il n'y a pas un iota à dire. Elle aime à batifoler; je suis d'himeur batifolante; je batifolons sans cesse; et si je m'allois mettre dans la sarvelle tous vos engeingreigniaux, adieu le batifolage. Non, palsanguoi! je n'en ferai rien

JOSSELIN. Voilà comme je veux être, et si je me marie... (3) mais je ne me marierai pas.

PERRETTE. Madame, je suis si niaise que je ne sçaurois plus m'en tenir. Il faut que j'aille embrasser notre homme.

LUCINDE. Attends, Perrette; que vas-tu faire?

JOSSELIN. Voilà la perle des Maris. Ami, touche-là.

THIBAUT. Votre valet.

TOBIE. Voilà l'exemple des honnêtes gens. Embrasse-moi.

THIBAUT. Votre serviteur.

ANSELME. Voilà le miroir de la vie paisible.

THIBAUT. Votre très humble.

PERRETTE. Voilà un vrai homme à femme. Oh! que je te baiserai tantôt!

THIBAUT. Hé! testigué! c'est Perrette.

ANSELME. Que vois-je! des Femmes!

---

1. Dans les éditions modernes, on lit ici en plus : *je vous le cède.*

2. Cela veut dire, sans doute, dans le patois de Thibaut : d'une façon très ferme, bien sérieusement; les éditions modernes donnent *sincèrement.*

3. Var. : *Voilà comme je veux être, si je me marie.*

Thibaut. Je n'ai morgué pas voulu boire dans la Coupe : elle eut peut-être dit quelque chose qui m'auroit chagriné.

Perrette. Elle n'eût rien dit ; mais tu as bien fait : je t'en aime davantage.

Tobie. Perrette, qu'as-tu fait de ma Fille ?

Lucinde. La voilà, mon Pere, qui se jette à vos genoux pour vous demander pardon.

Tobie. Va, ma Fille, je te pardonne.

Anselme. Par quel moyen ces Femmes sont-elles entrées chez moi ?

Josselin. Je ne sçai. Ce sont peut-être elles qui ont fait naître à Monsieur votre Fils les idées...

SCENE DERNIERE.

ANSELME, TOBIE, LELIE, LUCINDE, PERRETTE, JOSSELIN, THIBAUT, BERTRAND.

BERTRAND. Ce n'est pas par-là, vous dis-je.

Lelie. Non, non, laisse-moi.. Mais que vois-je ? Ah ! c'est ce que je cherche... Oüi, mon Pere, les voilà. Souffrez que je les amene (1) à ma chambre ; je vous promets de n'en sortir jamais.

Anselme. Où suis-je ? que vois-je ? qu'entends-je ?

Lelie. Ah ! mon Pere, n'allez pas gronder, de peur de les effaroucher encore.

Anselme. C'en est fait : la Destinée et la Nature sont plus fortes que mes raisonnemens. Votre seule presence lui en a plus appris en un moment que je ne lui en avois caché pendant seize années.

1. Var. : *emmène,*

JOSSELIN. Cela est admirable.

ANSELME. Je commence moi-même à me rendre à la raison, et je vais changer de maniere.

TOBIE. Qu'est-ce que tout ceci?

ANSELME. Vous le sçaurez, Monsieur. En attendant qu'on vous l'apprenne, je vous dirai seulement que mon fils a beaucoup de noblesse et plus de bien, et qu'il ne tient qu'à vous d'unir sa destinée à celle de Mademoiselle votre fille.

TOBIE. Volontiers. J'en serai ravi, et cela fera enrager ma femme.

LELIE. Je ne comprends rien à tous ces discours. Que veulent-ils dire, Monsieur Josselin?

JOSSELIN. Cette belle vous l'apprendra.

ANSELME. Oûi, mon fils, je vous la donne en mariage.

LELIE. En mariage? cela signifie-t-il qu'elle demeurera toujours avec moi, mon Père?

ANSELME. Oüi, mon Fils.

LELIE. Quelle joye! Ah! mon père, que je vous ai d'obligation!

JOSSELIN. Jamais le petit fripon n'a embrassé (1) si fort.

THIBAUT. Pargué! Perrette, tout ça est drôle.

PERRETTE. Oüi, tout cela est bel et bon, mais cette chienne de Coupe, que deviendra-t-elle? Qu'il n'en soit plus parlé; car, quoyque je ne craignons rien, je ne dormirions point en repos, voyez-vous.

ANSELME. Qu'elle ne vous inquiette point : je la briserai en votre présence.

JOSSELIN. Quelqu'un veut-il faire essai de la Coupe? Qu'il se dépêche; mais, franchement, je ne conseille à personne d'y boire; et l'exemple du Paysan est, sur ma foi, le meilleur à suivre.

1. Var. : *ne l'a embrassé.*

FIN.

LE VEAU PERDU

COMÉDIE — 1689

PERSONNAGES

LE GENTILLATRE.	Le Sieur LE COMTE.
SA FEMME.	Mademoiselle DURIEU.
SA SERVANTE.	Mademoiselle BEAUVAL.
RICATO, Fermier du Gentillatre.	Le Sieur DESMARES.
LE FILS DU FERMIER, jeune Paysan innocent.	Le Sieur LA THORILLIERE.

LE VEAU PERDU

COMÉDIE EN UN ACTE ET EN PROSE,
NON IMPRIMÉE,

DE M. DE LA FONTAINE

Représentée pour la premiere fois le lundi 22 Août,
précédée de la Tragédie de VENCESLAS (1).

Ce fut M. Champmeslé qui présenta cette Comédie; elle est inscrite sous son nom dans les Registres : cependant le Public l'attribue à Monsieur de La Fontaine, et nous nous sommes conformés à l'opinion la plus vulgaire. Quel qu'en soit l'Auteur, il est certain qu'il n'a fait que mettre en action les deux Contes de M. de La Fontaine : *la Gajûre des trois Commeres*, dont le tour de la premiere se trouve employé ici, et le *Villageois qui cherche son Veau.*

1. Nous reproduisons ici textuellement la curieuse analyse que l'*Histoire du Théâtre françois* donne de cette pièce.

Voici de quelle façon ces deux Contes étoient liés et formoient l'intrigue de cette petite Comédie (1).

Après deux ou trois Scenes nécessaires pour l'exposition du sujet, paroît Ricato; ce Villageois, qui a cherché inutilement un Veau qu'il a perdu, monte sur un arbre pour découvrir de plus loin. Le Gentillatre arrive, et, se croyant seul avec sa Servante, lui conte des douceurs, veut l'embrasser et lui porter la main sur le sein; à chaque mouvement, il s'écrie: *Ah Ciel! que d'appas! que vois-je, que ne vois-je pas?* Ricato, impatienté d'entendre répéter la même chose, crie, du haut de son arbre: *Notre bon Seigneur, qui voyez tant de choses, ne voyez-vous point mon Veau? Je suis perdu* (dit alors le Gentilhomme tout bas), *ce Rustre ne va pas manquer de raconter à ma femme tout ce qui vient de se passer. Cours vîte,* ajoute-t-il à sa Servante, *et va dire à Madame qu'elle vienne en diligence me trouver ici.* Le Gentillatre demeure seul sur le Théatre. Dans le moment la Dame arrive. Le mari fait l'empressé auprès d'elle, et recommence le même jeu qu'avec sa Servante. Ricato rapporte à la Dame ce qu'il a vû du mari avec sa Servante, et la Dame répond toujours, *c'étoit moi,* jusqu'à ce que Ricato, perdant patience: *Jarni* (dit-il), *vous me feriez enrager; un mari n'est point si sot à l'entour de sa femme. Comment donc, insolent!* reprend la Dame, fort en colere: *Vous manquez ainsi de respect à M. le Comte* (2).

Dans une autre Scene, la Servante, songeant à un établissement solide, et voulant épouser le fils du Fermier, parce qu'il est jeune et riche, trouve le moyen de lui parler. Après quelques discours, elle fait en sorte qu'il lui touche dans la main. *Oh! Dame,* dit-

---

1. Cet argument nous a été donné par M. Grandval pere.

2. Pour bien entendre cette plaisanterie, il faut se ressouvenir que c'étoit le Sieur Le Comte qui représentoit le Gentillatre.

elle alors, *tu ne sçaurois plus t'en dédire, nous voilà mari et femme. Je t'ai donné ma foi, tu m'as touché dans la main, le mariage est en bonne forme.* Oui, mais, répond le jeune homme, *dans tout cela je n'ai vû ni Curé, ni Notaire.*

La femme du Gentillatre, à qui les discours de Ricato n'ont pas laissé de faire concevoir quelques soupçons, pour se mettre l'esprit en repos, oblige son mari à marier sa Servante avec le jeune Paysan, et c'est par ce mariage que finit la Piece.

ACTEURS DU PROLOGUE

APOLLON.
ACANTE, Suivant d'Apollon.
LA NYMPHE DE LA SEINE.
CHŒURS DES MUSES.
CHŒURS DE BERGERS.
NYMPHES SUIVANTES DE LA SEINE.
ZEPHIRE.
FLORE et sa suite.

ASTRÉE

TRAGÉDIE — 1691

ASTRÉE

TRAGEDIE

Representée par l'Academie royalle de musique (1)

PROLOGUE

Le Theatre represente la veuë de Marly dans l'esloignement,
et les bords de la Seine sur le devant.

APOLLON, *descend.*

LA NYMPHE.

Dieu du Parnasse et du sacré Vallon,
Quelle avanture en ces lieux vous attire ?

APOLLON.

Mars, de tout temps ennemy d'Apollon,
Me force à quiter mon Empire.

---

1. Le 28 novembre 1691. Cette pièce a été imprimée dans le format in-4° par Christophe Ballard, dans le courant de la même année. La musique, qui est de Colasse, n'a été ni imprimée ni gravée. La Bibliothèque Impériale en possède un exemplaire manuscrit précédé d'un titre imprimé qui porte l'adresse de Ballard. C'est de la sorte qu'il publioit les partitions qui avoient eu peu de succès.

LA NYMPHE.

Nostre monarque vous promet
Un repos qu'on n'a plus sur le double Sommet.

APOLLON.

Jupiter luy-mesme auroit peine
A calmer aujourd'huy tant de Peuples divers.
Rien n'impose à present silence à l'Univers;
Et cependant je vois les Nymphes de la Seine
S'occuper à l'envy de Musique et de Vers.

LA NYMPHE.

Nous tenons ces faveurs d'un Roy plein de sagesse;
La terreur et l'effroy respectent ces beaux lieux.
Des chants les plus délicieux
Nos bois retentissent sans cesse.

La paix regne dans nos ombrages.
Le murmure des eaux, les plaintes des Amans,
Les Rossignols, par leurs tendres ramages,
Occupent seuls Echo dans ces lieux si charmans.

APOLLON.

Joignons tous nos accords: approchez-vous, Acante.
Fille de l'Harmonie, ô Paix douce et charmante!
Comme j'unis les voix, reviens unir les cœurs.
Par son retour, la saison la plus belle
Annonce en mille endroits la guerre et ses fureurs,
Fais qu'en ces lieux l'amour se renouvelle.

APOLLON, LA NYMPHE, ET ACANTE.

O Paix! reviens unir les cœurs.
Par son retour, la saison la plus belle
Annonce en mille endroits la guerre et ses fureurs;
Fais qu'en ces lieux l'amour se renouvelle.

LE CHŒUR.

Fais qu'en ces lieux l'amour se renouvelle.

APOLLON.

Et vous, compagnons du Printemps,

Zephirs, par qui les fleurs renaissent tous les ans,
Embellissez ces bords de leur graces naïves.
    Ramenez icy les beaux jours ;
Doux Zephire, invitez à danser sur ces rives
    Flore et la mere des Amours.

LA NYMPHE.

    Dans ces lieux les dons de Flore
    Font accourir les Zephirs,
    Et les larmes de l'Aurore
    Se joignent à leurs soûpirs.

    Les fleurs n'en sont que plus belles ;
    Joüissez de leurs attraits :
    Flore à leurs graces nouvelles
    Donne icy de nouveaux traits.

Toutes saisons n'ont pas ces richesses legeres
Dont l'émail peint nos champs de diverses couleurs :
    Bergers, venez cüeillir les fleurs ;
    N'y venez point sans vos Bergeres.
    Joüissez des dons du Printemps :
    Tout finit, profitez du temps.

CHŒUR.

    Joüissons des dons du Printemps ;
    Tout finit, profitons du temps (1).

ACANTE.

    On se plaint icy des cruelles ;
    C'est un beau sujet pour nos chants.
    Rendons-les tendres et touchans ;
Ils pourront inspirer l'amour aux cœurs rebelles.

LA NYMPHE.

    Ce n'est point par de doux sons,

---

1. Les 16 vers qui suivent ont été supprimés par un carton dans l'édition de 1691, mais on les trouve dans le *Recueil des Operas, des Ballets et des plus belles Piéces en Musique qui ont été representées depuis dix ou douze ans jusques à présent devant sa Majesté tres-Chrestienne. —* Amsterdam, A. *Wolfgang,* 1693, t. IV.

Par des Vers et des Chansons,
Qu'on rend un cœur moins severe;
   Il faut plaire :
Qui n'est pas fait pour charmer.
   Ne doit point aymer.

ACANTE.

Souvent dans le fond des bois
Les Bergers joignent leurs voix,
En dansant sur la fougere;
Et souvent par leurs doux sons
Le cœur de quelque Bergere
Est le prix de leurs chansons.

LES CHŒURS.

   Est-il quelques rivages
Qui ne connoissent point l'Amour ?

LA NYMPHE ET ACANTE.

Si les Bergers luy font leur cour,
Les Roys lui rendent leurs hommages.

LES CHŒURS.

   Est-il quelques rivages
Qui ne connoissent point l'Amour ?

LA NYMPHE ET ACANTE.

Il n'est point de lieux si sauvages
De cœurs si fiers, d'esprits si sages,
Que ce Dieu ne dompte à leur tour.

LES CHŒURS.

   Est-il quelques rivages
Qui ne connoissent point l'Amour ?

APOLLON.

Vos chants sont pour l'Amour, ma Lire est pour la Gloire;
Du nom de deux Heros je veux remplir les Cieux,
   De deux Heros que la Victoire
   Doit reconnoistre pour ses Dieux.

Le Rhein sçait leur vaillance (1),
Le Danube en pourra ressentir les effets.
Qui peut mieux qu'Apollon en avoir connoissance ?
Mais je veux taire ces secrets;
LOUIS m'apprend par sa prudence
A cacher ses projets.
Muses, profitez d'un azile
Où tout est paisible et tranquille.
Representez, dans ce séjour,
Un Spectacle où regne l'Amour.
Ce Dieu récompensa quelques momens de peine
Qu'eurent Astrée et Céladon :
Faites voir aux bords de la Seine
Les avantures du Lignon.

LES CHŒURS.

Que nos chants expriment nos flames :
Répandons dans tout ce sejour
Le charme le plus doux des ames,
Les Chansons, les Vers, et l'Amour.

1. Ce vers et les cinq qui suivent ont été supprimés dans l'édition originale ; ils se trouvent dans le *Recueil des Operas*.

FIN DU PROLOGUE.

ACTEURS DE LA TRAGEDIE

ASTRÉE, Bergere.
CÉLADON, Amant d'Astrée.
SÉMIRE, Amant d'Astrée
PHILIS, Confidente d'Astrée.
HILAS, Berger.
TIRCIS, Berger.
GALATÉE, Princesse du Forest.
LEONIDE, Confidente de Galatée.
ISMENE, Fée.
TROUPE DE DRUIDES.
TROUPE DE BERGERS ET DE BERGERES.
ESPRITS AÉRIENS.
NYMPHES.
GENIES.
PEUPLES du Forest.
TROUPE de la suite d'Ismene.
LIZETTA.
GALIOFFO.
GAMBARINI.

La Scene est dans le Forest.

ASTRÉE

TRAGEDIE

———

ACTE PREMIER

Le Theatre represente le Païs du Forest, arrosé de la Riviere du Lignon, sur les bords de laquelle sont plusieurs Hameaux et Boccages.

SCENE PREMIERE.

SÉMIRE.

Perfide que je suis! infortuné Sémire!
Les bruits qu'en ces Hameaux je répands
    tous les jours
   Soulageront-ils mon martire?
Que me sert de troubler d'innocentes amours?
J'ayme Astrée, et je tente un dessein témeraire.
Je détruis son Amant; mais que fais-je pour moy?
Ce qui le rend suspect de violer sa foy
   Me rend-il capable de plaire?

Au sein d'Astrée en vain j'ay versé cent poisons;

L'implacable dépit, les injustes soupçons,
　　L'aveugle et la sourde colere,
　La jalousie, au repos si contraire,
　　Enfans de l'Art dont je me sers,
M'ont en vain procuré le secours des Enfers.

　Quel fruit aura ton crime, infortuné Sémire ?
　Les mensonges divers à quoy tu donnes cours
　　Soulageront-ils ton martire ?
　Que te sert de troubler d'innocentes amours ?

　Je me vange, il suffit; je fais des miserables.
　　N'est-ce pas un bien assez doux ?
　　Achevons, puis retirons-nous
　　En des Deserts inhabitables.

　Amans, heureux Amans, dont je détruis la foy,
　Puissiez-vous devenir plus mal-heureux que moy !

　　Je vois déja cette Bergere en larmes;
　Ce doit estre l'effet des dernieres alarmes
　Par qui mon imposture a séduit sa raison.
　Laissons sur son esprit agir nostre poison.

SCENE SECONDE.

ASTRÉE, PHILIS.

ASTRÉE, *donnant à Philis une Lettre ouverte.*

A vois-je tort, Philis ? Tu vois ces témoi-
　　gnages;
　De sa main propre ils sont tracez :
　Considere de quels outrages
Mes feux y sont récompensez ;
Ne me parle jamais du Traistre.
Céladon, Céladon, il est un Dieu vangeur.

PHILIS.

Ne le soupçonnez pas, ma Sœur.

ASTRÉE.

Voicy pourtant ses traits; peux-tu les méconaistre?

PHILIS.

Je connois encore mieux son cœur;
Tout m'est suspect, tout vous doit l'estre.
Quelque ennemy secret vient d'imiter sa main.

ASTRÉE.

Dédiras-tu nos yeux, qui l'ont veu ce matin
Embrasser les genoux d'Aminte?

PHILIS.

C'est un reste de feinte:
Vous-mesme avez pû voir avec quelle contrainte
Il feignoit des transports qu'il ne pouvoit sentir.
Qu'un veritable Amant a de peine à mentir!

ASTRÉE.

Eh! qu'il ne mente plus.

PHILIS.

Sçait-il vostre pensée?
Il voit, depuis quelques jours,
Que sa flâme est traversée,
Et qu'on trouble vos amours.
Il veut vous ménager, en exposant Aminte.

ASTRÉE.

Que ne me l'a-t-il dit?

PHILIS.

Sans doute il ne l'a pû.

ASTRÉE.

Mon cœur à Céladon n'estoit que trop connu;
N'auroit-il pas préveu ma crainte,
Si l'ingrat, d'autres soins occupé, prévenu....

PHILIS.

Ma Sœur, bannissez ces alarmes.
Quel objet vous peut-on préférer sous les Cieux ?

ASTRÉE.

Aminte est engageante, et prévient par ses charmes.
Ton amitié me rend trop parfaite à tes yeux.
Hélas ! qui feint d'aimer est toûjours témeraire :
De la feinte à l'effet, on n'a qu'un pas à faire ;
C'est un écueil fatal pour la fidelité :
Une premiere ardeur n'est bien-tost plus qu'un songe,
  La verité devient mensonge,
  Et le mensonge, verité.

PHILIS.

  Les Coquettes les plus belles
  Ne touchent que foiblement.
  On peut, par amusement,
  Feindre de brûler pour elles ;
  Et le plus crédule Amant
  Les regarde seulement,
  Comme on fait les fleurs nouvelles,
Avec quelque plaisir, mais sans attachement.

ASTRÉE.

Quand il plaist à l'Amour, tout objet est à craindre.
Ce Dieu met bien souvent sa gloire à nous atteindre
Du trait le plus commun et le moins redouté :
Une premiere ardeur n'est bien-tost plus qu'un songe ;
  La verité devient mensonge,
  Et le mensonge vérité.

Il le prévoyoit bien, le Traistre, l'Infidelle.
J'eus peine à l'obliger à feindre ces amours :
Il resista long-temps, je persistay toûjours.
    Trouvoit-il Aminte si belle ?
Je lisois dans ses yeux une secrette peur.
L'ingrat avoit raison de craindre pour son cœur.

PHILIS.

C'estoit à vous d'avoir de la prudence,
En l'éloignant du danger
De changer.

ASTRÉE.

C'estoit à luy d'avoir de la constance,
En resistant au danger
De changer.

PHILIS.

A vos soupçons je ne sçaurois me rendre :
Mais voicy mon dessein, ma Sœur.
D'Hilas depuis deux jours je ménage le cœur ;
Je veux que pour Aminte il feigne de l'ardeur,
C'est le moyen de tout apprendre :
Elle luy dira son secret.
Je l'attens ; vous sçavez combien il est discret.
Le voicy.

SCENE TROISIÉME.

PHILIS, HILAS, ASTRÉE.

PHILIS.

J'ay besoin, Hilas, de vostre adresse.
Puis-je compter sur vos sermens ?
Vous me rendez des soins ; mais ces em-
pressemens
Sont-ils des effets de tendresse ?
Où ne sont-ce qu'amusemens ?
Sans cesse vous allez de Bergere en Bergere,
Jurant de sinceres Amours :
Zéphire n'eut jamais d'ardeur si passagere ;
Eh ! comment s'assûrer qu'une ame si legere
Puisse ne l'estre pas toûjours !

HILAS.

Quoy ! vous doutez si je vous ayme ?
Eh ! qui pourroit, Philis, vous voir sans vous aymer ?
Vous avez plus d'appas que n'en a l'Amour mesme,
Des traits à tout ravir, des yeux à tout charmer ;
    Et vous doutez si je vous ayme !

PHILIS.

Declarer si bien son ardeur,
    Ce n'est pas ce qui nous engage ;
Les vrays interpretes du cœur
    Ne sont pas les traits du langage.

ASTRÉE.

Ma Sœur, j'ose aujourd'huy te garantir sa foy.
L'Amour ne reservoit ce miracle qu'à toy.

HILAS.

Si je n'aime Philis, que ce Dieu me haïsse !
Qu'il me livre à des cœurs ennemis de ses traits !
Qu'à la fin mon bon-heur dépende du caprice
    D'une Bergere sans attraits !

PHILIS.

J'en croiray vos sermens, si vostre amour s'applique
A m'instruire des feux d'Aminte et d'un Berger.

HILAS.

N'est-ce pas Céladon ? La chose est si publique,
Qu'à de trop grands efforts ce n'est pas m'engager.

PHILIS.

Il vient, partez.

HILAS.

    Je vole où vostre ordre m'appelle.

ASTRÉE ET PHILIS.

Voyons comment le traistre, l'infidelle,
    Soûtiendra son manque de foy.

PHILIS.

Adieu; vous pourrez mieux vous éclaircir sans moy.

SCENE QUATRIÉME.

CÉLADON, ASTRÉE.

CÉLADON.

Hé quoy! seule en ces lieux, sans songer à la feste
Dont vous serez tout l'ornement!
C'est un Triomphe qui s'apreste
Pour les Dieux et pour vous, aux yeux de vostre Amant.
On n'entend en tous lieux que des chants d'allegresse.
Bergeres, Bergers, tout s'empresse
De celebrer ce jour charmant.
Cependant vous resvez : d'où vient cette tristesse ?

ASTRÉE.

Berger, vous paroissez aujourd'huy bien paré :
De cét ajustement quels yeux vous sçauront gré ?

CÉLADON.

Les vostres, ma Déesse.

Il n'est rien en ces lieux.
Qui ne s'efforce de vous plaire;
Et c'est pour attirer vos regards précieux,
Que ces Prez, que ces Bois, et cette onde si claire
Etalent ce qu'ils ont de plus delicieux :
L'Astre mesme qui nous éclaire
Ne se montre si beau que pour plaire à vos yeux.

ASTRÉE.

Céladon, bannissez ces discours d'entre nous;
Je sçay qu'en vostre cœur une autre est preferée;
Et vos vœux ne sont pas pour l'innocente Astrée.

CÉLADON.

Ciel ! mes vœux ne sont pas pour vous !
Dieux puissans qu'icy l'on révere,
Dieux vangeurs des forfaits, je vous atteste tous ;
Si quelqu'autre qu'Astrée à mes desirs est chere,
Faites tomber sur moy vos plus terribles coups !

ASTRÉE.

Sois traitre seulement, et ne sois pas impie.

CÉLADON.

Juste Ciel ! vous doutez encore de ma foy !
Mais quel est cét objet dont mon ame est ravie ?

ASTRÉE.

Va, perfide, va, garde-toy
D'oser jamais paroistre devant moy.

CÉLADON.

Ah ! du moins....

ASTRÉE.

Non.

CÉLADON.

Quoy ! sans l'entendre,
Condamner un Amant si fidelle et si tendre !

ASTRÉE.

Non, perfide, non, garde-toy
D'oser jamais paroistre devant moy.

CÉLADON.

Mon sort est dans vos mains, il faut vous satisfaire ;
Et puisque vostre arrest me livre au desespoir,
J'y cours ; et respectant vostre injuste colere,
Je me fais du trépas un funeste devoir.
Vous me regretterez, j'en suis seûr ; et votre ame,
Au vain ressouvenir d'une constante flâme
Se laissant trop tard émouvoir,
Me donnera des pleurs que je ne pourray voir.

SCENE CINQUIÉME.

ASTREE.

Seroit-il innocent ? me serois-je trompée ?
Soupçons dont j'ay l'ame occupée,
Dois-je donc vous bannir ? L'ay-je à tort
    condamné ?
En quel trouble me met cette fuite soudaine ?
    Qu'as-tu fait , Bergere inhumaine ?
    Où s'en va cét infortuné ?
Ne le pas écouter ? se rendre inéxorable !
Ses pas précipitez , ses regards pleins d'éfroy,
Me font craindre pour luy ; que ne dis-tu pour toy,
    Bergere miserable !
Tu ne l'as pû haïr quand tu l'as crû coupable ;
Que sera-ce , s'il meurt en te prouvant sa foy !

Cours, mal-heureuse, cours, va retarder sa fuite.
Céladon ! Céladon !... Helas ! il précipite
    Ses pas et son cruel dessein ;
Il est sourd à mes cris, et je l'appelle en vain ;
Je n'en puis plus ; la force et la voix, tout me quitte.

SCENE SIXIÉME.

UN DRUIDE *conduisant la Ceremonie de la Feste
du Guy de l'an neuf, à la place d'Amadas.*

TROUPES DE DRUIDES, DE PASTRES,
SILVAINS, FAUNES, BÉRGERS ET BER-
GERES.

UN DRUIDE.

Maistres de l'Univers, Dieux Puissans, nos
    Hameaux
Vous presentent le don que viennent de
    nous faire

Ces antiques Palais qu'habitent les Oyseaux.
Conservez dans nos Bois leur ombre tutelaire.

Nous ne vous demandons, en faveur de ce don,
 Ny des grandeurs, ny du renom,
 Ny des richesses excessives :
Que les sources de l'or soient pour d'autres que nous ;
 Nos destins seront assez doux,
 Si les Bergeres de ces rives
 Ne font regner que de chastes desirs
 Et d'innocens plaisirs.

LE DRUIDE ET LE CHŒUR.

Conservez nos Troupeaux, arrosez nos Prairies ;
Faites regner la paix sur ces rives fleuries ;
Que Mars n'y trouble point les jeux et les chansons.
 Gardez nos fruits et nos moissons.
UN BERGER ET LE CHŒUR.
 Accourez, Bergers fidelles ;
 Célebrez tous, en ce jour,
 Vos Bergeres et l'Amour :
 Chantez vos feux et vos belles.

CHŒUR.

Venez, Amours, volez de cent climats divers
 En ce sejour tranquille.
Ces feüillages épais, ces gazons toûjours verds,
 Vous offrent un charmant azile.
Venez, Amours, volez de cent climats divers,
Pour enflamer nos cœurs, seuls dignes de vos fers.
Laissez dans un repos languissant, inutile,
 Tout le reste de l'Univers.

SCENE SEPTIÉME.

LES PRÉCÉDENS, UN BERGER.

LE BERGER.

Pour pleurer Céladon, cessez vos doux
        accords;
Du Lignon l'onde impitoyable
Vient de l'ensevelir.

CHŒUR.

O perte irreparable !

LE BERGER.

Nous n'avons pû le trouver sur ces bords.

LE DRUIDE.

Portons ce sacré don sur un Autel du Temple ;
    Et que chacun, à mon exemple,
A chercher ce Berger fasse tous ses efforts.

SCENE HUITIÉME.

PHILIS, ASTRÉE.

PHILIS.

Céladon dans les flots a terminé sa vie :
    Comment le diray-je à ma Sœur ?

ASTRÉE.

    Je le sçais, Philis, ce malheur
    Est l'effet de ma jalousie.
Déteste-moy ; c'est peu de me haïr :
Céladon ne perit que pour mieux m'obeïr.
    Il s'est perdu ! je me perdray moy-mesme.

Que me sert la clarté du jour?
Je ne verray plus ce que j'ayme!
Cher Amant, as-tu pû me quitter sans retour?
Nostre bon-heur estoit suprême;
Les Dieux nous envioient du haut de leur séjour.
Tu t'és perdu! je me perdray moy-mesme.
Que me sert la clarté du jour?

FIN DU PREMIER ACTE.

ACTE SECOND

Le Theatre represente les Jardins de Galatée, et, dans l'éloignement, le Palais d'Isoure.

SCENE PREMIÉRE.

GALATÉE.

Je ne me connois plus : quelle nouvelle ardeur
Se rend maistresse de mon cœur ?
Un Berger cause ces alarmes.
Doux et tranquilles vœux, qu'estes-vous devenus !
Le sort offre à mes yeux un Berger plein de charmes,
Et depuis ce moment je ne me connois plus.

SCENE SECONDE.

LEONIDE et GALATÉE.

LEONIDE.

Princesse, cherchez-vous icy la solitude ?
GALATÉE.
Je me laisse conduire à mon inquietude.
Mais que fait Céladon ? dis-moy, qu'en penses-tu ?

Je voy qu'en secret tu me blâmes
D'avoir pû concevoir de si honteuses flâmes ;
Mais, hélas ! qui n'auroit vainement combattu
   Contre les traits dont il a sceu m'atteindre ?
Il alloit expirer ; l'onde venoit d'éteindre
     Le vif éclat de ses attraits :
     La pitié luy presta ses traits.
L'Oracle, les Destins, tout luy fut favorable ;
Rien ne vint s'opposer à ma naissante ardeur.

LEONIDE.

Que de raisons ont fait entrer dans vostre cœur
    Un Ennemy si redoutable ?

GALATÉE.

Mes yeux me trompent-ils ? C'est à toy d'en juger.

LEONIDE.

Princesse, il est charmant, mais ce n'est qu'un Berger.

GALATÉE.

Par les nœuds de l'Hymen, le Sceptre et la Houlette
    Se sont unis plus d'une fois.
L'amour n'est plus amour, dés qu'il cherche en ce choix
    Une égalité si parfaite.

Mon cœur est excusable ; et Galatée enfin
Seroit-elle sans toy dans cette peine extrême ?
    Léonide, ce fut toy-mesme
Qui me fis malgré-moy consulter ce Devin.

Princesse, me dit-il, voicy vostre destin.
Une étoile ennemie, autant que favorable,
Peut vous rendre en hymen heureuse ou miserable.
   Dans ce miroir regardez bien ces lieux :
Vers le déclin du jour il faudra vous y rendre ;
Celuy qui s'offrira le premier à vos yeux
Est l'Epoux que le Ciel vous ordonne de prendre.
J'apperceus ce Berger : resisteray-je aux Dieux ?

LEONIDE.

Princesse, son Astrée a pour luy trop de charmes.

GALATÉE.

Eh ! n'ay-je pas les mesmes armes ?
N'est-ce rien que mon rang auprés de Céladon ?

LEONIDE.

Vous ne connoissez pas les Bergers du Lignon.
Leurs Amours sont leurs Dieux : l'offense la plus noire
  Pour eux est l'infidelité.
  Aymer fait leur felicité ;
  Aymer constamment fait leur gloire.

GALATÉE.

  Toutes les Conquestes d'éclat
  Flatent la vanité des hommes.
Quelque constants qu'ils soient, dans les lieux où nous sommes

La beauté dans mon rang ne fit jamais d'ingrat.
Je tremble, je le voy. Quoy ! mesme en ma presence
Il soûpire, il se plaint aux Echos d'alentour !

LEONIDE.

  Il n'est plein que de son amour.
Par ses chagrins, jugez de sa constance.

SCENE TROISIÉME.

GALATÉE, CÉLADON, LEONIDE.

GALATÉE.

Céladon, contemplez nos jardins et nos bois ;
  Qui ne croiroit que Flore y tienne son
    empire !
De ces Oyseaux qu'amour inspire
  Ecoutez les charmantes voix.
A charmer vos ennuis en ces lieux tout conspire :

Cependant c'est en vain que tout vous fait la Cour.
Nos soins, nos vœux, ce beau séjour,
N'ont point d'agrément qui vous flate.
Galatée a sujet de se plaindre de vous :
Faut-il que sans effet sa presence combate
Cette tristesse ingrate
Que vous osez conserver parmy-nous ?

CÉLADON.

Princesse, ma douleur n'est pas en ma puissance :
Je sors, vous le sçavés, du plus affreux danger :
Puis-je m'empécher d'y songer ?

GALATÉE.

Songez plûtost à ma presence ;
C'est la seule reconnoissance
A quoy je veux vous engager.

Vous soûpirez, vous vous plaignez sans cesse :
Si c'est d'une ingrate Maistresse,
Changez ; vous pouvés faire un choix remply d'appas.
A souffrir tant de maux quel cœur peut vous contraindre ?
Hélas ! le mien ne comprend pas
Que vous deviés jamais vous plaindre.

Mais quelle est cette Astrée ? et depuis quand ses coups
Tiennent-ils vostre ame asservie ?
Votre esclavage estoit-il doux ?

CÉLADON.

Belle Princesse, comme à vous,
Hélas ! je suis bien loin de luy devoir la vie.

GALATÉE.

Du Lignon en fureur dans ce fatal moment
Contez-moy l'accident funeste.

CÉLADON.

J'y tombay, vous sçavez le reste ;
Je ne veux vous parler que de vous seulement.

GALATÉE.

Vous paslissez! vous changez de visage!

CÉLADON.

Nymphe, c'est malgré-moy que sous un doux ombrage
   L'aspect de ce fatal rivage
A rappellé les maux que je viens d'endurer.

GALATÉE.

De vos chagrins, de cette triste image
   Puisse le Ciel vous délivrer!

   Divertis ses soins, Leonide;
Fais-luy voir de ces lieux toutes les raretez:
Parle-luy de cét antre, où des flots enchantez
Faisoient connoistre un cœur ou constant ou perfide.

SCENE QUATRIÉME.

CÉLADON, LEONIDE.

LÉONIDE.

Dans le fonds de ce Bois est un antre sacré;
   Là, jadis chacun à son gré
   Pouvoit, en regardant dans une onde fidelle
   Qui coule en ce lieu reveré,
Connoistre si l'objet en son cœur adoré
   Ne brûloit point de quelque ardeur nouvelle.
Cette Fontaine a nom, la Verité d'Amour:
On n'en approche plus; Deux Monstres à l'entour
Interdisent l'abord d'une source si belle.

CÉLADON.

Leonide, je sçay que cét enchantement
   Nuit ou sert à plus d'un Amant:
   Voyez combien il m'est contraire.
   Sans ces Monstres pleins de fureur,

Astrée auroit pû lire en cette onde sincere
  Mon innocence et son erreur.
  Elle m'auroit trouvé fidelle.

LEONIDE.

Vous aymés trop une Beauté cruelle :
Oubliés-la. Cédés à des transports plus doux,
Et songez qu'en ces lieux il est une Princesse
  Dont les appas et la tendresse
Sont dignes d'un Amant aussi parfait que vous.

   Laissés la constance
    Aux heureux Amans.
  Vous souffrez mille tourmens ;
  Vous aimés sans esperance.
   Laissés la constance.
  Des plaisirs les plus charmans
  Amour icy récompense
  De si justes changemens.
   Laissés la constance
    Aux heureux Amans.

CÉLADON.

Vous voulez m'engager sous un nouvel empire ;
Et dans mes premiers feux je veux perseverer :
Ce n'est point par conseil que nostre cœur soûpire,
  Ou qu'il cesse de soûpirer.

CÉLADON ET LEONIDE, *ensemble.*

Ce n'est point par conseil que nostre cœur soûpire,
  Ou qu'il cesse de soûpirer.

CÉLADON.

  Vostre Princesse est jeune et belle ?
Elle meriteroit le cœur d'un Souverain.
Mais celuy d'un Berger ! quelle gloire pour elle !
  Nymphes, vous combattez en vain
   La foy que j'ay jurée :
  Combattez-la quand vous verrez Astrée.

LEONIDE.

Sa beauté ne sçauroit excuser sa rigueur.
Céladon, il est vray, vostre Bergere est belle;
   Mais elle est fiére, elle est cruelle,
   Elle abuse de vostre cœur.

CÉLADON.

   Ah! si j'estois dans nos boccages!
   Si leurs frais et sacrez ombrages
Pouvoient servir de Temple à l'objet de mes feux!
Si mon cœur y pouvoit sacrifier sans cesse
    Au souvenir de sa Déesse,
   Que je me trouverois heureux!

SCENE CINQUIÉME.

ISMENE, FÉE, LEONIDE, CELADON.

ISMENE.

L e Ciel exaucera vos vœux;
   Il me l'a fait sçavoir. Je suis la Fée Ismene?
   Ma puissance et mon art vont vous tirer de
    peine.

LEONIDE.

Qui vous rend à ces lieux, Ismene, dites-moy?

ISMENE.

L'ordre secret des Dieux: j'execute leur Loy.

LEONIDE.

Quels biens vostre pouvoir ne va-t-il pas répandre
   Dans cét heureux séjour!

ISMENE.

   Mon Oracle doit vous l'aprendre
    Avant la fin du jour.

Céladon, mettez fin à vos tristes alarmes.

Vostre Bergere par ses larmes
Veut elle-mesme vous vanger :
Elle croit que de son Berger
L'ame encor dans les airs, fauté de sépulture,
Autour de ces Hameaux errante à l'avanture,
Attend qu'un vain tombeau la vienne soulager.

CÉLADON.

Confidente des Dieux, un Amant trop fidelle
Attend tout de vostre sçavoir.
Faites, par son divin pouvoir,
Que, libre et dans nos Bois, j'adore ma cruelle.

ISMENE.

Je feray plus encore et pour vous et pour elle.
Dans ce moment mon art vous fera voir
Ses regrets et son desespoir.

ISMENE, *aux Ministres de sa puissance.*

Princes de l'air, Nymphes, Héros, Génies,
Calmez de ce Berger les peines infinies ;
Faites-luy voir Astrée, et cachez-le à ses yeux.
Rendez à cét objet l'honneur qu'on rend aux Dieux.
Et le Temple, et l'Autel, et les ceremonies,
Vous ont esté déja par mon ordre prescrits :
Faites vostre devoir, purs et legers Esprits,
Princes de l'air, Nymphes, Héros, Génies.

Les Esprits Aëriens descendent sur un tourbillon de
Nüages, et construisent un Temple dedié à Astrée :
Le Jardin se change entierement en Forest.

SCENE SIXIÉME.

PHILIS, ASTRÉE.

PHILIS.

Nous parcourons en vain tous les bords du
    Lignon :
Reposons-nous, ma Sœur ; entrons dans ce
    bocage.

ASTRÉE.

O Dieux ! j'y vois un Temple.

PHILIS.

              Il porte vostre nom.
Je viens de voir, au fonds de cét ombrage,
   Ces mots écrits par Céladon :

  « C'est dans cette demeure
« Qu'un Amant exilé cherche en vain quelque paix.
« Que, pour le prix des pleurs qu'il y verse à toute heure,
« Puisse Astrée estre heureuse, et n'en verser jamais ! »

ASTRÉE.

Quoy ! de son ennemie il en fait sa Déesse !
Au moment que je viens de causer son trespas
Il me consacre un Temple, et demeure icy bas
    Afin de m'adorer sans cesse !
Dans ce sombre réduit retirons-nous, ma Sœur.
    Pourrois-je, apres de tels outrages,
Sans honte et sans remords joüir d'un tel honneur ?
Un tombeau m'est mieux deu qu'un temple et des hommages

SCENE SEPTIÉME.

ASTRÉE, PHILIS, HILAS, TIRCIS;

CHŒUR DE DEMY-DIEUX, DE NYMPHES,
ET DES MINISTRES D'ISMENE.

UN GENIE.

N'aprochez point, profanes cœurs !
C'est icy le Temple d'Astrée :
Qu'aucun mortel en ce lieu n'ait entrée,
S'il ne sent de pures ardeurs.

CHŒUR.

C'est icy le Temple d'Astrée :
N'aprochez point, profanes cœurs !

LE GENIE.

Soyez sensible, Astrée, au sort de vostre Amant.
Pour luy nos voix à tout moment
Font résonner icy mille plaintes nouvelles.
Il ne pense qu'à vous ; il n'a pour tous desirs
Que de se consoler, en ses peines cruelles,
Par de vains et tristes plaisirs.

HILAS.

Voilà l'effet que produit la constance.
Vantez, Bergers, vostre perseverance.

TIRCIS.

C'est un devoir de persister toûjours
Dans les mesmes amours.

HILAS.

C'est une erreur de persister toûjours
Dans les mesmes amours.

TIRCIS ET HILAS, *ensemble.*

C'est un devoir
C'est une erreur } de persister toûjours
Dans les mesmes amours.

TIRCIS.

Hilas, y songes-tu ? Profaner un tel Temple !

LE GENIE.

N'imitez pas son exemple.

Regnez, divin objet, et triomphez des cœurs ;
Daignez recevoir les honneurs
Que le Ciel fait rendre à vos charmes :
Ne les profanez point, ne versez plus de larmes.
Regnez, divin objet, et triomphez des cœurs.

LE CHŒUR.

Regnez, divin objet, et triomphez des cœurs, etc.

Que sous les pas d'Astrée icy tout s'embellisse !
Que de son nom tout retentisse !
Faisons-le repeter aux échos d'alentour :
Tous les cœurs luy rendent les armes ;
Et celebrer ses charmes,
C'est celebrer le pouvoir de l'amour.

SCENE HUITIESME.

PHILIS, ASTRÉE.

PHILIS.

Retirons-nous aussi, quittons cette demeure ;
La peur m'y saisit à toute heure.

Il est tard, et chacun s'en retourne aux hameaux ;
L'ombre croist en tombant de nos prochains coteaux.
Rejoignons ces Bergers : déja la nuit s'avance :

Dans ces lieux regne le silence.
Bergers, attendez-nous... Ils ne m'écoutent pas...

ASTRÉE.

C'est de moy seulement qu'ils détournent leurs pas.
Eust-on dit qu'un jour cette Astrée
Seroit l'horreur de la contrée ?
Tout le monde me fuit ! on a raison, Philis !
Qui ne détesteroit mes fureurs excessives ?
O lieux que mon Berger a long-temps embellis,
Redemandez-moy tous l'ornement de vos rives !

FIN DU DEUXIÉME ACTE.

ACTE III

*Le Theatre represente la Fontaine de la verité d'amour,
dans une Forèst agreable.*

SCENE PREMIERE.

ASTRÉE.

Enfin me voilà seule, et j'ay trompé Philis ;
Venez, monstres cruels : ce n'est pas que j'espere
Que ma beauté foible et legere
Donne atteinte à des sorts par l'Enfer établis.
Je ne veux que mourir.

Céladon ! tu m'appelles.
Si parmy les choses mortelles
Quelqu'une peut encor t'attacher icy bas,
Plains la Bergere qui t'adore,
Ce n'est plus pour moy que l'Aurore
Reparoistra dans nos climats.

Chere ombre, je te suis. Adieu, rives cruelles ;
Adieu, Soleil ; adieu, mes compagnes fidelles :
N'aymez point, ou taschez de bannir de l'amour
Les soupçons, les dépits, les injustes querelles ;
Celuy que je regrette en a perdu le jour.

Je ne vous fuis que pour le suivre ;
A ce devoir il me faut recourir :
Si je vous ay promis de vivre,
Aux mânes d'un amant j'ay promis de mourir.

C'est trop tarder, ombre chérie :
Vien voir mon crime s'expier ;
Ayde mon cœur à défier
Ces animaux pleins de furie.

Mais d'où vient que je perds l'usage de mes sens ?
La mort sur mes yeux languissans
Estend un voile plein de charmes.
Avec quelle douceur je termine mes jours !
Quel plaisir de ceder à de telles alarmes,
Pour se rejoindre à ses amours.

SCENE SECONDE.

CÉLADON.

Sous ces ombrages verds je viens de voir
    Astrée.
Bois, dont elle parcourt les détours tene-
    breux,
Ne me la cachez pas sous vostre ombre sacrée.

O Dieux ! je l'apperçois aux pieds d'un Monstre affreux !
Des puissances d'Enfer Ministre malheureux,
    Par quel droit nous l'as-tu ravie ?
Inhumain, devois-tu seulement l'approcher ?
    Ce dard punira ta furie.
Tous mes efforts sont vains, et je frappe un Rocher.

Meurs, Céladon ; qui me retient la main ?
Fiers animaux, je vous reclame en vain :

Tout est marbre pour moy, tout est sourd à ma peine.
Leonide, est-ce là cette faveur d'Ismene?
   Je meurs enfin ; et plust aux Dieux
Que j'eusse, pour témoins de ma mort, ces beaux yeux !

SCENE TROISIÉME.

TIRCIS, HILAS.

TIRCIS.

C'est icy que se doit accomplir le miracle
   Que la Fée a predit aux Rives du Lignon.

HILAS.

Raconte-moy donc son oracle.
Que vois-je, juste Ciel ! Astrée et Céladon
De ces monstres cruels ont éprouvé la rage !

TIRCIS.

Le sort est accomply ; ne nous allarmons pas.
Le Ciel en ces Amants acheve son ouvrage.
Pour finir tes frayeurs, entens l'Oracle, Hilas.

   Le plus constant et la plus belle,
Pour rendre à l'Univers cette glace fidelle,
   Détruiront un enchantement :
On les verra mourir, mais d'une mort nouvelle :
   Ils revivront en un moment.

HILAS.

   De ces monstres horribles
L'aspect n'est plus à redouter.

TIRCIS.

Ne troublons point du sort les misteres terribles.
Sortons : à nos hameaux allons tout raconter.

SCENE QUATRIESME.

ASTRÉE, CÉLADON.

ASTRÉE.

Qui me rameine au jour, et d'où vient que je voy
L'ombre de Céladon se presenter à moy ?
Mes yeux me trompent-ils ? Son ombre !
C'est luy-mesme.
Quoy ! je reverrois ce que j'ayme !
Hélas ! il a perdu le jour.
Vains et trompeurs démons, rendés-le à mon amour (1).
Il ouvre enfin les yeux ! il reprend tous ses charmes !
L'ay-je ranimé par mes larmes ?

CÉLADON.

Où suis-je ? Le Soleil éclaire-t-il les morts ?
Quoy ! je revoy les mesmes bords
Où ma Divinité m'interdit sa presence !
C'est elle-mesme que je voy !

ASTRÉE.

Ah ! ne rappellez point une injuste deffense :
Mes pleurs ont lavé cette offence ;
Deviez-vous suivre cette loy ?

CÉLADON.

Quoy ! vous m'avez pleuré ! Ces larmes precieuses
Auroient arrosé mon tombeau !

1 Dans l'exemplaire d'*Astrée* provenant de la bibliothèque de Huet, qui appartient actuellement à la Bibliothèque impériale, ces deux vers ont été écrits par La Fontaine sur une bande de papier, pour remplacer les suivants :

Helas ! il est sans mouvement.
Vains et trompeurs Demons, rendez-moy mon Amant.

Divinitez, de mon sort envieuses,
Avez-vous un destin si beau?

Les yeux de la divine Astrée
M'ont vangé de vostre courroux;
Vous ignorez les plaisirs les plus doux:
Descendez en une contrée
Où de semblables yeux puissent pleurer pour vous.

ASTRÉE.

N'irritez point les Dieux, et craignez leur puissance;
Vos transports les pourroient contre nous animer.
J'ay de vos feux assez de connoissance;
Vous m'aimez trop...

CÉLADON.

Peut-on vous trop aimer?

ASTRÉE.

Que je vous ay causé d'allarmes!
Ay-je trop pû les payer par mes larmes?
Ah! que nous benirons nos fers,
Si l'amour mesure ses charmes
Sur les tourmens qu'on a soufferts.

ASTRÉE, CÉLADON.

O doux souvenir de nos peines!
O nœuds par qui l'amour recommence à former
L'espoir le plus cher de nos chaînes,
Redoublez les plaisirs qui viennent nous charmer!
O doux souvenir de nos peines!

SCENE CINQUIÉME.

ISMÈNE, GALATÉE, CÉLADON, ASTRÉE.

CÉLADON, *à Astrée.*

L a Nymphe vient à nous.

CÉLADON, *à Galatée.*

Princesse, nostre sort
Vous doit faire excuser ces marques de
transport.

GALATÉE.

J'ay déja tout appris d'Ismene.
Tendres Amans, vos vœux sont exaucez;
Venez voir en cette eau la fin de vostre peine.

ASTRÉE ET CÉLADON.

Nous la voyons dans nos cœurs, c'est assez.

ISMENE.

Rien ne peut plus troubler une si douce chaîne,
Achevons de remplir les ordres du Destin;
Tout obeït à mon pouvoir divin :
Rien ne peut plus troubler une si douce chaîne :
Unissons ces tendres Amans;
Ils n'ont que trop souffert : finissons leurs tourmens.

GALATÉE, ISMENE, ASTRÉE, CÉLADON.

Unissons ces ⎱
Unissez de ⎰ tendres Amans,

Ils n'ont que trop souffert : ⎰ finissons ⎱ leurs tourmens.
⎱ finissez ⎰

ISMENE.

Du haut de leur gloire éternelle
Les Dieux ont daigné voir ces Amans en ce jour,
Et veulent rendre leur amour
Heureux autant qu'il fut fidelle.

GALATÉE, ISMENE, ASTRÉE, CÉLADON.

Unissons ces ⎱
Unissez de ⎰ tendres Amans, etc.

GALATÉE.

Le Printemps avec toutes ses graces,
Ne nous paroistroit pas entouré de plaisirs,
Si l'Hyver, environné de glaces,
N'avoit interrompu le regne des Zéphyrs.

ISMENE.

Plus on a de tourmens souffers,
Plus douce est la fin du martire;
Plus Borée a troublé les airs,
Et plus le retour de Zéphire
Cause de joye à l'Univers.

SCENE SIXIÉME.

GALATÉE, ISMENE, HILAS, CHŒUR
DE BERGERS ET DE BERGERES.

GALATÉE.

Que tout ce que ma Cour a de magnificence
Accompagne aujourd'huy l'Hymen de ces
    Amans;
Inventez tous des Divertissemens
    Dignes de ma présence.

ISMENE ET GALATÉE.

Amans, votre perseverance
    Du sort surmonte les rigueurs;
Que l'Hymen et l'Amour, toûjours d'intelligence,
Vous comblent à jamais de toutes leurs douceurs!

LE CHŒUR.

Que l'Hymen et l'Amour, toûjours d'intelligence,
Vous comblent à jamais de toutes leurs douceurs!

HILAS, *aux amans qui veulent aller à la Fontaine
de la verité d'Amour:*

Ces indiscretes eaux vont vous accuser tous;
Vous feriez beaucoup mieux de croire que vos belles
Sont fidelles.
A quoy sert d'estre jaloux?
C'est le moyen de déplaire,
Et de faire
Qu'à l'objet de vos vœux d'autres plaisent que vous.

ISMENE.

Esprits soûmis à ma puissance,
Venez, et sous divers déguisements,
Faites connoître à ces heureux Amans
Les surprenans effets de vostre obeïssance.

SCENE SEPTIÉME.

TROUPE DE LA SUITE D'ISMENE; LIZETTA, GALIOFFO, GAMBARINI.

LIZETTA.

Chi per mogl' mi vuol pigliar?

Son Lizetta,
Fanciulletta,
Vezzozetta,
Leggiadretta,
Son d'amore la saetta
Fatta per tutto infiammar.
Chi per mogl' mi vuol pigliar?
Ogni fior, se non è colto,
Cade, e da gli venti è tolto,

Ahi che tem' ch' al primo fiato
Certo fior troppo guardato,
Meco più non possa star.
Chi per mogl' mi vuol pigliar?

GALIOFFO, *Amante di Lizetta.*
Di voi sono inamorato.
Il fantolin, dio Bendato,
Con un stral avelenato
M' ha per voi ferito il cor.
Rispondete a tanto ardor,
E fate entrar, en sto dì fortunato,
Il mio vascel' tormentato
Nel dolce porto d' Amor.

GAMBARINI, *Rivale di Galioffo.*
Tu sei matt' d' amar sta bella.
Speri tu qualche merce?
Quest' amor convien 'a te,
Com' all' asino la sella.

Lizetta è fatta per me,
Com' io son fatto per ella.
Son gioven', le è giovanella;
Son fedel, le è pien' di fe.
Com' io son fatto per ella,
Lizetta è fatta per me.

LIZETTA.
O quanti bechi,
Balordi e vecchi!
Qual Bruttalaccio!
Qual Nasonaccio!
Non voglio tal servitù,
Nè mi maritarò più.

GALIOFFO.
Voi mi sprezatte!

GAMBARINI.
Voi mi beffate!

LIZETTA, GALIOFFO, GAMBARINI.
Non voglio tal servitù,
Nè mi maritarò più.

CHŒUR DE LA SUITE DE GALATÉE.
Versons dans tous les cœurs une joye éclatante;
Qu'en ces lieux tout rie et tout chante!
Fuyez, éloignez-vous d'icy,
Ennuy, chagrin, triste soucy.

TROUPE DE LA SUITE D'ISMENE.
Cantiamo,
Balliamo,
Ridiamo,
Sempre viviamo così.

TROUPE DE LA SUITE DE GALATÉE.
Chantons, portons nos voix jusqu'au celeste empire;
Que les plus graves Dieux, en nous entendant rire,
Y soient forcez de rire aussi.

SUITE D'ISMENE.
Su pigliam' tutte le gioie,
E mandiam' tutte le noie
All' inferno in questo dì.

TOUS ENSEMBLE.
Versons dans tous les cœurs une joye éclatante;
Qu'en ces lieux tout rie et tout chante!
Fuyez, éloignez-vous d'icy,
Ennuy, chagrin, triste soucy.

FIN DU TROISIÉME ET DERNIER ACTE.

JE
VOUS PRENS SANS VERD

COMÉDIE — 1693

ACTEURS.

S.-AMANT, Mary de Julie,
JULIE, sa Femme.
DORAME, Pere de Julie.
MONTREUIL, Neveu de S.-Amant.
CELIANE, Cousine de Julie.
TOINON, Suivante de Julie.
LUBIN, Fermier de S.-Amant.
TROUPE DE PAYSANS.
TROUPE DE PAYSANES.
BERGERS ET BERGÈRES.
DEUX NYMPHES DES FLEURS.
DEUX ZEPHIRS.

La Scene est dans un Jardin qui regarde le Château
de S.-Amant.

JE

VOUS PRENS SANS VERD

COMEDIE (¹)

SCENE PREMIERE.

S.-AMANT, LUBIN.

S.-AMANT, *luy donnant de l'argent.*

Je ne suis nullement en doute de ta foy ;
Mais prens, Lubin.

LUBIN.

Monsieur...

---

1. Cette pièce a été représentée pour la première fois le vendredi 1er mai 1693. Elle a été publiée sans nom d'auteur chez Pierre Ribou, en 1699, in-12, puis réimprimée dans les *Pieces de theatre de monsieur de La Fontaine* (voyez ci-dessus, page 230, note), et dans les *Œuvres diverses* de 1729. Dans ce dernier recueil elle est précédée d'un faux titre qui porte : *Comédie attribuée à M. de La Fontaine.* Champmeslé passe pour y avoir eu beaucoup de part. (Voyez ci-dessus, page 357, note 1.) Le dénoûment est tiré du conte de Saint-Gilles, intitulé : *Le Contrat.* Le jeu du Vert

S.-AMANT.

Prens, dis-je, oblige-moy.
De ce qu'on fait icy donne-moy connoissance.

LUBIN.

Monsieur le Colonnel, parlez en conscience.

S.-AMANT.

Quoy?

LUBIN.

N'estes-vous point mort?

S.-AMANT.

Tu le vois.

LUBIN.

Tout de bon,
Ne revenez-vous point de l'autre Monde?

S.-AMANT.

Non.
Je te l'ay déja dit, c'est pour tromper ma Femme ;
C'est pour mettre en plein jour tout ce qu'elle a dans l'ame
Que j'ay fait publier le faux bruit de ma mort.

LUBIN.

Que vous l'allez, Monsieur, surprendre à vôtre abord !
Elle ne s'attend pas à ce retour funeste,
Et son cœur bonnement vous croit mort, et le reste.

S.-AMANT.

Non, je n'ay pas dessein si-tôt de l'affliger ;
Je veux dans les plaisirs le laisser engager,
Et faire voir à tous, par ses réjoüissances,
Un bon certificat de ses extravagances.

étoit encore très répandu au dix-septième siècle, comme on
peut le voir par deux scènes de *Ragotin* (pages 249, 250 et
263).

L U B I N.

Je suis ravy de voir que vous avez du cœur.

S.-A M A N T.

Jusqu'icy je n'ay pû de sa mauvaise humeur
Aux yeux de ses parens dévoiler la malice ;
Elle a sçû me confondre avec tant d'artifice,
Qu'elle m'a fait partout passer pour un bouru ;
Mais, grace à sa folie, enfin je seray crû.

L U B I N.

Tant mieux, la joye en moy fait ce que fit sur elle
De vôtre feinte mort la premiere nouvelle.

S.-A M A N T.

D'où le sçais-tu ?

L U B I N.

         J'étois dans un grand Cabinet,
Quand vôtre Courrier vint de Flandre. A Lansquenet(1)
Elle avoit tout perdu : qu'elle étoit desolée !
Mais par vôtre trépas elle fut consolée.

S.-A M A N T.

Quelle ame ! chez son pere elle fut toute en pleurs,
Signaler son devoir par de fausses clameurs ;
Voulant quitter le Monde, et cherchant la retraite,
Pour de mon souvenir n'estre jamais distraite :
Le bon–homme ébloüy donna dans le panneau,
A ses pieux desirs accorda ce Château,
Luy donnant seulement Toinon pour compagnie.

L U B I N.

Depuis qu'elles y sont, Monsieur, Dieu sçait la vie !
Elle appella d'abord, pour se donner beau jeu,
La jeune Celiane avec vôtre neveu.

1. Ainsi dans toutes les éditions originales ; *au lansquenet*, dans les éditions modernes.

S.-AMANT.

Montreüil?

LUBIN.

Oüy, ce beau fils, ce tourneur de prunelle,
Qui la lorgnoit, dit-on, et qu'elle lorgnoit, elle.

S.-AMANT.

Que font-ils en ces lieux, Lubin?

LUBIN.

                        Je ne sçay pas,
Et je sçay seulement que de vôtre trépas
Elle ne leur a fait aucune confidence;
On ne parle que joye et que réjoüissance.
Tous les jours ce ne sont que plaisirs bout à bout,
Promenades icy, Menestriers par tout,
Petits jeux, côte-verte, allegresse, ripailles,
Serenades, Concerts, charivaris, crevailles,
Vous voyant (1) tout de bon gisé dans le cercueil;
Et c'est de la façon qu'elle en porte le deüil.

S.-AMANT.

A se perdre elle-même elle s'est engagée;
Son pere, qui la croit fortement affligée,
Et que je détrompay cinq ou six jours aprés,
Avec moy dans ces lieux est venu tout exprés:
Témoin de son desordre il n'aura pas la force,
Entre sa Fille et moy, d'empêcher le divorce.

LUBIN.

Vous ne pouviez venir plus à propos tous deux.
Du premier jour de May renouvellant les jeux,
On ne va voir icy que Fêtes boccageres,
Printemps, Flore, Zephirs, et Bergers et Bergeres,
Pour prendre des plaisirs de toutes les façons,
Mélant à leurs Concerts nos rustiques chansons;
Nous avons ordre exprés de venir en personne...
Entendez-vous déja comme l'air en résonne?

1. *Vous croyant*, dans les *Œuvres diverses* de 1729.

S.-Amant.

Pour tout voir, mon Beau-pere, aprochez promptement.

SCENE II.

DORAME, S.-AMANT, LUBIN.

DORAME.

J'en sçay plus qu'il ne faut, Monsieur de
S.-Amant.
Il suffit.

S.-Amant.

Non, je veux vous la faire connoître...
Où nous cacheras-tu, Lubin?

Lubin.

Cette fenêtre,
Pour voir et pour entendre, est un endroit certain,
Vous n'avez qu'à monter.

S.-Amant.

J'en sçay bien le chemin;
Mais, chut!

Lubin.

Allez, je vais chanter en pleine tête,
Sans faire aucun semblant, car je suis de la fête.

SCENE III.

LUBIN, TROUPE DE PAYSANS.

LUBIN.

Allons, courage, enfans, fredonnons ce beau
  mois,
  Menestriers, ronflez, Lucas, joignons nos
  voix :
Chantons le verd Printemps, nos plaisirs et nos flâmes ;
Echos, répondez-nous, et réveillez ces Dames.

Il chante.

 Vive le Printemps,
 Il rend le cœur gay.
 Le mois des Amans
 Est le mois de May.
 Badinant sur la fougere,
Nos plaisirs retentissent par tout,
Et si l'on entend crier la Bergere,
 Ce n'est pas au Loup.

LUCAS *chante.*

Allons planter le May, l'amour nous y convie.
Pour voir de nos Bergers l'agreable folie,
 Bergeres, soyez au gay :
 Heureux Amans, plus heureuses Amantes,
 O combien vous seriez contentes,
S'il étoit tous les jours le premier jour de May !

LUBIN.

Pour chanter vos plaisirs et les entretenir,
Madame, avec le May nous allons revenir.

SCENE IV.

JULIE, CELIANE, MONTREUIL.

JULIE.

Plus agreablement peut-on être éveillée ?

CELIANE.

Et plus commodement, Madame, être
habillée ?

MONTREUIL.

Tout s'empresse en ces lieux pour vous faire la cour ;
L'air est serain, le Ciel nous promet un beau jour.

SCENE V.

JULIE, CELIANE, MONTREUIL, S.-AMANT, DORAME, *à la fenêtre.*

S.-AMANT, *à Dorame.*

Voilà son deüil, par-là jugez de sa conduite.

DORAME.

Peut-être est-il au cœur ?

S.-AMANT.

Nous verrons dans la suite.

JULIE.

A trouver des plaisirs appliquons nos esprits ;
En attendant le May, j'ay quelques Manuscrits
Qu'on vient de m'envoyer sur differens Chapitres.
Pour nous desennuyer, Montreüil, lisez les Titres.

MONTREUIL *lit.*

La Pierre Philosophale, ou l'Art de se faire aimer de sa femme.

Beau secret!

JULIE.

Il est rare.

CELIANE.

Il pourroit avoir cours,
Si l'hymen s'allioit avecque les amours.

JULIE.

Abus! l'hymen ternit l'Amant le plus aimable,
Et dés qu'il est Époux, il devient haïssable.

S.-AMANT, *à Dorame.*

Beau-pere...

MONTREUIL *lit.*

Dialogue de deux Fiancées sur les mysteres du Lit Nuptial, par un jeune Abbé. Dédié aux vraiement Filles.

JULIE.

L'entretien devoit être ingenu.

MONTREUIL.

J'aurois voulu l'entendre et ne pas être vû.

CELIANE.

Les Abbez entrent-ils dans un secret semblable?

JULIE.

Il n'est rien en amour pour eux d'impenetrable;
Le Siecle a peu d'intrigue où ne perce la leur,
Et, comme au Lansquenet, ils y prennent couleur.

MONTREUIL *lit.*

Eloges des Dames Galantes, conçûs et dirigez (1), *et mis en lumiere chez l'Amy.*

—————

1. *Œuvres diverses* de 1729 : *conçûs, dirigez...*

CELIANE.

Malheur à qui verra son nom dans cet Ouvrage!

JULIE.

Pour mettre ces Portraits dans tout leur étalage,
On n'aura pas, je pense, épargné les couleurs.

MONTREUIL.

Chez l'Amy, c'est un lieu fertile en Blazonneurs.

Il lit.

*La Pompe funebre d'un Mary, et la maniere d'en
porter le deüil. Par une veuve de fraiche datte.*

CELIANE.

On crie, on prend le noir; est-il un autre usage?

JULIE.

Oüy, selon comme vît et meurt le personnage;
Il faut battre des mains, on doit chanter son sort
Quand il perd noblement la vie, et qu'il est mort
De l'approbation du monde et de sa femme.

S.-AMANT, *à Dorame.*

Le Livre est de son crû : par-là jugez de l'ame.

DORAME.

Elle n'écrit jamais.

MONTREUIL *lit.*

*L'heure du Berger brusquée par un petit Maistre en-
tre deux vins.*

L'Ouvrage est singulier.

CELIANE.

Et l'Ouvrage et l'Auteur, j'en croy tout cavalier.

MONTREUIL.

Voila tout.

CELIANE.

Vous rêvez?

JULIE.

Il me vient en pensée
De rapeller du mois la coûtume passée :
Joüons ensemble au Verd ?

CELIANE.

Je le veux.

MONTREUIL.

J'y consens.

JULIE.

Si le jeu n'est pas noble, il est divertissant ;
Le premier qui de nous se laissera surprendre,
D'obéïr au vainqueur ne pourra se deffendre :
Je jure, je promets d'en observer la loy.

CELIANE.

A ces conditions je me soûmets.

MONTREUIL.

Et moy.

JULIE.

Allez, pour commencer ces guerres intestines,
Cueillir du Rosier : prenez garde aux épines.

CELIANE.

Nous n'irons point au bois qu'avec précaution.

MONTREUIL.

Et vous ?

JULIE.

J'en ay déja fait ma provision.

SCENE VI.

TOINON, JULIE, S.-AMANT, DORAME,
à la fenêtre.

TOINON.

uel veuvage ! pour moi, Madame, je l'admire !
Quoy ! pleurer un Epoux en s'étouffant de
rire !
La mode en est jolie et pourra faire bruit.

JULIE.
De cette mort, Toinon, cüeillons, goûtons le fruit :
Joüissons du bonheur que le Ciel nous envoye ;
Je n'ay plus de Mary ! quel plaisir ! quelle joye !
Celebrons à jamais le jour de son trépas :
Quoy qu'on dise, Toinon, la Guerre a ses apas,
Ses heures d'agrémens, comme ses douloureuses :
Que d'heritiers contens, que de Veuves heureuses !

S.-AMANT, *à Dorame.*
C'est trop tost triompher.

TOINON.
          Mais on se contrefait,
Seulement pour la forme.

JULIE.
          Eh ! ne l'ay-je pas fait ?
Pour dérober ma joye à la commune envie,
Je m'enferme au desert : voi quelle modestie (1) !

---

1. Ainsi dans les éditions de 1702 et de 1729 ; l'édition
de 1699 porte : *Voyez quelle modestie!* On lit dans les *Œuvres de Champmeslé de* 1735 : *Voyez la modestie!*

La Fontaine. — IV.   29

TOINON.

Mais il faut à Paris retourner une fois.

JULIE.

Laissez-moy divertir tout le reste du mois ;
Ennuyée à peu prés de ces réjoüissances,
J'iray me délasser parmy les bienseances,
Briller au plus profond d'un noir apartement,
Me parer de l'éclat d'un lugubre ornement,
Promener en spectacle un deüil en grand volume,
Et donner en public des pleurs à la coûtume.

TOINON.

Mais, voulant tout le mois déguiser vôtre deüil,
Pourquoi faire venir Celiane et Montreüil ?

JULIE.

Il faut dans le plaisir un peu de compagnie :
On le respire miéux, et sans elle il ennuye.
Outre un dessein que j'ay que tu n'as pû prévoir,
Ils s'aiment : on le dit ; et je veux le sçavoir,
En être convaincuë, et les broüiller ensemble.
Toinon.

TOINON.

Dans ce dessein j'entrevoy, ce me semble :
Vous voulez pour Epoux vous donner Montreüil.

JULIE.

Moy !

D'un Mary, d'un bouru, je reprendrois la loy ?
On peut par des raisons du monde et de famille,
Par de certains desirs, et pour sortir de fille,
Une fois en sa vie arborer ce lien ;
Mais aller jusqu'à deux, je m'en garderay bien.

TOINON.

Ma foy ! vous ferez bien de garder le veuvage ;
Car si, par cas fortuit, dans le cours de vôtre âge,
Vous alliez en pleurer un ou deux seulement,
Comme vous avez fait Monsieur de Saint-Amant,

Et rendre vos douleurs encore aussi celebres,
Vous vous ruïneriez en dépenses funebres.

JULIE.

Fy des Maris, Toinon! des Amis, des Amis!
A vous plaire, à vôtre ordre, ils sont toujours soûmis.
On sçait s'approprier leurs divers caracteres;
Le Conseiller se rend utile à vos affaires,
On conte au Lansquenet le riche Financier,
Le Partisan commode est un bon dépensier,
Le Courtisan grossit la foule aux Tuilleries,
L'Abbé nous divertit par ses minauderies,
Le bel Esprit en vers distingue le (1) commun,
Et, parmy ce ramas, le cœur (2) en regarde un.

TOINON.

J'entens, je voy, Madame, où l'estime vous maine.
Et Montreüil d'un clin d'œil tout contraire à la haine
Sera le regardé, n'est-ce pas?

JULIE.

Nous verrons,
S'il répond à mes vœux, ce que nous en ferons.

S.-AMANT, à la fenêtre.

Vous pouvez deviner ce qu'elle en voudra faire.

DORAME.

Eh! c'est un jeu.

S.-AMANT.

Quel jeu!

JULIE.

Voila tout le mystere.
Pour voir de ces Amans le cœur à découvert,
Je leur viens d'inspirer exprés le jeu du Verd:
C'est dans ce dessein même, et pour le voir éclore,
Que j'emprunte la voix du Printemps et de Flore;

1. *Du*, dans l'édition de 1729.
2. *L'esprit*, dans les éditions de 1699 et de 1702.

Et, sous l'appas brillant des jeux et des plaisirs,
Je vais adroitement penetrer leurs desirs,
Et satisfaire aux miens.

DORAME.

C'est assez vous complaire.

Descendons.

SAINT-AMANT.

Non, il faut en voir la fin, Beau-pere.

JULIE.

Lubin, pendant les jeux, avec moy de concert,
Feignant de badiner, prendra leur boëte au verd.
Il vient.

SCENE VII.

JULIE, LUBIN, TROUPE DE PAYSANS;
DORAME, S.-AMANT, à la fenêtre.

LUBIN.

Voicy le May; rangez-vous, place!
place!
Beau, grand, droit, verd, il vient ombrager
cette place.

*Des Paysans, en dansant, font avancer le May jusqu'au
milieu du Theatre.*

SCENE VIII.

JULIE, MONTREUIL, CELIANE, LUBIN,
PAYSANS ; S.-AMANT, DORAME, *à la fenêtre.*

MONTREUIL.

Nous venons prés de vous entendre le concert.

CELIANE.

Ce May nous avertit qu'il faut songer au Verd.

LUBIN.

Vous y joüez donc ?

CELIANE.

Ouy.

LUBIN.

Gardez d'être attrapée !

JULIE.

Pour moy, si l'on m'y prend, je seray bien trompée.

LUBIN *chante.*

Dans ces verds ébats,
Craignez la surprise :
Telle est souvent prise,
Qui n'y pense pas.

JULIE.

Je suis en seureté, quoy qu'on puisse entreprendre.

LUBIN.

Souvent Brebis fringante au loup se laisse prendre.

CELIANE.

Qui se garde de tout ne peut être attrapé.

LUBIN.

L'on prend au trébuchet l'oyseau le plus hupé.

Il chante :

Pour dénicher une Fauvette,
Lucas dit à Catin : Follette
J'iray t'appeller demain,
Du matin.
Si je te trouve au lit, dormeuse,
Ma bouche à baiser ton sein
Ne sera pas paresseuse.
A ces menaces Catin
N'en fut pas plus matineuse;
Lucas trouva l'huis ouvert :
Catin fut prise sans Verd.

JULIE.

Catin se devoit bien tenir encourtinée.

LUBIN.

Elle aimoit à dormir la grasse matinée :
Pour surprendre les gens, il est plus d'un Lucas.
Mais Flore vient ici avec tous ses appas (1).

SCENE IX.

JULIE, MONTREUIL, CELIANE, FLORE,
DEUX ZEPHIRS, DEUX NYMPHES DES FLEURS;
S.-AMANT, DORAME, *à la fenêtre.*

FLORE *chante.*

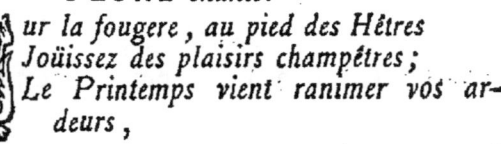

ur la fougere, au pied des Hêtres
Joüissez des plaisirs champêtres;
Le Printemps vient ranimer vos ar-
deurs,

1. Ce vers manque dans les premières éditions. On le trouve dans les *Œuvres de monsieur de Champmeslé.* — *Paris, Ribou,* 1735. Les éditions modernes portent : *Mais Flore se présente..,*

Flore amene à vos yeux les Zephirs et les Fleurs :
   Que les Amours soient toujours de vos Fêtes.
         Les belles conquêtes
         Sont celles des cœurs.
   Nymphes, jeunes fleurs naissantes,
Parfumez ces beaux lieux de vos odeurs charmantes.
      Et vous, Zephirs, en ce jour,
      De la fraischeur de vos aisles
      Éventez le sein des Belles,
      Et n'en chassez pas l'Amour.

Les Zephirs et les Fleurs font une Entrée, et prennent,
en dansant, les boëtes de Celiane et de Montreüil,
qu'ils emportent.

FLORE *chante.*

      Tout renouvelle
      Dans ce beau mois ;
      La plus cruelle
      Respire un choix :
      Fiere Fillette,
      Timide Amant,
      A la rangette,
      L'Amour les prend,
      Dans une plaine,
      Sous un couvert,
      L'un sans mitaine,
      L'autre sans Verd.

SCENE X.

JULIE, MONTREUIL, CELIANE; S.-AMANT, DORAME, *à la fenêtre.*

S.-AMANT, *à Dorame.*

Beau-pere, on ne sçauroit mieux pleurer un Epoux!

JULIE, *à Montreüil et à Celiane.*

Tout nous dit de songer au Verd, en avez-vous ?
Je vous y prens, montrez.

CELIANE.

Oh! qu'à cela ne tienne !
Ma boëte est perdue, ah !

MONTREUIL.

Le Diable a pris la mienne.

JULIE.

A nos conventions je vous soûmets tous deux.
Celiane, ouvrez-moy vôtre cœur, je le veux;
Mais sans fard : de l'amour l'avez-vous sçû défendre ?
N'est il point quelque Amant qui s'y soit fait entendre ?

CELIANE.

Jusqu'à ce jour il est de si peu de valeur,
Qu'aucun ne s'est offert pour y prendre couleur.

JULIE.

Vous mentez : j'en sçay un, vous le sçavez de même,
Qui montre avoir pour vous une tendresse extrême;
Il brûle de vous faire entendre ses amours.

CELIANE.

Je vais, pour m'en défendre, appeller du secours.

SCENE XI.

JULIE, MONTREUIL; S.-AMANT, DORAME, *à la fenêtre.*

JULIE.

ous ne la suivez pas, Montreüil ?

MONTREUIL.

Qui ! moy, Madame ?

JULIE.

Il faut, à vôtre tour, me découvrir vôtre ame.
Je m'en vais exposer une Fable a vos yeux :
Si vous n'en devinez le sens mysterieux,
Vous me ferez, Montreüil, une sensible offense ;
Si vous le concevez, redoutez ma vengeance,
Pour peu que vous soyez rebelle à ses clartez.

MONTREUIL.

Il faut sçavoir.

JULIE.

Je vais vous la dire : écoûtez.

Une aimable Tourterelle
Eut le partage d'un Hibou :
Jamais paix, toujours querelle.
Il n'est pas mal-aisé de deviner par où.
Hibou mourut : la veuve, en ces allarmes,
N'étalla point des clameurs et des larmes
Le fastueux charivary.
Pleur enlaidit, douleur est folle ;
Et puis, graces aux mœurs du siecle, on se console
D'un Amant tendrement chery :
Que ne fait-on point d'un Mary ?

Tourterelle à l'Amour rarement est rebelle.
Sa tendresse envisage un Moineau digne d'elle.
Pour s'expliquer, regards, discours mystérieux,
    Sont par elle mis en usage :
Elle craint, elle n'ose en dire davantage.
    C'est au Moineau, s'il a des yeux,
    A deviner ce langage.

Vous entendez, Montreüil ; le comprenez-vous bien ?
Parlez sincerement.

MONTREUIL.

    A ne déguiser rien,
Si certain homme étoit dans la nuit éternelle,
Je croirois deviner quelle est la tourterelle ;
Son joug a fait gémir mon cœur plus d'une fois.
Quant à l'heureux Moineau, seul digne de son choix,
Son bonheur me fait peine à le pouvoir connoître :
Mais ce que je sçay bien, c'est que je voudrois l'être.

JULIE.

Soyez-le, on y consent : le champ vous est ouvert ;
Croyez tout, esperez, et...

SAINT-AMANT, *descendu de la fenêtre.*
        Je vous prends sans Verd.

MONTREUIL, *en fuyant.*

Mon Oncle !

JULIE.

Mon Epoux !

SCENE XII.

S.-AMANT, JULIE, DORAME.

S.-AMANT.

prochez, mon Beau-pere :
Vôtre Fille est d'un prix trop extraordinaire;
Je men sens desormais indigne, et vous la
reńs.
Adieu!

DORAME.
Tout doux! il est des accommodemens.

S.-AMANT.
Vous prétendez, voyant l'humeur qui la possede...

DORAME.
Elle a tort; mais le mal trouvera son remede.

S.-AMANT.
Et quel remede, aprés tout ce que devant vóus...

DORAME.
D'accord, son procedé choque; mais, entre-nous,
A l'intention prés, c'est une bagatelle.

S.-AMANT.
Comment! vous...

JULIE.
Hé! quoi donc, suis-je si criminelle?
D'un Mary que l'on aime on apprend le trépas :
Les premiers mouvemens sont de suivre ses pas.
A ce dessein s'oppose un devoir de famille :
Des fruits de cet Hymen reste une seule fille;
Il faut vivre pour elle; on restraint ses desirs
A chercher sa santé dans d'innocens plaisirs.

S.-AMANT.

Morbleu ! l'excuse encore est pire que l'offense.

DORAME, à Julie.

Sortez, j'adouciray son cœur en vôtre absence.

S.-AMANT.

Un Cloître punira cette insolence-là.

JULIE, revenant.

Mon Pere...

DORAME.

Laissez-moy raccommoder cela.

SCENE XIII.

S.-AMANT, DORAME.

S.-AMANT.

on, non.

DORAME.

Ecoûtez-moy.

S.-AMANT.

Si jamais je m'oblige

A revoir vôtre Fille...

DORAME.

Ecoûtez-moy, vous dis-je.

Comme vous je pris femme, et fus gendre autrefois.
Tout ce qui peut reduiré un esprit aux abois,
Tout ce qu'un Mary craint se trouva dans ma femme.
Elle... Elle est au tombeau ; Dieu veüille avoir son ame !
Je criay, j'y voulus renoncer comme vous.
Mon Beau-pere, honnête homme, esprit commode et doux,
Me donna, pour calmer ma fureur violente,
Un bon Contrat valant deux mille écus de rente,

Que jadis son Beau-pere, en pareilles douleurs,
Lui mit entre les mains. Je cessay mes clameurs.
Mon Gendre, le voila. Je vous remets ce gage :
Il peut dans la famille être d'un bon usage ;
Vous avez une Fille : elle a tout vôtre soin ;
Si vous la mariez, vous en aurez besoin.
Croyez-moy, comme nous ayez de la prudence.
Tout cecy, grace au Ciel, s'est fait dans le silence :
Il est certains secrets fâcheux à reveler,
Et qui de rien ne sçait, de rien ne peut parler.

S.-AMANT, *regardant le Contrat.*

Écüeil de tout le monde ! Or, quelle est ta puissance !

DORAME.

Il faut, mon Gendre, il faut tous prendre patience.
Beaucoup d'honnêtes gens sont dans le même cas,
Qu'on ne console point avec de bons Contrats :
Reprenez la douceur, c'est la plus belle voye.

SCENE XIV.

S.-AMANT, DORAME, LUBIN.

LUBIN.

Qu'est-ce donc ? voicy bien, Monsieur, du
rabat-joye :
Est-ce que nos plaisirs s'en iront à vau-
l'eau ?
Nous sommes attroupez tretous dessous l'ourmeau,
N'attendant qu'un signal pour faire icy gambade ;
Et vous venez, dit-on, desaccorder l'aubade ?
Madame vôtre Fille est pleurante en un coin ;
Monsieur vôtre Neveu grommele sur du foin,
Camus en chien d'Artois d'avoir compté sans hôte.
Quel revers ! qui l'auroit pansé ? c'est vôtre faute ;

Tout-franc, ce procedé crie, et vous avez tort,
Aprés l'avoir mandé, de ne pas être mort.

DORAME.

Qu'est-ce à dire ? Non, non, qu'on chante, que l'on danse (1)
Nous venons prendre part à la réjoüissance.
Bergeres et Bergers, que tout se rende icy,
Et ma Fille et Montreüil, et Celiane aussi.
Reprenez un air gay, voicy la compagnie.

SCENE XV.

DORAME, S.-AMANT, JULIE, MONTREUIL, ETC.

DORAME.

Allons, ma Fille, allons, menez joyeuse vie ;
Vôtre Mary va voir vos plaisirs d'un bon
œil.
Ma Niéce Celiane, et le galant Montreüil,
Seront demain unis par un doux hymenée :
Aujourd'huy dans la joye achevons la journée.

SCENE DERNIERE.

DORAME, S.-AMANT, JULIE, CELIANE, MONTREUIL, FLORE, NYMPHES DES FLEURS, ZEPHIRS, TROUPE DE BERGERS, TROUPE DE BERGERES.

FLORE chante.

Fuyez l'embarras des Amours,
Suivez les folles amourettes :
Les jeux, les plaisirs, les beaux jours,
Ne sont que parmy les fleurettes.

1. Ainsi dans les éditions de 1702 et de 1729; l'édition de 1699 porte : *que l'on chante, que l'on danse.* On lit dans les éditions modernes : *qu'on chante et que l'on danse.*

Pour folâtrer avec les ris,
Et des noirs chagrins se défendre,
Jeunes cœurs, songez à prendre,
Et jamais à n'être pris.

Les Nymphes des Fleurs et les Zephirs dansent.

LUBIN chante.

Pour joüer seurement au Verd,
Beautez, méttez-vous à couvert
D'un curieux desagreable :
La surprise du Favory
Est aimable ;
Mais celle du Mary,
C'est le diable.

ENTRÉE DE PAYSANS.

FLORE ET LUBIN, ensemble.

Voulez-vous bannir vos allarmes,
Et goûter un Hymen plein de charmes?
Faites, Époux, pour finir vos débats,
Tout ce que vous ne faites pas.

FLORE.

Soyez-vous apparemment fideles.

LUBIN.

Ne vous empressez point à voir
Ce qu'il ne faut jamais sçavoir.

FLORE.

Passez-vous vos bagatelles.

Ensemble.

Douce union, charmante paix,
Repos des cœurs et du ménage,
Félicité du mariage,
Quand icy bas vous verrons-nous? Jamais.

ENTRÉE DE FLORE ET DE LUBIN, GRANDE ENTRÉE DE TOUS LES PERSONNAGES DANSANS DE LA COMEDIE.

LUBIN, *aux Spectateurs.*

A venir voir nos jeux soyez plus de concert ;
Plus vous viendrez, et moins vous nous prendrez sans vert.

FIN.

ACHILLE

TRAGÉDIE

PERSONNAGES

ACHILLE.
PATROCLE.
BRISEIS.
LYDIE.
AJAX.
ULISSE.
PHŒNIX.
ARBATE.

ACHILLE

TRAGÉDIE (1)

ACTE PREMIER

SCENE PREMIERE.

BRISEIS, LYDIE.

LYDIE.

ous vous revoyons donc, heureuse (2) Bri-
seïs !
L'injuste Agamemnon, pour venger son
pays,

1. Le manuscrit autographe de ce fragment de tragédie
est exposé aux regards du public dans une des vitrines du
département des manuscrits de la Bibliothèque impériale.
On lit sur le feuillet de garde :

« Ce volume contient :

1o Les deux premiers actes d'*Achille*, Tragedie de Jean de La
Fontaine, écrits de sa main ;

2o Les Poësies de François de Maucroix, Chanoine de Reims ;

3o La seconde Philippique de Ciceron, traduite par le même,
et écrite de sa main ;

Vous rendant au Héros à qui vous sceustes plaire,
Croit que vous flechirez d'un seul mot sa colere.

BRISEÏS.

Moy ! le vouloir flechir ! Lydie, y pensez-vous ?
Moy, troubler le repos qu'il doit à son courroux ! (3)

4° Les quatre Catilinaires de Cicéron, traduites par le même. Ce volume a été donné à la Bibliotheque du Roy par Mr l'abbé d'Olivet, le 7 8bre 1740.

« SALLIER. »

Les auteurs de la *Bibliothèque des théâtres* ont publié les premiers ce fragment en 1785 ; depuis il a été reproduit, mais toujours fort incorrectement, dans les éditions des œuvres complètes de notre poête; le manuscrit, catalogué sous le n° 22995 du supplément français, renferme beaucoup de vers raturés, inédits jusqu'ici, et que nous reproduisons comme un échantillon curieux des efforts faits par La Fontaine pour se plier au style tragique. En trois endroits les corrections étoient écrites sur des bandes de papier collées. A ma prière, M. Natalis de Vailly, après s'être assuré que le manuscrit n'auroit nullement à souffrir de cette opération, a bien voulu faire enlever ces bandes, qui ont été montées sur des onglets ; j'ai pu ainsi lire le texte primitif, qui n'avoit encore été vu par personne.

2. La Fontaine a voulu substituer *aymable* à *heureuse*, puis il est revenu à ce mot.

3. On lit sur la marge de la première page du manuscrit dix vers que La Fontaine avoit l'intention de substituer aux dix précédents, mais qu'il a ensuite supprimés :

Agamemnon ne tend qu'à vanger son pays*;
Il a besoin d'Achille et le croit nécessaire.
Vous rendant au heros à qui vous sceutes plaire,
Il croit qu'un mot de vous calmera sa colere,
Et que, pour s'acquiter du plaisir qu'on vous fait,
Son bras de sa valeur fera sentir l'effet.
Y contribûrez-vous ? armerez-vous Achille
Contre les défenseurs d'une superbe ville?
Et Patrocle?

BRISEÏS.

Non, non, Lydie, assurez-vous
Qu'Achille s'il me croit gardera son courroux.

* La Fontaine avoit écrit d'abord :

Agamemnon vous rend pour vanger son pays.

Il a quité par là l'interest des Atrides,
Par là laissé de Mars les fureurs homicides;
Et lors que seul en paix il void mesme les Dieux
En mortels attaquer et défendre ces lieux,
J'iray de leurs debats le rendre la victime!
Il servira les Grecs qui soufrent qu'on l'opprime!
Non, Lydie; épargnons des jours si précieux.
Agamemnon m'a fait enlever à ses yeux :
Qui du camp s'en est plaint? On s'est teu; ce silence,
Si Briseïs est crüe, aura sa récompense.

LYDIE.

Achille le jura des vostre enlevement (1).

BRISEïS.

C'est à moy d'avoir soin qu'il tienne son serment.
Le sort ne m'aura point contre luy pour complice :
Contentons-nous qu'Ajax, Phœnix, avec Ulisse,
Députez par les Grecs, implorent son secours;
Nous-mesmes n'allons pas précipiter ses jours.
Vous sçavez quel destin l'attend sur ces rivages.

LYDIE.

Je ne m'arreste point à tous ces vains présages;
On les rendra menteurs par quelque prompt départ.
Les Grecs sont-ils point las d'assieger ce rampart?
Quand se proposent-ils de revoir leur patrie?

BRISEïS.

Je ne sçais; et ces soins n'ont occupé ma vie
Que pour le prince seul qui fait mon souvenir.
Des soucis de l'Estat c'est trop s'entretenir;
Ne songeons qu'à nos vœux. Que fait, que dit Achille?
Lors que j'estois absente a-t-il esté tranquille?
Vous parloit-il de moy? que vous en a-t-il dit?
Me puis-je flater d'estre encore en son esprit?

1. Premier texte :
   Achille vous croira; n'en doutez nullement.

Et Patrocle ? sans doute il est tousjours fidelle ?
Je vous trouve, du moins, tousjours charmante et belle.

LYDIE.

Que ce soit mon mérite ou la faveur des Cieux,
Patrocle jusqu'icy me void des mesmes yeux.
L'hymen seroit desja guarant de sa constance ;
Mais, comme Achille doit y joindre sa présence,
A son retour en Grece il veut qu'il soit remis.
Admirez qu'en amants changeant nos ennemis,
L'un et l'autre a changé son esclave en maîtresse.
Vous et moy nous estions le butin de la Grece.
Le partage estant fait, l'un et l'autre vainqueur
S'en vint mettre à nos pieds sa fortune et son cœur :
Achille vous ayma ; Patrocle ayma Lydie.

BRISEÏS.

J'ay sujet en un poinct de vous porter envie :
Vous possédez entier le cœur de vostre amant ;
Achille (1) est occupé de son ressentiment ;
Sa gloire et sa grandeur sont encor mes rivales.
Tant que nous le verrons sur ces rives fatales,
Je craindray pour ses jours. Vous voyez qu'au danger,
En me rendant à luy, l'on veut le rengager.
Que les enfans des Dieux vendent cher aux mortelles
L'honneur de quelques soins, bien souvent peu fidelles !
Souvent il vaudroit mieux qu'un cœur de moindre prix
De nos fresles beautez se rencontrast épris,
On le possederoit entier et sans alarmes :
Au lieu que je crains tout ; tantost l'effort des armes,
Tantost mon peu d'attraits, tantost l'ambition ;
Et l'on n'est point d'un Roy toute la passion.

LYDIE.

Vous l'estes de celuy qui joint, par sa naissance,
Au sang qu'il tient des Dieux la suprême puissance.
S'il se vange, et s'il veut exercer son courroux,

1. Premier texte : *Le mien.*

Le seul motif en est l'amour qu'il a pour vous.
De vostre enlevement il poursuit la vengeance.
Il eust dissimulé peut-estre une autre offense :
Mais, ne vous ayant plus, aussitost il fit voir
Qu'en vous seule il faisoit consister son devoir ;
Qu'il vous sacrifioit l'interest de la Grece ;
Qu'enfin la gloire estoit moins que vous sa maîtresse.

BRISEïS.

Je l'avoue, et je crains peut-estre sans sujet ;
Mais qui pourroit avoir un cœur moins inquiet ?

LYDIE.

Vous, si vous vous sçavez connoistre un peu vous-mesme,
Vos vœux sont soutenus d'un merite suprême ;
Si vous sçavez donner à ces biens tout leur prix,
Vostre amant vous devra, quoy que fils de Thétis.
Nous descendons de Roys : nostre sang nous rend dignes
De l'hymen des Heros mesme les plus insignes.
Je n'ay point oublié ce sang : imitez-moy ;
Croyez qu'un demi-dieu vous peut garder sa foy :
Il me l'a confirmé cent fois en vostre absence.

SCENE II.

ACHILLE, BRISEIS, LYDIE.

ACHILLE, à Lydie.

Je le viens confirmer encore en sa présence.

BRISEïS.

On vous croyoit (1), seigneur, par Ulisse
occupé.

ACHILLE.

Pour vous voir un moment je me suis échapé.

1. Premier texte : Nous vous croyions.

LYDIE.

Je le vais arrester, et veux que mon adresse
Vous donne le loisir de voir vostre princesse.

SCENE III.

ACHILLE, BRISEIS.

ACHILLE.

uy, Madame, je prens tous les Dieux pour
 témoins
Que vous seule avez fait mes pensers et mes
 soins.
Je sçais mal employer l'ordinaire langage
Des douceurs qu'à l'amour on donne en apannage :
Mais croyez, au defaut d'un entretien flatteur,
Que ma bouche en dit moins qu'il n'en est dans mon cœur.

BRISEÏS.

Vous en dites assez, Seigneur; je suis contante,
Et n'osois me flater d'une si douce attente.
Car que suis-je ? les Grecs m'ont ravi mes états :
Il ne m'est plus resté que de (1) foibles appas.
Ay-je droit de prétendre, esclave et malheureuse,
Que d'une ardeur constante, autant que genereuse,
Un prince tel que vous daigne me consoler,
Et qu'au titre d'épouse il veuille m'appeler ?
Vos promesses, seigneur, et cet excès de gloire,
Font que je n'oserois en douter, ny le croire.

ACHILLE.

C'est me connoistre mal que d'en pouvoir douter.
Vos traits n'ont plus besoin de me solliciter (2);

---

1. Premier texte : *que mes.*
2. Avant de s'arrêter à cette rédaction, La Fontaine avoit
écrit :

 Est-il rien que vos traits ne puissent mériter ?

Le seul devoir le fait. Je hais les cœurs frivoles :
Mes principales loix sont mes simples parolles.
Vous vous dites esclave ; et de qui ? d'un amant ?
C'est moy qui suis lié par les nœuds du serment (1).
Reposez-vous sur eux, attendez sans alarmes :
J'auray devant les yeux ce serment (2) et vos charmes.
Mon choix sera sans doute approuvé par Thétis ;
Mais son amour pour moy, l'honneur d'estre son fils,
Mes états, vos conseils, vostre interest, Madame,
Arrestent de mon cœur l'impatiente flame.
J'ay voulu prévenir, par un hymen secret,
Un doute et des soupçons que je soufre à regret.
Vous avez refusé ces marques de mon zele ;
L'hymen vous est suspect sans pompe solemnelle ;
J'y consens : nous verrons vos parens et les miens ;
Je reprendray des Grecs vos états et vos biens ;
Ce fer m'en est guarent.

BRISEÏS.

Ah ! Seigneur, que la Grece
Possede en paix mes biens, qu'elle en soit la maîtresse :
Je n'en estime qu'un ; vous l'allez hazarder !
Vous disposez de vous sans me le demander !
Je vous plais sans états ; qu'importe d'estre Reyne ?

---

1. La Fontaine a fait pour ces six derniers vers plusieurs
essais successivement effacés :

> C'est me connoistre mal qu'en douter un moment.
> Je ne sçais point agir ainsi qu'un autre amant,
> On ne m'a jamais veu faire un serment frivole,
> Mes principales loix c'est ma simple parole.
> Vous vous dites esclave ; et l'a-t-on veu jamais ?
> C'est moy seul qui le suis des serments que j'ay faits.

> C'est me connoistre mal que de douter de moy.
> Quand j'asseure que j'ayme, on peut m'ajouster foy :
> L'effet y correspond ; je hais les cœurs frivoles.
> J'agis sincerement....
> . . . .
> C'est bien moy qui le suis par les nœuds du serment.

2. Premier texte : *ces sermens.*

ACHILLE.

Vous l'estes : plaire ainsi, c'est estre souveraine.
La beauté, dont les traits mesme aux Dieux sont si doux,
Est quelque chose encor de plus puissant que nous.
Tout vous doit assurer de ma persévérance ;
N'allez point d'un hymen corrompre l'espérance.
Que si vous ne pouvez vous vaincre là-dessus,
Dès demain...

BRISEÏS.

Non, seigneur.

ACHILLE.

Je ne vous presse plus :
Attendons ; mais taschez au moins d'estre tranquille.

BRISEÏS.

Est-ce une chose, hélas ! à nos cœurs si facile ?

ACHILLE.

Vous-mesme, vous voulez qu'on differe ce jour (¹).

BRISEÏS.

Seigneur, ne cherchez point de raison dans l'amour.
J'en dis trop ; cet aveu vous déplaira peut-estre.
Mais quoy ! j'ay beau rougir, mon cœur n'est plus le maistre.
Ce que l'on sent pour vous ne se peut étoufer :
Achille ne sçauroit à demi triompher.
Soufrez qu'après ces mots Briseïs se retire (²)...

1. Premier texte :
 Esclave, je vous plais, qu'importe d'estre Reyne ?

ACHILLE.
Vous esclave ! Les roys vous ont pour souveraine.
. . . .
Vostre crainte m'offense et j'ay lieu de me plaindre.

BRISEÏS.
Hélas ! comment peut-on aymer et ne rien craindre ?

ACHILLE.
Vous-mesme avez voulu qu'on differast ce jour.

2. Premier texte :
 Soufrez qu'après ces mots, Seigneur, je me retire.

Ne vous lassez-vous point de les entendre dire ?
Ma rougeur me confond : je sors donc ; aussi bien
Ulisse va venir, et je ne craindrois rien !
          (*Patrocle entre.*)
Resistez à son art, opposez-luy ma flame ;
Opposez-luy du moins la fierté de vostre ame.
Que vous importe-t-il qu'on vange Ménélas ?
Songez à vos parens, à vos destins, hélas !
Aux miens qui les suivront. J'ay pour tout artifice
Les pleurs que vous voyez : pourront-ils moins qu'Ulisse
Employray-je des traits moins seurs de vous toucher ?
Adieu, Seigneur ; gardez un courroux qui m'est cher (1).

SCENE IV.

ACHILLE, PATROCLE.

ACHILLE.

Quelque fierté qu'on ayt, quelque serment
          qu'on fasse,
     Patrocle, il faut aymer. Tu me croyois de
          glace ;
Achille te sembloit devoir tout dédaigner :
Tu vois, ainsi qu'un autre il s'est laissé gagner.
J'ayme, je suis touché, je fais gloire de l'estre ;
L'heure enfin est venüe, où loin d'agir en maistre,
En héros qui partout veut estre le vainqueur,
Je me rends, et connois les foiblesses d'un cœur.

PATROCLE.

N'appellez point foiblesse un tribut légitime.

1. On lit en marge de la scène V de l'acte II :

          BRISEÏS, *à Achille.*
Épargnez des Troyens les miserables restes ;
Laissez durer encor l'œuvre des mains célestes.

La Fontaine vouloit sans doute placer ces deux vers dans le morceau qui précède.

Vous, vous justifier! aymer donc est-ce un crime?
Seigneur, vous me semblez tousjours fils de Thétis.
Loin les cœurs qui se sont de l'amour guarentis!
S'il en est. Quoy! les Dieux vous serviront d'exemples,
La beauté dans l'Olimpe aura trouvé des temples,
Et vous serez honteux de luy sacrifier!
C'est bien plustost matiere à se justifier.
Vostre Princesse a tout, je vois tout dans la mienne;
Et soit que de leurs traits mon esprit s'entretienne,
Soit qu'il regarde aussi leur amour, leur vertu
(Car l'un n'est point par l'autre en leurs cœurs combatu),
J'en prise la conqueste; une telle victoire
Ne rend point vostre cœur infidelle à la gloire.

ACHILLE.

Voicy d'autres combats qui me sont apprestez.
De quel air vient à nous le chef des députez?
Voy son port, ses regards.

PATROCLE.

         Tout parle dans Ulisse.
Ajax le suit. Que l'un découvre d'artifice!
L'autre agit sans détours (1).

1. La Fontaine a eu un instant l'idée de remplacer ces
deux derniers vers par les suivants, qu'il a ensuite effacés :

ACHILLE.

Il nous faut opposer l'amour à l'artifice.

PATROCLE, à part.

Ah Briseïs! je crains...

SCÈNE V.

ULISSE, AJAX, ACHILLE.

ULISSE.

Je viens icy, seigneur.

SCENE V.

ULISSE, AJAX, ACHILLE.

ULISSE.

ous me voyez, seigneur,
Plus encor comme ami que comme ambassadeur.
Vous souvient-il des lieux où, sous un mol
ombrage,
On faisoit, malgré vous, languir votre courage ?
De nymphes entouré, vous perdiez vos beaus jours (1).
Thétis d'un vain danger laissoit passer le cours.
Je vous vis ; j'approchay sous un habit de femme :
De l'amour des hauts faits je vous enflammay l'ame.
On vous y vid courir : ce fut par mon moyen.
Je ne viens point icy vous reprocher ce bien :
Je ne viens que vous rendre, avec dons, la princesse,
Au nom du fier Atride et de toute la Grece.
Ne laisserez-vous point flechir vostre courroux ?
Faut-il que nos transports durent autant que nous ?
Jusqu'au départ, du moins, suspendez vos querelles.
Songez que d'actions mémorables et belles
Vous perdez ; car chez vous vaincre et combatre est un.
Vous n'estes pas de ceux qui n'ont qu'un sort commun :
Contans pour le remplir d'une seule victoire,
Par le devoir, sans plus, ils marchent à la gloire.
Le monde attend de vous de plus puissans efforts.
Si vous ne voulez pas sejourner chez les morts,
Par de nouveaus dangers distinguez-vous des hommes.

1. Premier texte :

    Cru fille, vous laissiez languir votre courage ?
    Vous-mesme dans l'erreur couliez sans soin vos jours.

Le second vers a été ensuite ainsi modifié :

    Vous-mesme dans l'erreur perdiez vos plus beaus jours.

Hector en a semé la carriere où nous sommes.
Nous ne les cherchons plus : ils nous viennent trouver.
Ilium, qui bornoit ses vœux à se sauver,
S'est rendu l'attaquant : cette superbe ville
Prétend brusler nos nefs en présence d'Achille.
Vous verrez vos amis sur la terre étendus,
Les Dieux troyens vainqueurs, les Dieux grecs confondus ;
Cette Troye à son tour plaignant nostre misere.
Voila, voila, Seigneur, des sujets de cholere.

ACHILLE.

Vous n'estes pas réduits encore à cet état.

ULISSE.

Et le faut-il attendre ? Est-il de potentat ,
De simple Grec qui pust se plaire en sa patrie ,
Voyant de nostre nom la gloire ainsi flétrie ?

ACHILLE.

Si l'interest des Grecs est d'employer mon bras ,
Pourquoy d'Agamemnon ne se plaignent-ils pas ?
Quand ce chef a payé de mépris leurs services ,
N'ay-je pas condamné tout haut ses injustices ?
Princes , je ne sçais point trahir mes sentimens :
Rappellez dans vos cœurs ses mauvais traitemens ,
Vous verrez que chacun a sujet de se plaindre.
Endurez , j'y consens ; rien ne doit vous contraindre :
Je vous laisse vanger le foible Ménélas.
En servant toutefois ces deux freres ingrats ,
Est-il , princes, est-il de Grec qui se dust taire ?
J'ay fait éclat pour tous, je veux encor le faire.

ULISSE.

Ah ! ne rappellez point les déplaisirs passez.
Je veux qu'Agamemnon nous ayt tous offensez ;

Il faut n'y plus songer, et que nostre memoire
Se charge du seul soin d'acquerir de la gloire.

ACHILLE.

Est-ce en le redoutant qu'on espere en trouver ?
La gloire est pour luy seul, il sçait nous l'enlever.

ULISSE.

Evitons donc au moins la honte et l'infamie;
Empeschons, s'il se peut, que la Grece ne die :
« Je suis mere féconde en enfans malheureux ;
« J'ay formé des héros, Troye a triomphé d'eux.
« Réduite à les revoir sans lauriers en leurs villes,
« Je ne soufriray plus qu'ils quitent ces asiles,
« Qu'ils laissent leur foyer, et cherchent aux combats
« Un renom que les Dieux ne leur accordent pas. »

AJAX.

Je sauray m'excepter de cette obscure vie,
Et veux vaincre ou mourir aux champs de la Phrigie (1);
Moy vivant, un berger ne sera point chez soy
Tranquille possesseur de l'épouse d'un Roy.
J'auray des compagnons à punir cet outrage ;
Vous verrez plus d'un chef tenir mesme langage.
D'un mesme esprit que tous, seigneur, soyez porté.
Nous nous sommes liguez contre cette cité ;
Si quelque Grec se plaint, qu'on remette la peine
A des temps où les Dieux auront fait rendre Héleine.
Vous les aurez alors contre vos ennemis ;
Et, si vous me mettez au rang de vos amis ,
Si vous trouvez qu'Ajax ayt assez de vaillance,
Moy-mesme je vous veux ayder dans la vengeance :
Aydez-nous dans ce siege , appuyez nos efforts.

1. Premier texte :

Que je triomphe ou meure aux champs de la Phrigie.

Ces murs pris ou laissez , les miens et moy, pour lors
Nous vous servirons tous contre un prince coupable.

ACHILLE.

Le fier Agamemnon n'est pas si redoutable(1) :
Mon bras y suffira , comme il a creu le sien
Capable de dompter sans moy le mur troyen.
Vostre offre cependant, seigneur, doit me confondre.

AJAX.

Ce n'est pas encor là comme il faut nous répondre.
Nous verra-t-on vanger un tel affront sans vous ?

ACHILLE.

Sans moy : qui touche-t-il qu'un malheureux époux ?
L'union n'estoit pas si grande en nos provinces
Que nous dussions tous suivre en esclaves ces princes.

AJAX.

En esclaves! nous, Roys! dites en compagnons.
Tenons-nous de leurs mains les lieux où nous regnons ?
Le sang d'Atrée a-t-il du pouvoir sur le nostre ?
Sommes-nous dépendans, vous ny moy, d'aucun autre ?
Ulysse voudroit-il qu'on dist qu'estant forcé
Il a de ses pareils l'intérest embrassé ?
Non, sans doute.

ULISSE.

Il falloit venger nos diadêmes.
L'affront fait à ces Roys retomboit sur nous-mesmes
J'entray dans leur parti de mon pur mouvement;
Rien ne m'y contraignit qu'un juste sentiment.
Cette mesme raison vous donna mesme envie :

---

1. Dans le premier texte il n'y avoit, au lieu de ces six
derniers vers, que les deux qui suivent :

Si ma valeur vous semble assez considérable,
Parlez.
ACHILLE.
Agamemnon n'est pas si redoutable.

Est-elle autre aujourd'huy que dix ans l'ont suivie ?
Nous nous sommes enfin à poursuivre engagez ;
Laisserons-nous des murs si longtemps assiégez ?
Des murs qui pour jamais aux princes de la Grece
Seroient (1) un monument de honte et de foiblesse ?

AJAX.

Après dix ans d'assauts, s'il nous les faut quiter,
Quels peuples ne viendront chez nous nous insulter (2) ?

ACHILLE.

Quand j'ay lieu de me plaindre on ne me convainc gueres.
Ce que vous alleguez en faveur de ces freres,
L'un d'eux, à mon égard, le détruit aujourd'huy :
Je veux bien vous payer de raisons et non luy.

ULYSSE.

Seigneur, laissons à part les disputes frivoles !
Et vous, fils de Thétis, écoutez mes parolles.
Vous croyez que ce chef pour unique raison
N'a que de réparer l'honneur de sa maison ;
Qu'aussitost contre vous il reprendra sa haine ?
Vous en allez juger par ce qui nous ameine.
Rempli des qualitez qui vous font estimer,
Ce prince recommence encore à vous aymer.
Il ne tiendra qu'à vous d'unir vos deux familles :
Nous vous offrons l'hymen de l'une de ses filles.

1. Ainsi dans la rédaction définitive ; auparavant, *seront*.
2. Au lieu des dix-huit vers qui précèdent, La Fontaine avoit d'abord écrit :

> L'esclavage à mes yeux ne paroist pas encor ;
> Comme ami je les suis, j'en rends graces au sort.
> Je ne dépens point d'eux non plus que vous ne faites,
> N'ay-je pas comme vous des villes pour sujettes ?
> J'entray dans ce pays sans contrainte et sans loy ;
> Rien ne m'y condamna que la raison et moy.
> Cette mesme raison vous donna mesme envie ;
> Est-elle autre aujourd'huy que dix ans l'ont suivie ?
> Tant d'efforts nous engage ; et s'il faut tout quiter,
> Quels peuples ne viendront chez nous nous insulter ?

3. Premier texte : *seront*.

Toutes ont des appas : il vous promet le choix,
Et pour dot sept citez, dignes d'autant de Roys ;
Cardamile, la moindre, abonde en pasturages.

ACHILLE.

D'autres seroient flatez par de tels avantages ;
Pour moy, je les méprise, et je ne veux le nom
D'ami, ny d'allié du fier Agamemnon.
Qu'il garde ses citez, ses présens, et sa fille ;
On ne me verra point entrer dans sa famille ;
Non, mesme s'il m'offroit sept empires divers,
Non, quand on m'offriroit en dot tout l'univers.

AJAX.

Vid-on jamais cholere à la vostre pareille ?

ULYSSE.

Pensez-y, croyez-nous ; que la nuit vous conseille.

ACHILLE.

Le conseil en est pris.

AJAX.

L'est-il ? Nous vous laissons.

ULISSE.

Peut-estre Briseïs appuyra nos raisons,
Et sur le cœur d'Achille estant toute puissante,
Du respect de nos chefs sera reconnoissante.

ACTE II

SCENE I.

PHŒNIX, ACHILLE.

PHŒNIX.

Dois-je croire, seigneur, qu'Ulysse ayt vai-
  nement
Essayé d'adoucir vostre ressentiment ?
On dit plus : vous partez, vostre flote nous
  quite.
Les Grecs n'ont, après tout, rien fait qui le mérite.
Mais vos amis ! mais moy ! car Phœnix en cecy
Prétend avoir à part ses interests aussi.
Je vous ay dans mes bras porté dès vostre enfance.
Quand vous eutes passé ce temps plein d'innocence,
Une jeunesse ardante exigeoit d'autres soins ;
Je les pris ; avec fruit : vos faits en sont témoins.
Le succès de ces soins devroit, en récompense,
Donner à mes conseils chez vous plus de créance ;
C'est le prix que j'en veux. Peut-estre vous croyez
Par quelque amour pour moy me les avoir payez.
Il est vray, vous m'aymiez pendant vostre jeune âge :
Aujourd'huy j'en demande un nouveau témoignage.
Ceux que vous m'en donniez, quand d'un air gracieux,

484

ACHILLE.

Enfant, vous ne tourniez que sur moy seul vos yeux ;
Ceux que j'en recevois, lors que vostre jeunesse,
En ne me cachant rien, me combloit d'allegresse,
Ne me suffisent pas aujourd'huy que je voy
De ce fatal courroux les Grecs se prendre à moy.
« Que ne luy donnoit-il une humeur moins farouche ? »
Voila ce que l'on dit d'une commune bouche ;
Et de tous les malheurs prests à tomber sur nous,
C'est vostre gouverneur qu'on accuse, et non vous.

ACHILLE.

Je n'ay point oublié vos soins ny vostre zele :
J'en conserve dans l'ame un souvenir fidele ;
Mais ne prétendez pas que, contre mon honneur,
L'amour que j'ay pour vous me fléchisse le cœur.
Si vous en attendiez de pareils témoignages,
Vous deviez m'enseigner à soufrir les outrages.
L'avez-vous fait ?

PHŒNIX.

Seigneur, j'ay fait ce que j'ay deu ;
Et vous n'avez que trop à mes vœux répondu.
J'aprouve la fierté ; mais enfin, les injures
Se peuvent réparer : elles ont leurs mesures.

ACHILLE.

Un cœur comme le mien ne leur en peut donner.

PHŒNIX.

Il le doit : la grandeur consiste à pardonner :
Jamais ce sentiment n'a de gloire flétrie (1).
Je ne vous voulois point alleguer la patrie,
Me flatant d'un credit que je devrois avoir,
Et voulant sur vostre ame essayer mon pouvoir ;
Je dédaignois aussi les adresses d'Ulysse,
Honteux qu'il nous falust employer l'artifice.
Sans ce secours les Grecs vous parlent par ma voix :

1. Premier texte :
Jamais ce sentiment n'obscurcit une vie.

« Nous venons, disent-ils, implorer vos exploits,
« Seigneur ; ils nous sont deus, et nos propres exemples
« Ont accru la valeur qui vous promet des temples. »

ACHILLE.

Je ne dois qu'à vous seul En vain devant les yeux
On me met du public l'interest spécieux (1),
Comme si Sparte estoit la Grèce toute entiere.
Les lieux où Ménélas a receu la lumiere,
Ceux encore où l'on void ces freres obeïs,
Ont eu part à l'outrage, et non point mon pays.
Cependant j'accourus pour eux à cette guerre ;
Pour eux je vins chercher la mort en cette terre.
Je n'avois nul sujet de haïr les Troyens :
Paris m'a-t-il ravi mes amours, ny mes biens ?
Agamemnon l'a fait ; c'est Argos, c'est Mycene,
Qui devroient ressentir les effects de ma haine.
Laissons-les : leur monarque est encor trop heureux
Que je n'apporte icy nul obstacle à ses vœux.
A l'entour de ces murs je vous laisse combatre ;
Les Dieux les ont bastis, nous voulons les abatre.

PHŒNIX.

Ces mesmes Dieux les ont à perir condamnez ;
Et puis, cette raison qu'à tort vous me donnez,
S'il faut vous en parler sans que l'on dissimule,
Dans le cœur des humains jette peu de scrupule (2).
Enfin, quand ces raisons ne vous pourroient toucher,
Songez au long repos qu'on peut vous reprocher.
Lorsque chacun de nous à l'envy se signale,
Que les soldats ont mesme une ardeur sans égale,
Achille est dans sa tante, et donne à Briseïs
Les moments qu'il devroit donner à son pays.

1. Premier texte :

Vous me mettez des Grecs l'interest spécieux.

2. Premier texte :

Dans le cœur des humains jette quelque scrupule.

ACHILLE.

Phœnix, je vous arreste; on sçait quel est Achille.
Qu'il ayme, et qu'en sa tante il demeure tranquille,
Tout est égal : j'ay trop établi mon renom :
Je l'étendray plus loin. Je veux qu'Agamemnon
Me satisfasse enfin, non point par des parolles ;
Ses excuses, ses dons, ses offres, sont frivoles.
Aussitost qu'Ilion sera pris ou laissé,
Il verra ce que c'est de m'avoir offensé.
Que tous vos chefs unis embrassent sa défense,
J'en feray d'autant plus éclater ma vengeance.
Quiconque entreprendra d'entrer dans nos debats
Attirera sur soy ma colere et mon bras.

PHŒNIX.

Qu'éntends-je! à quel excès monte vostre colere!
Vous! attaquer la Gréce! une seconde mere!
O Destins! quels forfaits ont mérité ces maux?
Nous rejetterez-vous en d'éternels travaux?
Bienheureux Ilion, nous te portons envie :
Tu ne vois point les tiens déchirer leur patrie.
Puisse Phœnix mourir dès qu'on t'aura vaincu (1)!
Après ce que j'entends, seigneur, j'ay trop vescu.
Je m'en retourne au camp.

ACHILLE.

Quoy, si tost? Ah! mon pere ;
Avez-vous en horreur un fils qui vous révere?
Je parts demain ; venez honorer nostre cour.
Accordez-moy, du moins, le reste de ce jour.
A l'entour de ces murs tout est calme et tranquille ;
Je n'entends aucun bruit au camp, ny dans la ville :
L'Aurore est avancée ; Hector eust pris ce temps,
S'il eust voulu sortir avec ses combatans.
Aux fatigues de Mars donnez quelque relasche :

1. Premier texte :
   Meure le dernier Grec dès qu'on t'aura vaincu!

Demain vous reprendrez cette pénible tasche...
Mais que nous veut Patrocle ? Il accourt...

SCENE II.

PATROCLE, PHŒNIX, ACHILLE.

PATROCLE.

Les Troyens
Ont laissé de leurs murs la garde aux citoyens ;
Leurs guerriers vont sortir pour finir la
querelle.

PHŒNIX.

Adieu, mon fils ; je vais où le danger m'appelle.
Plust aux Dieux que ce fust seulement par devoir !
Vous venez d'y mesler encor le desespoir.

ACHILLE.

Ah ! mon pere.

PHŒNIX.

Est-ce à moy qu'un nom si doux s'adresse ?
On m'attend : nous allons combatre pour la Grece ;
C'est à vous de nous suivre, ou de m'abandonner (1).
Vous n'avez qu'un moment à vous déterminer.

---

1. Premier texte :

J'ay sujet d'en douter et vais servir la Grece ;
C'est à vous de me suivre ou de m'abandonner.

SCENE III.

ACHILLE, PATROCLE, ARBATE.

ACHILLE.

D y-moy, me plains-je à tort? L'enlevement d'Helene
  Occupe jusqu'aux Dieux; après dix ans de peine,
Celuy de Briseïs est encore à vanger.
Maintiendray-je un parti qui me laisse outrager?
Non. Phœnix toutefois m'a touché, je l'avoüe (1);
Mais que faire? Un démon de nos pensers se joüe.
Contre les Phrygiens j'employois mes efforts;
Les Dieux ont dans mon cœur jetté d'autres transports:
Car, après tout, j'exerce un courroux légitime,
La pluspart de nos chefs (2) ont beau m'en faire un crime,
L'affront dont leur parti veut estre satisfait
Importe beaucoup moins (3) que le tort qu'on m'a fait.
Qu'ils achevent sans moy l'entreprise de Troye!
Tant qu'ils soient sur le poinct de devenir sa proye,
Qu'Agamemnon l'avoüe, et qu'Ilion ayt mis
Dans le dernier malheur mes derniers ennemis,
En présence des Dieux je le proteste encore,
Mon bras refusera le secours qu'on implore.

1. Premier texte :

 Qu'il ne me blasme point; l'enlevement d'Helene
 Fait embrasser à tous le danger et la peine;
 Celuy de Briseïs ne sçauroit les toucher.
 Maintiendray-je des gens qui devoient l'empescher?
 Non. Phœnix toutefois m'atandrit, je l'avoüe.

 2. La Fontaine avoit d'abord écrit : *Phœnix et*, puis il a abandonné ce commencement de vers.

 3. Premier texte: *Importe moins aux Grecs...*

Allons dans nos états attendre ce moment;
Nous serons aujourd'huy spectateurs seulement.

PATROCLE.

Vous le pouvez, ces champs sont pleins de vos trophées :
Il n'est point d'actions qui n'en soient étoufées.
Pour moy, me sieroit-il de n'estre que témoin
D'un combat dont je sçais que ma gloire a besoin ?
Je n'ay point assez fait ; mon cœur doit se le dire.
Ce n'est pas que Patrocle aux premiers rangs aspire (1),
Toutefois..... Mais que sert enfin de souhaiter ?
Pour survivre à soy-mesme, il faut executer.
Des ombres du commun le favori d'Achille,
Confondu chez les morts, suivre (2) la tourbe vile !
Permettez-luy, seigneur, de se rendre aujourdhuy
Digne de l'amitié que vous avez pour luy.

ACHILLE.

Va, ton projet est beau : non que ta renommée
Parmi les nations ne soit desja semée ;
Tu peux dès à present ne mourir qu'à demi :
Je me fais un honneur de t'avoir pour ami.
Sui pourtant ton dessein : je te loüe, et moy-mesme
Je me dois applaudir du choix de ce que j'ayme.
Patrocle et Briseïs consolent mes chagrins :
Veuillent les Dieux unir quelque jour nos destins !
Cependant, songe à toy dans cette aspre carriere :
Je ne suis pas le seul qui t'en fais la priere ;
Tes jours touchent encor d'autres cœurs que le mien :
Revien victorieux du combat ; mais revien.

PATROCLE.

Le sort en est le maistre, il faut le laisser faire.
Qu'on soit dans les combats prudent ou temeraire,

1. Premier texte :

Qu'ay-je fait jusqu'icy que l'on puisse redire ?
Ce n'est pas que mon cœur aux premiers rangs aspire.

2. D'abord *suivra*, puis *suivroit*.

On tombe également ; et souvent le danger
S'acharne sur celuy qui veut se mesnager.
Mais le danger n'est pas ce qu'il faut qu'on regarde :
La dépouille d'Hector vaut bien qu'on se hazarde.

ACHILLE.

Ami, pourquoy ce choix ? Qui t'oblige aujourdhuy,
Parmi tant de guerriers, de n'en vouloir qu'à luy ?

PATROCLE.

Quoy, son bras tous les jours aux Grecs se fera craindre,
Tous les jours nous aurons de nouveaus morts à plaindre,
Vous absent, sur luy seul chacun aura les yeux,
Et je le pourray voir sans en estre envieux !
Luy seul de ces remparts empeschera la prise !

ACHILLE.

Ami, te dis-je encor, laisse cette entreprise.
Ce n'est pas que je mette en doute ta vertu ;
Mais connois-tu cet homme ? enfin le connois-tu ?

PATROCLE.

Ouy, seigneur, je me jette en un peril extreme ;
Mais je pretends aussi me connoistre moy-mesme.
On m'a veu quelquefois affronter des guerriers :
Aujourd'huy que j'aspire à de nouveaus lauriers,
Chercheray-je Paris (1) !

ACHILLE.

        Qui te le dit ? Tu passes
De la terreur des Grecs aux ames les plus basses.

PATROCLE.

Donnez-moy vostre armure, Hector me cherchera.

---

1. Premier texte :

> Je me suis desja veu dans d'assez grands hazards ;
> Enfin je veux chercher Hector de toutes parts.
> Irois-je vers Paris ?

ACHILLE.

J'en doute ; mais sur toy chacun s'attachera (¹).

PATROCLE. *

Elle redoublera ma force et mon courage.

ACHILLE.

Si tu crois en pouvoir tirer quelque avantage,
Je te l'accorde. Arbate, il faut la luy donner.

Achille à Patrocle.

Pren garde, encore un coup, de trop t'abandonner.
Pousse les Phrygiens, redouble leurs alarmes ;
Ne te va point aussi jetter seul dans leurs armes.
Devien, pour ton ami, mesnager de tes jours ;
Si tu ne l'es pour moy, sois le pour tes amours,
Sois-le enfin ; c'est à moy d'en répondre à Lydie.
Nostre commun bonheur va rouler sur ta vie.

PATROCLE.

Mes jours sont-ils si chers, seigneur ; et sçavez-vous
Si l'on vous avoûra d'un sentiment si doux ?
Je me flate pourtant (²). Protegez ce que j'ayme.
Nous avons à Lydie osté le diadême ;
J'ayday les conquerans à luy ravir ses biens :
Mort ou vif, je la veux récompenser des miens.
Tout est en vostre main : tenez-luy lieu de frere.

ACHILLE.

Tu t'en acquiteras toy-mesme.

PATROCLE.

Je l'espere.
Quel que soit le démon dont ce mur s'appuyra,
Vous me regarderez, et cela suffira.
Je reviendray tantost mettre aux pieds de Lydie

1. Premier texte : *et tout un camp sur toy s'attachera.*
2. Premier texte : *Flatons-nous toutefois.*

Le succès glorieux (1) d'une action hardie;
Sinon, vostre devoir est de la consoler.

ACHILLE.

Patrocle, embrasse-moy! je ne te puis parler.
La voicy. Ton dessein, sans doute, est connu d'elle;
Arbate l'aura dit.

SCENE IV.

LYDIE, ACHILLE, PATROCLE,

LYDIE.

Ami, quelle nouvelle?
Que vient-on de m'apprendre? Hé quoy!
sans mon congé
Vous vous estes, Patrocle, au combat engagé?

ACHILLE.

Je le laisse avec vous : faites agir, Madame,
Tout ce que vous avez de pouvoir sur son ame.

LYDIE.

En ay-je assez? hélas!

ACHILLE.

Essayez : j'ay tout dit.
Voyez si vous aurez sur luy plus de crédit :
Qui resiste à l'ami se rend à la maistresse.

1. Premier texte : *Le glorieux succès...*

SCENE V.

PATROCLE, LYDIE.

LYDIE.

Voila donc vostre amour ! C'est là cette ten-
dresse
Que vous me promettiez, après qu'on m'eut
osté
Biens et sceptre, enfin tout, jusqu'à la liberté ?
Quand Achille s'en vint désoler nostre terre,
Si quelqu'un signala son nom dans cette guerre,
Ce fut vous. L'oseray-je à ma honte avoüer ?
Je cherchay dans mes maux matiere à vous loüer.
Aux dépens de mon cœur vous vous fistes connetre :
Ce me fut un plaisir de vous avoir pour maistre.
Je ne regretay point ce que j'avois perdu ;
Je l'aurois refusé, si l'on me l'eust rendu.
Et vous, cruel ! et vous, pour toute récompense,
Vous mettez avec moy vostre gloire en balance !
Vous ne l'y mettez point ; j'ay pour vous moins d'appas ;
Cependant on a veu que je n'en manque pas.
Avant que d'estre icy comme esclave emmenée,
Les monarques voisins briguoient mon hyménée ;
Tous me vinrent offrir leur ayde en mes malheurs :
Je les vis tous perir, sans leur donner des pleurs ;
Je fis des vœux pour vous, ingrat, contre moy-mesme.

PATROCLE.

Que ces Roys sont heureux ! mourir pour ce qu'on ayme !
Meriter doublement de vivre en l'avenir !

LYDIE.

Je vous demande moins, et ne puis l'obtenir.
Ne me préférez plus un fantosme de gloire ;

Après m'avoir conquise, est-il quelque victoire
Qu'un cœur ambitieux ne doive dédaigner ?
Ne vous suffit-il pas d'avoir sceu me gagner (1)?
Considérez l'état où je serois réduite,
Si ce combat avoit une funeste suite.

PATROCLE.

Achille vous seroit tousjours un protecteur.

LYDIE.

Achille est de mes maux le principal auteur ;
Et vous, par ce discours vous offensez Lydie :
Qu'ai-je besoin, sans vous (2), de conserver ma vie ?
Si le destin me veut à ce poinct affliger,
Les enfers me sçauront contre tous protéger.

PATROCLE.

Madame, au nom des Dieux, cessez de me confondre :
Voicy ce que je puis en deux mots vous répondre.
Plust aux Dieux qu'il fallust donner mon sang pour vous!
Le trespas n'auroit rien qui ne me semblast doux.
Mille fois en un jour demandez-moy ma vie,
Vous serez avec joye aussitost obéie :
Je ne prefère point ma gloire à vos attraits ;
Du deshonneur, sans plus, j'apréhende les traits :
Vous y devez pour moy vous-mesme estre sensible.
On s'en va (3) renverser ce mur inaccessible,
Verray-je, pour un jour, tous mes jours diffamez ?
Vous me haïriez lors autant que vous m'aymez :
Quand vous le soufririez, je me dois satisfaire.

LYDIE.

Va, de tels sentimens ne me sçauroient déplaire.
J'ay voulu t'émouvoir; mais, si je l'avois fait,

1. On lit en marge de cette scène les deux vers suivants,
qui ont été effacés :

Ne te suffit-il pas de regner sur mon cœur?

PATROCLE.

Vous m'aymez d'autant plus que je chéris la gloire.

2. Premier texte : *Qu'ay-je besoin, vous mort...*
3. Premier texte : *Quand on va...*

Je m'en applaudirois (1) peut-estre avec regret.
Rien ne presse ; joüis encor de ma présence,
Tes projets sont remplis de trop d'impatience :
Je te laisse à l'honneur sacrifier ce jour ;
Mais tu me dois aussi quelques momens d'amour.
Le Ciel nous les envie ; Arbate te vient dire
Que tout est prest, que tout à ta gloire conspire ;
Peut-estre à mon malheur !

PATROCLE.

        Madame, esperons m'eux.

LYDIE.

Avant que de courir à ces funestes lieux,
Aproche et tens la main ; celle-cy t'est donnée
Pour gage des douceurs d'un fidele hyménée.
Te voicy mien, Patrocle, et tu n'es plus à toy.
Sois avare d'un sang que je prétends à moy.
J'entends desja le bruit des premieres alarmes :
Allons, mes propres mains te vestiront tes armes.
Promets-moy, tout au moins, de modérer ton cœur.

PATROCLE.

Je vous promets de vaincre, après cette faveur (2).

1. La Fontaine a d'abord écrit : *Je m'en applaudirois moi-mé*, mais il n'a pas achevé.
2. Ici s'arrête le manuscrit, et nous ne connaissons pas même le plan du reste de cette tragédie. Il n'étoit pas d'ailleurs très fermement arrêté dans l'esprit de La Fontaine, qui se proposoit d'y faire de grands changements, comme nous l'apprend la note suivante placée en tête : « Peut-estre faut-il au 4e acte qu'Ulisse et Phœnix taschent d'obliger Achille à soufrir qu'on donne à Patrocle la sepulture. »

LE VALET

DE

DEUX MAITRES

LE VALET

DE

DEUX MAITRES

COMÉDIE EN 5 ACTES ET EN VERS

Cette pièce figure sous le n° 495 dans le catalogue des *Autographes et manuscrits de M. G. (Guilbert) de Pixérécourt*, auteur dramatique, dont la vente a eu lieu en 1840.

N'ayant pu parvenir ni à voir cet ouvrage, ni même à découvrir quel en est le possesseur actuel, nous devons nous borner à transcrire la description suivante, dont nous ne saurions garantir l'exactitude :

« Ce manuscrit inédit, composé de 82 pages in-folio, sur papier fort, est précédé de la liste des personnages de la pièce, rédigée par M. Eric-Bernard, ancien tragédien de l'Odéon, avec une note signée par lui, laquelle est ainsi conçue : « Cette pièce m'a « été donnée par M. le comte de Saint-Georges, des-

« cendant en ligne directe de La Fontaine ; elle lui
« avoit été donnée par Mme la comtesse de Saint-
« Georges comme un monument authentique, à Châ-
« teau-Thierry, le 2 janvier 1824. » Nous avons appris, en effet, que ce manuscrit passe à Château-
Thierry, ville natale de La Fontaine, pour un autographe extrêmement précieux, et M. Eric-Bernard,
qui l'avoit reçu en présent, l'a cru digne de figurer
dans la belle collection de M. de Pixérécourt. L'exis-
tence non connue jusqu'aujourd'hui d'une comédie en
cinq actes et en vers de La Fontaine n'est pas un fait
littéraire qu'on doive accepter sans examen. Indépen-
damment de l'attestation du comte de Saint-Georges
et de M. Eric-Bernard, notre manuscrit porte avec
lui-même la preuve irrécusable de son origine : l'écriture de quelques corrections est indubitablement de la
main de La Fontaine, d'après la comparaison qui en
a été faite avec plusieurs autographes dont l'authenti-
cité n'a jamais été contestée. Mais il est un criterium
aussi sûr encore, c'est celui qui se fonde sur l'identité
des formes de style observées dans les autres comé-
dies de La Fontaine et qui se retrouve ici ; c'est la
même malice naïve et jusqu'à ses incorrections fami-
lières. Du reste, l'élégance et la facilité du dialogue
révèlent éminemment la main du grand maître. Cet
œuvre figureroit avec honneur dans une nouvelle édition des œuvres de La Fontaine. La mise à prix de
cette pièce *inédite* sera de 600 francs. ».

FIN DU TOME IV.

TABLE DES MATIÈRES

DU TOME IV.

———